'성찰하는 미국'에서 '강력한 미국'으로

미국사 산책

책

11

미국사 산책 11 : '성찰하는 미국'에서 '강력한 미국'으로

ⓒ강준만, 2010

1판 1쇄 2010년 11월 8일 펴냄 1판 2쇄 2020년 7월 1일 펴냄

지은이 | 강준만 펴낸이 | 강준우 기획편집 | 박상문, 박효주, 김환표
디자인 | 최진영, 홍성권 마케팅 | 이태준 관리 | 최수향 펴낸곳 | 인물과사상사
출판등록 | 제17-204호 1998년 3월 11일 주소 | (04037) 서울시 마포구 양화로7길 4(서교동) 2층
전화 | 02-325-6364 팩스 | 02-474-1413 홈페이지 | www.inmul.co.kr | insa@inmul.co.kr
ISBN 978-89-5906-163-1 04900 ISBN 978-89-5906-139-6 (세트)
값 14,000원

'성찰하는 미국'에서 '강력한 미국'으로

미국사 산책 11

강준만 지음

인물과
사상사

차례

• 일러두기

외국인의 인명은 생존한 경우 괄호 안에 본래 이름만 넣었고, 사망한 경우 본래 이름과 생몰연도를 함께 실었다.
그 외에 인명과 연도를 괄호 안에 함께 묶은 것은 책의 끝에 있는 참고문헌의 길라잡이로 밝히고자 함이다.

제1장

삼각위원회와 지미 카터

언론과 '민주주의의 위기'
삼각위원회의 세계경영

삼각위원회의 '민주주의의 위기' 보고서

1975년은 텔레비전 뉴스 역사에 있어 하나의 이정표를 기록한 해였다. 그 이전만 해도 저녁뉴스는 엄청난 이익을 남겼지만 보도부문을 통틀어서는 다큐멘터리 등 수익성이 떨어진 제작물 때문에 아직 적자를 면치 못하고 있었다. 그러나 1975년부터는 보도부문 전체가 흑자로 돌아섰다.(Matusow 1983)

우연치고는 재미있는 우연이었다. 바로 이 해에 데이비드 록펠러(David Rockefeller, Sr.) 등 미국 재벌들이 중심이 되어 1973년에 출범한 '삼각위원회(Trilateral Commission)'가 『민주주의의 위기(The Crisis of Democracy)』라는 첫 번째 정책보고서를 발간해 텔레비전 뉴스의 문제를 강도 높게 비판함으로써 미국 사회에 적잖은 파문을 일으켰기 때문이다.

이 책의 공동저자인 정치학자 새뮤얼 헌팅턴(Samuel P. Huntington,

1927~2008)은 베트남전쟁을 입안한 베트남전쟁의 브레인이었다. 헌팅턴은 언론이 '국가 권력의 가장 현저한 새로운 원천'이 되었으며 자본주의 사회의 안정을 위협하는 '민주주의적 불안'을 파급시키고 있다고 주장했다. 언론이 '민주적 수요'와 '사회 질서' 사이에 불균형을 야기하고 있다는 것이다. 헌팅턴은 또 언론이 정부 정책에 대해 지나치게 비판적이므로 정부와 언론 사이의 균형을 복원해야 한다는 견해를 밝혔다.

언론이라곤 했지만, 헌팅턴이 주로 겨냥한 쪽은 텔레비전 뉴스였다. 1969년 스피로 애그뉴(Spiro T. Agnew, 1918~1996) 부통령의 텔레비전 비판(10권 2장)과 비슷했다. 헌팅턴은 갈등과 폭력에 초점을 맞추는 텔레비전 뉴스가 정부의 권위를 훼손하는 주범이라고 지목했다. 그는 국민의 정보 원천으로서 텔레비전 뉴스에 더욱 의존함에 따라 '낮은 정치적 효율성, 사회적 불신, 냉소주의 그리고 약한 정당 충실도'가 나타나기 시작했다고 주장했다.

헌팅턴은 1920년대에 뉴욕 주지사를 지낸 앨 스미스(Alfred E. Smith, Jr., 1873~1944)의 유명한 발언인 "민주주의의 악덕에 대한 유일한 치료책은 더 많은 민주주의다"라는 명제를 반박하면서, 그런 처방은 불에 기름을 붓는 것과 다를 바 없다고 주장했다. 요컨대, 텔레비전에 대해서도 정부의 권위를 살리는 쪽으로 강력한 통제를 가해야 한다는 것이다.(Huntington 외 1975)

텔레비전에 대한 통제가 필요하다는 주장은 미국 진보 진영에서도 제기되어왔으나, 문제는 과연 누구를 그리고 무엇을 위한 통제이며 어떤 방식의 통제인가 하는 것이었다. 미국 텔레비전의 상업주의를 그대로 내버려두거나 오히려 이를 부추기면서 오직 정부의 권위 보호와 관련해서만 통제를 하는 것이 과연 가능한 일이며 바람직한지에 대해 『민주주의의 위기』는 아무런 답을 하지 않았다. 노엄 촘스키(Noam A. Chomsky 1977)는 "헌팅턴의 민주주의관은 '봉건주의' 냄새를 풍긴다"고 비판했다.

록펠러와 브레진스키의 구상

'삼각위원회'는 '삼각주의(trilateralism)'를 내세웠다. 이는 미국-유럽-일본의 삼각 체제로 제2세계와 제3세계의 도전을 막고 세계적 자본주의 경제 체제를 유지하겠다는 정책이었다. 삼각위원회는 록펠러 등 재벌들의 자금 지원과 즈비그뉴 브레진스키(Zbigniew K. Brzezinski) 등의 이론 제시로 발족된 국제적 단체였다. 이 위원회는 북미-유럽-일본지역에서 활약하는 정치인들은 물론 대은행, 대기업, 언론 및 정보 산업의 대표들을 중심으로 구성되었다.

록펠러의 체이스맨해튼(Chase Manhattan) 은행은 이미 1969년부터 국제적 팽창을 위한 전면적인 캠페인을 추진해왔는데, 삼각위원회의 가장 큰 목적 중 하나는 다국적 기업이 안심하고 활동할 수 있게끔 세계의 정치 및 경제적 상황을 조성하는 일이었다. 따라서 그러한 목적을 달성하기 위해 제1세계는 제3세계와 대결을 벌이기보다는 타협을 해야 한다는 결론에 도달했다.(Kowalewski 1983, Sivanandan 1980, Wolfe 1977)

삼각위원회의 탄생은 브레튼우즈(Bretton-Woods) 체제의 균열에 기인한 것이었다. 앞서(10권 3장) 보았듯이, 1971년 12월 체결된 '스미소

니언 협정(Smithsonian Agreement)'에 따라 선진 각국은 1973년 3월 변동환율제로 이행했고 이는 훗날 외환시장이 투기장화 되는 글로벌 신자유주의 체제로 나아가는 계기가 된다. 이병천(2001)은 "브레튼우즈 체제가 재구성이 아니라 붕괴의 방향으로 나아간 데는 적어도 초국적 자본과 초국적 세력의 압력, 글로벌 금융을 기반으로 패권을 만회하려는 미국의 국가적 이해관계, 자유 시장주의로의 이념적 지형의 변화라는 세 가지 이유를 들 수 있다"고 말한다.

이런 상황에서 자신들의 이해관계를 지키면서 해결사를 자임하고 나선 것이 바로 삼각위원회였다. 삼각위원회가 내린 위기 진단은 무엇이었던가? 이병천(2001)에 따르면 "첫째, 미국 헤게모니의 약화에서 비롯된 세계체제의 불안정을 미국의 후견 아래 독일과 일본이 비용을 분담하는 '집합적 관리'를 통해 해결할 것을 제안했다. 둘째, 초국적 자본이 위기해결의 주체가 되어야 한다고 보았다. 셋째, 전후 계급타협 체제는 민주주의의 과잉체제라고 규정하고 노동에 대한 공격과 국가-자본관계의 강화를 대안으로 제시했다."

록펠러의 말을 직접 들어보자. "전반적인 인간의 행복은 자유 시장력이 국경을 초월할 수 있는 경제적 조건에서 가장 많이 보장되고 있다.

'스탠더드 오일'의 창업자 존 록펠러의 손자 데이비드 록펠러(사진). ⓒ AlwaysAwakePR

······ 이제 다국적 기업들에 대한 장벽을 철폐하여 그들이 세계경제를 발전시키는 데 못 다한 과업을 완수할 수 있게 해야 할 때이다." (Frieden 1977) 경제만으로는 부족하다고 생각했던지 록펠러(Rockefeller 1980)는 후일 미국 외교정책의 최대 문제점으로 '일관성 결여'를 지적하면서 삼각주의의 필요성을 역설한다.

키신저의 변신

삼각주의는 근본적으로 세계경제가 하나의 체제로 통합되는 것이 그렇지 않은 것보다 훨씬 낫다는 가정 위에 기초한 것이었으며, 제3세계 정책도 그런 관점에서 보았다. 제3세계의 '신국제질서(A New International Economic Order)' 요구에 대한 삼각위원회의 입장은 그 요구를 제1세계와 제3세계 공동의 이익을 추구하는 방향으로 회유한다는 것이었다.(Cooper 1977) 이러한 견해를 피력한 대표적 인물인 프레드 버그스텐(C. Fred Bergsten 1974-1975)은 이렇게 주장했다.

"미국은 새로운 국가정책을 수립하여 자신을 보호해야 한다. 이러한 자기보호는 제3세계의 단결을 분쇄하는 노력은 물론, 미국과 다른 제1세계 국가들 사이에서 점증되고 있는 긴장의 위험을 완화하기 위해 미국의 정책을 그들 국가들과 조정하는 노력을 포함한다. 그러나 이러한 방법은 매우 위험하고 희생이 클 뿐 아니라 성공할 확률도 낮다. 그러므로 가장 좋은 방법은 제3세계와 제1세계의 공동이익을 추구하기 위해 제3세계와의 타협책을 강구하는 것이다."

그러나 버그스텐이 말하는 제3세계와 제1세계의 공동이익은 그 어떤 의미에서든 명실상부한 공동의 이익은 아니었다. 정확히 말해 그

것은 미국이 제시하는 타협책이 공동의 이익을 추구하는 것이라고 제3세계를 잘 달래자는 주장에 지나지 않았다. 아무리 좋게 봐주어도 버그스텐의 방안은 제1세계의 경제가 발전하면 그 긍정적인 파급효과가 제3세계에게도 돌아가지 않겠느냐는 이른바 '국물 효과(trickle-down effect)' 이론의 국제판에 불과했다. 따라서 버그스텐이 이야기하는 타협책도 실상은 제3세계의 엘리트들을 포섭하는 전략에 지나지 않았다.(Bird 1977, Sklar 1980)

그런 구도에 따라 제1세계 내 주요 언론사의 고위급 간부들이 대부분 삼각위원회에 가입했다. 잘 알려진 언론사를 몇 개만 예로 들어보면 『뉴욕타임스(The New York Times)』, 『워싱턴포스트(The Washington Post)』, 『로스앤젤레스타임스(Los Angeles Times)』, 『시카고 선타임스(Chicago Sun-Times)』, 『미네아폴리스 스타 앤드 트리뷴(Minneapolis Star and Tribune)』, CBS, 교토통신사(Kyoto News Services), 『재팬타임스(Japan Times)』, 『파이낸셜 타임스(Financial Times)』, 『이코노미스트(The Economist)』, 『라 스탐파(La Stampa)』, 『디 차이트(Die Zeit)』 등이었다.

또한 이 위원회의 이론적 지주인 브레진스키(Brzezinski 1970 · 1973)는 1970년에 출간한 『두 시대 사이: 테크네트로닉 시대 미국의 역할(Between Two Ages: American's Role in the Technetronic Era)』에서 전자기술을 강조하며, 미국의 주도하에 '테크네트로닉의 시대(technetronic age; 브레진스키의 조어로 technology와 electronics의 합성어)' 가 도래했음을 선언했다. 그는 미국의 주요 정책 대변자들을 '지배 엘리트' 라 부르면서 다음과 같이 주장했다.

"사회는 이 엘리트들이 좌우할 것이다. …… 그들은 국민의 행동에 영향을 끼치려고 현대적인 최신기법을 동원함으로써 그리고 사회를 면밀히 감독하고 통제함으로써, 주저 없이 자신들의 정치적인 목적을 달성할 것이다."(Engdahl 2009)

그러나 세계를 그런 방식으로, 그런 시대로 유혹하는 것은 국가 간은 물론 제3세계 내의 빈부 격차를 악화하는 위험한 발상이라는 비판이 제기되었다. 삼각위원회가 추구하는 세계구도는 곧 다국적 기업이라는 창구를 통해서만 본 새로운 경제 식민지주의의 이데올로기 구성에 지나지 않는다는 것이었다.(Falk 1975 · 1976)

삼각주의가 제시하는 세계경제 구도는 당연히 과거 닉슨-키신저가 주창했던 미국의 세계적 지도력에 대한 수정을 요구하고 있었다. 1975년경 헨리 키신저(Henry A. Kissinger)가 그의 옛 제3세계정책을 버리고 삼각주의에 합류했다는 건 주목할 만한 일이었다. 변신한 키신저의 지도하에 본격적인 남북대화(빈국과 부국의 대화)가 1975년 12월 파리에서 공식 출범했다.(Sklar 1980)

미국 정부의 요청과 임명에 의해 구성된 '국제정보, 교육 및 문화관계'에 관한 민간인 중심의 패널이 1975년에 제출한 보고서는 "미국은 여전히 국제관계에서 가장 강력한 힘을 갖고 있되, 국제정치의 흐름마저 주도할 능력은 점차로 쇠퇴되어 가고 있다. 이것은 미국이 그 어느 때보다 더 설명과 설득에 의존해야 한다는 것을 의미한다"고 밝혔다.(Schiller 1976)

삼각주의로 돌아선 미국의 제3세계정책 변화는 1976년 2월 미국의 유엔대사 대니얼 패트릭 모이니헌(Daniel Patrick Moynihan, 1927~2003)의 갑작스러운 사임에서도 잘 나타났다. 강력한 제3세계정책을 주장

제럴드 포드와 헨리 키신저(오른쪽). 키신저는 닉슨과 함께 데탕트를 주도해 중·소 강대국과의 안정된 관계를 중시한 현실주의 외교를 펼친 한편, 제3세계의 독재정권 지원에 적극적이었으며 베트남전을 장기화해 인명 피해를 확산했다.

하던 모이니헌은 삼각주의를 수용한 국무장관 키신저와의 불화로 사임하지 않을 수 없었다. 그간 모이니헌은 유엔에서 제3세계가 1국 1표주의를 이용하여 다수의 횡포를 부리고 있다고 신랄히 비판했었다. 그는 제3계에 관한 발언에서 완곡한 외교용어를 전혀 사용하지 않고 극단적인 용어를 구사하는 인물로 악명이 높았다. 그는 제3세계의 제안으로 채택된 유엔의 결의안을 비난하기 위해 '추잡한(obscene)' 이라든가 '혐오(abomination)' 라는 단어를 사용하는가 하면, 일부 제3세계국가들을 '경찰국가(police states)', '전제적인(despotic)', '독재국가(dictatorships)' 등의 단어로 묘사했다. 모이니헌은 또한 유엔총회가 '부조리의 무대(theater of the absurd)' 가 되어 가고 있다고 비난했다.(FitzGerald 1976, Moynihan 1975·1976·1977·1979·1981, Prendergast

1976)

　그러나 삼각주의가 미국 외교 노선의 근본적인 변화를 의미하는 건
아니었다. 미국의 국익을 위해 '설명과 설득'에 좀 더 신경을 쓰자는
피상적인 변화였을 뿐이고, 그마저 '숨 고르기'에 지나지 않는다는
점이 곧 드러난다. 카터 행정부를 거치면서 이 '숨 고르기'로 인한 변
화는 혼란스러운 모습으로 나타나고, 이후 레이건 행정부가 등장하면
서 미국 외교는 이전보다 더욱 강하고 거친 모습을 드러낸다.

참고문헌 Bergsten 1974-1975, Bird 1977, Brzezinski 1970 · 1973, Chomsky 1977, Chomsky
& Barsamian 2004, Cooper 1977, Engdahl 2009, Falk 1975 · 1976, Farer 1975, FitzGerald
1976, Frieden 1977, Huntington 외 1975, Kowalewski 1983, Matusow 1983, Moynihan
1975 · 1976 · 1977 · 1979 · 1981, Novak 1977, Prendergast 1976, Reifer & Sudler 1999,
Rockefeller 1980, Schiller 1976, Sivanandan 1980, Sklar 1980, Ullman 1976, Wolfe 1977,
백창재 2009, 이병천 2001

"미친개에게는 몽둥이가 약이다"
판문점 도끼 만행사건

사과할 일을 왜 했나?

"높이 30미터의 미루나무는 판문점 공동경비구역 안의 '돌아오지 않는 다리' 남쪽, 유엔군 제3초소에서 35야드 거리에 있었다. 이 구역은 비무장지대(DMZ) 안에 있으며, 휴전 협정에 따라 양측 인원이 피차 자유롭게 드나들 수 있는 곳이었다. 유엔군 측은 녹음이 우거지면서부터 몇 번이나 미루나무 가지를 베어내려 했었다. 때는 8월이었고, 이 미루나무의 가지가 무성한 나머지 판문점 회담장 동쪽 관망대에서는 '돌아오지 않는 다리' 쪽이 잘 보이지가 않았기 때문이었다. 그러나 유엔군 측이 나뭇가지를 자르려고 할 적마다 북한 측은 훼방을 놓았고 그러는 중에 사건 당일인 8월 18일이 되었다."(천금성 1988)

1976년 8월 18일 판문점 공동경비구역 안에서 미루나무 가지치기를 하는 노무자들을 감독하던 유엔군 소속 경비병들이 도끼와 곡괭이 등을 휘두르며 기습한 북한 경비병들에게 피살된 사건이 발생했다. 미

마크 버렛 중위(사망)

아서
보니파스
대위(사망)

북한군 7명을 상대하는 JSA 병사

1953년 정전 이후 이때만큼 일촉즉발의 상황까지 치달았던 적은 없었다. 사건 후 판문점 공동경비구역은 남과 북이 분할 경비하게 되었다.

군 장교 2명이 북한군에게 맞아 숨지고 카투사 5명과 미군 4명 등 9명이 중경상을 입었다.

미국은 다시 미루나무 절단 작업에 들어가기로 했으며 만약 다시 그런 일이 발생하면 북한에 대대적인 폭격을 가할 준비를 했다. 북한은 겉으로는 호전적인 척했지만 군사정전위원회를 열자는 제의에 즉각 동의했다. 미국은 판문점 살해사건이 북한군 경비병들이 저지른 우발적인 사건일 수도 있다는 판단을 내렸다. 사실 북한은 미국의 보복을 두려워하고 있었다.

돈 오버도퍼(Don Oberdorfer 2002)에 따르면 "미군과 남한군의 경계 태세 강화에 따라 북한 라디오 방송은 정규 방송을 중단하고 남한 전

군과 예비 병력이 '전투태세'에 돌입했다고 발표했다. 평양에서는 엄격한 등화관제가 실시됐고 공습경보가 울릴 때마다 인민들은 지하 대피소로 피신했다. 최전방을 지키는 북한군은 전투 준비에 박차를 가했다. 비무장지대에서 평양에 이르기까지 고위급 관리들은 사전에 설치해둔 지하 방공호로 모두 대피했다." 결국 북한은 8월 21일에 이루어진 미국 측의 미루나무 절단 작업을 멀리서 지켜만 보았고 김일성 (1912~1994)의 유감 표명, 사실상의 사과 표시로 이 사건은 9월 6일에 일단락되었다.

이 사건 직전 북한이 처한 상황은 어떤 것이었을까? 이를 알아야 북한이 왜 그런 짓을 저질렀는지 제대로 이해할 수 있을 것이다. 오버도퍼(Oberdorfer 2002)는 사이공 함락 후 남한 사회에서는 안보에 대한 우려가 한껏 팽배해 있었고 미국은 그 우려를 불식시키겠다고 북한에 대해 핵 공격을 불사하겠다며 위협했다는 점에 주목하면서, 다음과 같이 말한다.

"그 후 핵무기를 적재할 수 있는 미군 최첨단 기종인 가변익(swing-wing) F-111 전투폭격기가 언론의 주목을 받는 가운데 군사훈련을 위해 남한에 착륙하는 모습이 대대적으로 홍보됐고 최초로 한미 연합 '팀스피리트 76' 훈련이 시작됐다. 동부전선에서 대규모 연례 합동군사훈련이 선보이는 순간이었다. 공수부대의 낙하훈련, 수륙양용차량의 상륙훈련을 비롯한 군사훈련을 지켜본 북한은 신경질적 반응을 보였다. 북한의 입장에서 팀스피리트 훈련은 북침을 위한 마지막 총연습으로 비쳤다. 8월 5일 북한 정부는 미국과 남한이 북침 준비를 강화하고 있다고 비난하는 장문의 성명서를 발표했다. …… 이에 당황한 미국의 정보 분석가 몇 명이 북한의 경고 내용을 주한미군 사령부에 전달하려고 했다. 그러나 이 경고문은 끝내 전달되지 못했고 다음 날 …… 미루나무 가지치기사건이 발생했던 것이다."

'음흉한 의도' 또는 '건수 올리기'?

그렇다면 박정희(1917~1979) 정권의 생각은 어떠했을까? 박정희의 비서실장을 지낸 김정렴(1995)은 "김일성은 내부적인 면에서 김정일을 후계자로 지목한 데 따른 권력투쟁과 외채상환 불능, 식량부족 등 경제파탄으로 인한 주민의 불만을 우리의 북침위협설로 은폐하려 했다. 판문점 공동경비구역에서 우리 측이 도발해와 응분의 조치를 가했다고 뒤집어씌움으로써 북침설을 정당화하려 했으며 주민들에게 긴박감을 불어넣어 내부적으로 일고 있는 불만을 다른 데로 돌리려 한 것이다"라며 다음과 같이 말한다.

"외부적으로는 미군철수 여론을 불러일으키고 한국에 대한 지원을 포기케 하여 한미를 이간질하려는 술책이 내포되었다. 또 당시 콜롬보(Colombo)에서 열리고 있던 비동맹회의와 가을에 있을 유엔총회에서 북한이 허위선전한 한미 양국의 북침설을 뒷받침하기 위해 한반도에서 긴장태세를 조작함으로써 유리한 정세를 조성하려 했으며 미국과 직접 대화할 수 있는 기회를 마련해 소위 '대미 평화협정체결', 나아가서는 미군철수 주장을 관철하려는 음흉한 저의였다."

그러나 그렇게 보기엔 북한이 사건 발생 후 잔뜩 겁을 먹은 점이 영 설명되지 않는다. 미국이 그렇게까지 나오리라고는 예상하지 못했다는 뜻일까? 김학준(1995)은 김정일의 '건수 올리기' 심리가 원인일 수도 있다는 가능성을 제시한다.

"이 사건은 김정일의 사주 아래 일어났다는 소문이 파다했다. 김정일이 자신의 혁명적 자세를 과시하기 위해 그렇게 함으로써 자신에게 결여된 혁명가로서의 카리스마(위광)를 쌓기 위해 그렇게 지시했다는 것이었다. 그러나 그 소문의 진상은 확인될 수 없는 것이었다. 한 가지 분명한 것은, 김일성은 이 사건을 계기로 미국이 북한에 대해 군사적으로 보복하지 않을까 두려워했다는 사실이다. 그는 곧바로 조선인민군 전체 그리고 노동적위대와 붉은청년근위대에 동원령을 내렸다. ······ 김일성은 사태의 심각성을 깨달았다. 그래서 미군의 미루나무 절단 작업을 방관했다. 그뿐 아니라, 사실상 미국 정부를 상대로 미군 장교 2명의 죽음에 대해 유감의 뜻을 나타냈다. 이로써 북한은 군사적 위기에서 벗어날 수 있었다."

"미친개에게는 몽둥이가 약이다"

박정희는 사건이 일어나자 자신의 일기에 다음과 같이 썼다. "미친 김일성 도당의 야만적인 행위를 도저히 용납할 수 없다. ······ 멍청하고 잔인한, 폭력적인 도당 ······ 우리가 참는 것에는 한계가 있다는 사실을 보여주어야 한다. 미친개에게는 몽둥이가 약이다." 박정희는 8월 20일 육군3사관학교 졸업식 훈시에 직접 몇 마디를 가필했는데, 대독한 국방장관 서종철은 "미친개에게는 몽둥이가 필요하다"는 가필 부분을 유독 힘주어 읽었다.(Oberdorfer 2002, 김충식 1992)

8월 21일 미루나무 절단 작전이 개시되었을 때, 미루나무 절단을 위해 투입된 남한 지원병력은 비무장이 원칙이었으나 미군 몰래 수류

탄, M16 소총, 대전차 무기, 유탄 발사기, 경기관총 등을 지니고 들어
갔다. 그간 이 사건을 다룬 국내 문헌들은 대부분 위와 같은 사실들을
지적하면서 박정희의 강경 대응을 부각했다.

그러나 오버도퍼의 주장은 좀 다르다. 오히려 미국이 더 강경했다
는 것이다. 국무장관 키신저는 백악관 상황실에서 열린 대책회의를
마치고 나오면서 "북한 놈들의 피를 반드시 보고야 말겠다"고 말할
정도로 미국의 약이 바짝 올라 있었다는 것이다. 박정희는 유엔군 사
령관 리처드 스틸웰(Richard G. Stilwell, 1917~1991)과 작전계획 검토를
위해 연 2차 회의에서 "군사적 대응은 필히 미루나무를 베는 것으로
그쳐야 하며 '전쟁의 확대는 오직 북한이 먼저 확전을 시도하지 않는
한 더 이상 거론하지 말자'고 강조했다"고 한다. 오버도퍼는 이어 다
음과 같이 말한다. "사태 일단락 후 남한의 관리와 언론은 보다 강경
한 조치를 취하지 않은 미국을 강력하게 비난했다. 미군의 군사력 증
강과 북한의 온건한 반응을 보고 자신감을 얻은 박 대통령은 북한에
대해 좀 더 호전적인 태도를 보였다."

사건 당시 누가 북한에 대해 더 강경한 자세를 보였건, 이후 한미관
계는 '코리아 게이트(Korea Gate)' 사건으로 인해 새로운 국면으로 접
어든다.

참고문헌 Oberdorfer 2002, 강준만 2002-2006, 김정렴 1995 · 1997, 김충식 1992, 김학준 1995, 천금성 1988, 허용범 2000

"워싱턴에서 로비를 안 하는 나라가 어디 있어?"
'코리아 게이트' 사건

회의공개법과 기록보존법

워터게이트 사건으로 인한 개혁 분위기를 타고 1976년 '행정기관 회의공개법(Federal Open Meetings Law)'이 제정되었다. '햇빛 속의 정부법(Government in Sunshine Act)' 또는 '일조법(日照法)'이라고도 불린 이 법은 서두에서 "시민은 연방정부에 의한 정책 결정의 자문과정에 관해 최대한으로 충분한 실용적인 정보를 받을 권리가 보장되어야 한다는 것이 우리나라의 정책"이라고 밝혔다. 1976년 9월 13일 이 법안에 서명한 제럴드 포드(Gerald R. Ford, 1913~2006) 대통령도 "민주체제에서 시민은 정부가 무엇을 하는가 하는 것뿐 아니라 왜, 또 어떤 과정을 거쳐 결정을 내리는지를 '알 권리'가 있다. 이 새 법은 정부는 봉사하고 국민이 통치한다는 미국의 자랑스러운 전통에 따른 것"이라고 말했다.

이 법은 국무성이나 국방성 등과 같이 1인의 장관을 장으로 하는 정부기관을 제외하고, 대통령이 임명하고 상원이 인준하는 2명 이상의 위원으로 구성된 합의제의 연방정부기관들의 회의를 공개하도록 규정했는데, 약 50개 기관이 해당되었다. 이 법에 따르면, 비공개 회의의 내용도 기록해야 하며, 기록되지 않는 한 기관 관리들과 기업체 임직원과의 비공식 커뮤니케이션은 금지되었다.

1977년 3월부터 시행된 이 법은 좋은 취지에도 불구하고 심각한 부작용을 낳았다. 로비단체들이 자신들의 이익에 반하는 결정이나 투표 행위를 한 사람들에게 가혹한 응징을 함으로써 소신 있는 결정이나 투표행위를 어렵게 만든 것이다.(Dam 2002)

1974년 12월 19일에 제정된 '대통령 기록 및 자료 보존법(Presidential Recordings and Materials Preservation Act)'도 알아두는 게 좋겠다. 이 법은 리처드 닉슨(Richard M. Nixon, 1913~1994)이 대통령직을 물러나면서 정부와 맺은 약정을 둘러싼 파문으로 인해 만들어졌다. 그 문제의 약정에 따르면, 닉슨은 대통령 재임 시절의 모든 기록과 녹음테이프를 캘리포니아에 있는 집 근처에 보관하되 닉슨은 3년간 그 기록물을 반출할 수 없고 5년간 녹음테이프를 반출할 수 없지만 그 기간이 지나면 그의 마음대로 처분할 수 있었다.

이런 사실이 알려지면서 여론이 들끓자 의회가 위 법을 제정하여 대통령과 관련된 모든 기록과 녹음테이프를 정부가 직접 관장하게끔 한 것이다. 물론 지극히 사적인 것은 정부의 관장에서 제외되지만 이를 판별하는 건 문서담당 공무원이 한다. 닉슨은 1974년 12월 20일, 이 법이 프라이버시 침해라며 소송을 제기했지만 연방대법원은 닉슨에게 패소 판결을 내렸다.(Lieberman 1978)

'한국 정부, 미국 정치인들에 뇌물 제공'

이른바 '코리아 게이트' 사건이 터진 것은 바로 그런 정보 공개 분위기가 미국 사회를 지배하고 있을 때였다. 1976년 10월 24일 미국의 『워싱턴포스트』는 "한국 정부의 기관 요원인 박동선 씨가 1970년대 연간 50만 내지 100만 달러 상당의 뇌물로 90여 명의 의원과 공직자를 매수했다"는 내용의 기사를 「한국 정부, 미국 정치인들에 수백만 달러 뇌물 제공」이라는 톱기사 제목과 함께 무려 10면에 걸쳐 내보냈다.

이 기사는 한미 양국의 정·관계를 발칵 뒤집어놓았으며 이 논란은 이후 2년간이나 지속된다. '코리아 게이트'로 불린 이 사건의 핵심 내용은 박정희가 박동선이라는 로비스트를 통해 주한미군 철수 등과 같은 한미 간 현안에 영향을 미칠 목적으로 미국 의원들을 상대로 돈뭉치를 뿌렸다는 것이다.

박동선은 누구인가? 1935년 평안남도 순천의 부잣집에서 3남 1녀 중 막내로 태어난 박동선은 1947년 가족과 함께 월남한 뒤, 아버지가 이사장으로 있던 배재학교를 거쳐 1952년 미국으로 유학해 시애틀에서 고등학교를 졸업하고, 인근의 대학을 다니다가 워싱턴의 조지타운 대학에 들어갔다. 대학 시절 학생회장을 지내기도 했던 박동선은 이때부터 남다른 사교성을 발휘해 인맥을 쌓아 나갔다. (김영희 1995)

1962년 대학을 졸업한 뒤 폭넓은 인맥을 쌓아놓은 박동선은 1967년부터 본격적인 사업 활동을 시작했다. 당시 한국은 미국으로부터 상당량의 쌀을 수입하고 있었다. 박동선은 미국과 한국 사이의 쌀 중개권을 획득하면 미국 기업에게 커미션을 받을 수 있다는 사실을 깨닫고 곧 그 권리를 독점하기 위해 평소 친하게 지내던 하원의원 리처드

1978년 4월 3일, 미 하원윤리위원회의 공개증언에 앞서 선서를 하는 박동선.

해너(Richard T. Hanna, 1914~2001)에게 줄을 댔다. 1967년 크리스마스 때 한국을 방문할 예정이던 그에게 쌀 중개권 획득을 도와달라고 청한 것이다. 이듬해 박동선은 해너 의원과 함께 한국을 방문했고 김형욱(1925~1984)을 만났다. 박동선에게 김형욱을 소개한 이는 정일권(1917~1994)으로 알려져 있다. 주미대사 시절부터 박동선과 친분관계가 있던 정일권은 자신을 찾아와 쌀 중개권을 청하는 박동선을 김형욱에게 소개해주었다.(문명자 1999)

당시 중앙정보부장으로 무소불위(無所不爲)의 권력을 휘두르고 있던 김형욱은 박동선의 청을 받아들였고, 쌀 수입 중개권을 얻은 박동선은 미국의 쌀 수출기업에게 커미션을 받을 수 있었다. 김형욱이라는 막강한 세력을 등에 업은 박동선은 1970년 말까지 쌀 중개로 막대한 돈을 벌어들였다. 그리고 그 돈의 일부는 김형욱과 정일권, 리처드 해너에게 돌아갔다. 그러나 1971년 김형욱이 권력 일선에서 물러나자 박동선 또한 쌀 중개권을 빼앗겼다. 박동선의 중개권 박탈을 주도했던 인물은 김형욱과 앙숙으로 박정희의 경호실장이었던 박종규(1930~1985)로 알려져 있다.(김충식 1992)

박종규는 박동선의 중개권을 박탈하고 청와대 출입을 금지했다. 그러자 박동선은 해너 의원을 비롯한 미국 의원들을 통해 한국 정부에 압력을 가하기 시작했다. 그들이 타깃으로 잡은 건 이후락(1924~2009) 중앙정보부장이었다. 해너 의원은 쌀 생산지 출신 상·하원들의 편지를 들고 이후락을 만나 이렇게 말했다고 한다. "편지를 쓴 엘렌다 상원의원은 외원(外援) 세출 위원장입니다. 박동선 씨는 미국 의회에 잘 알려진 인물이며 한국이 엘렌다 의원과 패스만 의원(군사 및 경제 외원을 다루는 소위위원장)의 도움을 받도록 할 수 있을 것입니다."(김충식 1992)

해너의 이 말은 박동선이 한국의 대미 외교에 도움을 줄 수 있다는 것이었다. 이후락은 박동선을 대미 로비에 이용할 수 있겠다는 생각을 했고, 박동선이 벌어들이는 돈 일부를 공화당의 정치자금으로 돌리려 했다. 당시 공화당은 1971년의 대통령 선거로 자금이 달리는 상태였다. 결국 박동선은 이후락의 입김으로 1972년 3월 쌀 중개권을 재획득할 수 있었다.

이후락이 박동선에게 쌀 중개권을 준 이유는 대미 로비의 필요성이 절대적으로 필요했기 때문이다. 10권 3장에서 이미 보았듯이 '닉슨 독트린(Nixon Doctrine)' 이후 닉슨 행정부는 의회의 압력으로 단계적으로 주한미군을 철수하겠다는 의사를 한국 측에 전달하고, 1971년 3월부터 주한미군 철수를 시작했다. 한국 정부는 위기의식을 느꼈고, 미행정부와 의회를 대상으로 하는 로비의 필요성을 절감했던 것이다. 박동선은 뛰어난 사교술로 미 의회 의원들과 친분을 쌓았고 박정희 정권을 위해 로비를 벌였다. 1972년부터 1975년까지 그는 리처드 해너를 비롯한 수십 명의 상·하원 의원에게 금품과 선물을 제공했다. 뇌물을 받은 의원들 대부분이 쌀 생산지 출신이었기 때문에 박동선과의 긴밀한 협조를 필요로 했다. 그러나 그 로비가 정상적인 루트를 통하지 않았기에 박동선의 활동은 스캔들로 비화된 것이다.

"워싱턴에서 로비를 안 하는 나라가 어딨어"

한국 정부가 1976년 10월 26일 '박동선은 한국과 무관하다' 는 내용의 성명서를 발표하자 『워싱턴포스트』는 10월 27일 미 중앙정보국(CIA)이 코리아 게이트의 단서를 잡은 것은 전자장치로 청와대를 도청했기 때문이라는 기사를 내보냈다.

이는 전혀 새로운 외교 문제로 비화되어 한국 정부는 미국 정부에 해명을 요구했지만 미국 정부는 침묵을 지켜 이후 두고두고 큰 쟁점이 되었다.

한국의 우격다짐식 대미 로비는 박동선 사건이 처음은 아니었다. 1973년 워싱턴 주재 한국대사관에서 참사관으로 일하다 미국으로 망명했던 이재현은 미 의회 청문회에서 다음과 같이 증언했다. "한국의 중앙정보부는 미국 내에 있는 반한파 한국인들을 탄압하는 데 그치지 않고, 미국 내에서 반(反)박정희 여론과 활동을 무마하기 위해 대규모 회유·매수 공작을 벌일 모종의 계획도 있었다."(문명자 1999)

대미 로비를 주도했던 중앙정보부는 박동선 이외에도 김한조라는 재미(在美) 사업가를 로비스트로 활용했다. 박동선의 로비는 의회를, 김한조의 로비는 백악관을 공략하는 역할 분담이 이루어졌던 셈이다.(정진석 1999)

미국 언론은 벌떼처럼 달려들어 박 정권의 부도덕성을 공격했다. 문명자(1999)는 "코리아 게이트에 대한 미국 기자들의 심리는 이중적인 것이었다"며 다음과 같이 말한다. "하나는 부정한 돈을 받아먹은 미국 정치인들의 비리를 파헤치려는 기자 정신이었고, 다른 하나는 '아직도 미국의 원조를 받고 있는 나라가 조금 컸다고 돈을 뿌려?' 하는 못마땅한 심사였다."

미국 언론이 박 정권의 도덕성을 집중 공격하자, 박정희는 1976년 11월 3일 청와대비서관과 기자 몇 명이 있는 자리에서 억울함을 다음과 같이 토로했다. "돈을 먹었으면 미국 사람들이 먹었고, 돈을 먹은 사람들이 더럽지, 왜 우리 정부를 공격하는 거야? 돈 먹은 사람들을 탓할 일이지. 따지고 보면 미국의 신세지는 나라치고 워싱턴에서 로비를 안 하는 나라가 어디 있어? 이스라엘이 제일 많이 할 거야. 그래서인지 유태계 신문 『뉴욕타임스』는 아무 소리 없고……. 지금 일본 정계를 떠들썩하게 하고 있는 록히드 사건도 빙산의 일각 아니겠나. 미일 간의 거래는 훨씬 크고 많을 게 아닌가 말이야."(김충식 1992)

박정희의 불만은 얼마쯤 타당했지만, 미국 언론이 물고 늘어진 것은 로비의 방식이었다. 한 미국 신문은 이 사건을 "솜씨가 거칠고 세련되지 못해 돈을 함부로 뿌리고 다닌 표본"으로 지칭했고, 또 다른 신문은 "모든 로비가 돈으로만 성사될 수 있다면 누군들 로비를 못하겠는가. 한국은 돈이 로비의 모든 것이 아님을 스스로 입증했다"고 한국식 로비의 단순함을 비꼬았다.(정규웅 1992)

이와 관련해 당시 중앙정보부 해외담당 차장보였던 윤일균은 "1970년대로 접어들면서 미국은 주한미군 감축, 군원 삭감 방향으로 나아갔다. 그러나 한국으로서는 초조할 수밖에 없었다. 여러 수단을 강구한다는 게 결과적으로 저쪽 미국의 법과 관행에 맞지 않는 방법까지 동원됐다. 가령 박동선 씨가 쌀 이권으로 번 돈 일부를 미국 의원들에게 줄 때 결코 뇌물이라는 의식도 없었고 코리아 게이트 재판결과(박동선 사면)로 볼 때도 별 게 아닌 것이었다"며 다음과 같이 말한다.

"그러나 당시 미국 내 감정과 여론은 '한국 독재정부가 뇌물로 미국 의회와 행정부를 부패시켰으니 도려내겠다'는 식이었던 것이다. 주한미군이나 군원문제 외에도 유신 이후 인권문제 공세 등으로 정권 이미지가 나빠져 미국 의회나 여론의 물꼬를 돌려보겠다는 의도도 있었던 것은 분명하다. 결국 우리 측은 '이스라엘, 자유중국 등 미국 신세지는 나라치고 로비 않는 곳이 어디 있느냐'는 단순한 생각으로 사업가인 박·김(박동선과 김한조) 씨 같은 협력자들을 이용했던 것 같다. 그러나 한미 간 문화의 차이랄까, 벽은 뜻밖에 엄청난 것이었고 우리는 비싼 대가를 치러야 했다."(김충식 1992)

반면 양국주는 이 모든 게 이스라엘의 보복이라고 주장한다. 박동선 사건관련 정보를 『뉴욕타임스』나 『워싱턴포스트』에 넘긴 게 이스라엘이라는 것이다. 2차 오일쇼크 때 중동 산유국들이 이스라엘과 수교를 맺은 나라에는 석유를 주지 않겠다고 위협하자 한국 정부는 이스라엘대사관을 일본 동경으로 철수했는데, 이에 대한 보복으로 그렇게 했다는 주장이다.(문갑식 2009)

농촌을 희생으로 한 대미 로비

미국 언론의 대서특필과는 달리, 이 사건은 국내 언론엔 보도되지 않았다. 1976년 12월 그리스 대사 채명신은 '대통령 각하 친전(親展)'이라고 쓴 장문의 편지를 통해 국내 언론도 코리아 게이트 사건을 보도해야 한다는 건의를 했다. 이 건의가 받아들여져 국내 신문은 1976년 12월 27일자부터 코리아 게이트 사건과 미국의 청와대 도청설 등에 대해 보도하기 시작했다.

이 사건은 비단 미국의 정관계에만 국한된 게 아니었다. 박동선은 한국 권부와 유착해 미국의 쌀 수입 중개권을 획득해 커미션을 챙기는 방법으로 막대한 돈을 벌었고, 그 돈 가운데 일부는 미국 정계뿐 아니라 박 정권의 정치 자금으로도 흘러 들어갔기 때문이다. 이와 관련해 정진석(1999)은 다음과 같이 말한다.

"1968년 정일권 씨의 도움으로 조달청의 쌀 수입 대리인이 된 박 씨는 톤당 50센트이던 커미션을 10달러 이상으로 올려 받는 수완을 발휘하면서 코리아 게이트가 커진 1976년까지 무려 5600만 달러의 거액을 커미션으로 챙긴 것으로 알려졌다. 그는 이 막대한 금력을 배경으로 워싱턴과 서울을 오가며 '정치외교'를 했다. 박 씨의 돈은 워싱턴 정가에만 뿌려진 게 아니었다. 쌀 수입 중개권을 계속 유지하기 위해 그는 서울의 요로에도 막대한 액수를 '헌납' 했다."

막대한 액수의 돈이 박 정권으로 흘러 들어갔을 뿐 아니라 한국은 비싼 값으로 쌀과 다른 작물을 미국에서 수입해야 했다고 하는 점에서 이 사건은 한국 내의 부정부패 차원에서도 깊이 살펴봐야 할 사안이었다. 문명자(1999)는 이 사건으로 인해 한국이 입은 피해에 대해 다음과 같이 말한다.

"이 같은 박정희·박동선의 부도덕한 대미 로비로 인해 한국 국민이 입은 피해는 미국의 형편없는 3등급 쌀을 비싼 값에 사 먹어야 했던 것만이 아니었다. 박동선은 캘리포니아·루이지애나·미시시피·아칸소 등 쌀을 팔아야만 정치 생명이 유지되는 쌀 생산주 출신 의원들의 환심을 사기 위해 한국 정부가 쌀뿐 아니라 그들의 출신 주에서 생산되는 다른 농작물들까지 사들이도록 했다. 그로 인해 한국 농민들이 입은 피해상이 어떠했는지는 오늘의 한국 농촌을 보면 잘 알 수 있다."

박세길(1989)도 "미국의 잉여농산물이 남한의 농업에 미친 영향은 가히 파멸적인 것이었다. 넘쳐흐르는 미국 농산물은 전반적인 농산물 가격의 하락을 초래했고 이로 인해서 농민은 수지가 맞지 않는 작물의 재배를 포기했다. 그러면 생산되지 않은 작물의 공급은 미국의 잉여농산물로 재빨리 메워졌고 이러한 과정을 통해 농산물의 자급률은 해마다 떨어지는 현상이 나타났다"며 다음과 같이 말한다.

"그 결과 1981년에 이르러서는 식량의 자급도가 43.2퍼센트에 불과하게 되고 밀, 옥수수 등은 거의 전량 미국에서 구입해 와야만 하는 실정에 도달하게 되었다. 이러한 식량 자급도의 하락은 농민들로 하여금 계속해서 수입이 곤란한 특정 작물, 예컨대 채소 등의 재배에 올려

들도록 했고 이는 걸핏하면 과잉생산으로 인한 채소 값의 폭락현상을 야기하는 요인이 되고 말았다. 이처럼 전반적인 농산물가격의 하락과 재배작물의 제한성은 농민들에게 계속되는 적자만을 안겨다주었으며 그 결과 필연적으로 농가부채의 누적을 초래했다. 나아가 농가부채는 이의 상환을 위해 농민의 유일한 재산인 토지를 팔아치우게 만들었고 그 결과 토지가 없거나 부족한 소작농을 양산해내게 되었다. 농촌의 파탄에 의해 야기된 가장 심각한 결과는 대규모적 이농현상이었다. 즉 더 이상 농업생산을 계속하지 못하게 되자 농민들은 고향을 등진 채 아무런 장래 보장도 없는 도시를 향해 발길을 옮기기 시작한 것이다. 이 같은 이농현상은 전국 방방곡곡에서 전개되었지만 전통적 농업지역이면서도 공업화 과정에서 철저히 소외된 호남지역에서 특히 두드러지게 나타났다."

코리아 게이트에 대한 미 정부의 수사는 1977년 카터 행정부가 들어서면서 활발해지기 시작하며, 그 여파와 더불어 카터 행정부의 '인권정책'으로 한미관계도 싸늘하게 얼어붙는다. 이는 '국가의 이익'과 '정권의 이익'이 어떻게 다른가 하는, 영원히 풀기 어려운 본원적인 문제를 제기한다.

참고문헌 Dam 2002, Lieberman 1978, Pember 1984, 강준만 외 1999~2003, 김민남 1990, 김영희 1995, 김충식 1992, 문갑식 2009, 문명자 1999, 박세길 1989, 이상훈 1992, 정규웅 1992, 정진석 1999, 허영섭 2002

1976년 대선
제39대 대통령 지미 카터

지미 카터의 '양심' 테마

"정치는 인격을 망친다"는 말이 있다. 인격이 좋은 사람 치고 성공한 지도자는 드물다. 미국의 역사학자 마이클 리카드스(Michael P. Riccards)는 미국의 실패한 대통령 중 한 사람으로 꼽히는 제럴드 포드는 강력한 대통령이 되기에는 참으로 훌륭한 인품을 지녔다고 주장한다.(Gergen 2002)

정치라는 영역 자체가 인간의 욕망이 가장 적나라하게 표출되는 특수 영역임을 이해해야 한다는 뜻으로 한 말이겠지만, 그 말을 믿어야 할까? 포드의 인품이 아무리 훌륭했다 하더라도, 그는 1976년 대선에서 워터게이트의 악몽과 닉슨 사면의 부담으로부터 자유로울 수 없었다.

워터게이트의 문제는 닉슨만의 문제였을까? 린든 존슨(Lyndon B. Johnson, 1908~1973) 행정부의 후생성 장관으로 '위대한 사회(Great

Society)' 프로그램을 추진했던 조지프 캘리파노(Joseph A. Califano)가 『대통령의 나라(A Presidential Nation)』(1975)라는 책에서 주장한 것처럼, 대통령의 권한이 지나치게 비대해진 제도와 구조의 문제는 아니었을까? 그러나 미국인들은 제도와 구조보다는 사람에게서 답을 찾으려는 성향이 농후하며, 이는 대선에서의 '테마 게임'으로 나타나곤 했다.

미국 정치에서 '테마'에 가까운 커다란 이슈는 하나의 사이클을 형성하고 있기 때문에 이를 무시한 이슈는 먹혀들기 힘들다. 제임스 데이비드 바버(James David Barber 1980)는 미국의 역대 대통령 선거에서는 세 개의 주요 주제가 대두되었다고 말한다. '갈등으로서의 정치(politics as conflict)', '양심으로서의 정치(politics as conscience)', '융화로서의 정치(politics as conciliation)' 등 세 가지라는 것이다. 하나의 주제가 지속되는 사이클은 보통 12년인데 1948년 해리 트루먼(Harry S. Truma, 1884~1972)의 '갈등', 1952년 드와이트 아이젠하워(Dwight D. Eisenhower, 1890~1969)의 '융화', 1976년 지미 카터(James E. Carter, Jr.)의 '양심'이 바로 그런 경우에 해당된다는 것이다.

각기 내용은 다를망정 이런 사이클의 존재 자체에 관한 한 좌우(左右)의 의견이 일치한다는 게 흥미롭다. 좌파적 입장에서 제임스 페트라스(James Petras 1977)는 '도덕성(morality)'은 주기적으로 나타나는 미국의 이데올로기 공세라고 주장한다.

1976년 대선이 정녕 '양심'과 '도덕성'이 빛을 발할 수 있는 선거였다면 카터가 적임자였던 건 분명하다. 카터가 무명(無名)의 인물이라는 점도 오히려 '양심'을 부각하는 데엔 도움이 되었다. 당시 미국

베트남 철수, 워터게이트, 칠레 아옌데 정부 전복사건 등, 인권문제가 부각될 만한 환경에서 카터는 인권을 정책화 했고 이로써 포드 진영의 부도덕성을 부각할 수 있었다.

국민은 베트남전쟁과 워터게이트 사건 후유증으로 인해 지도자의 정직과 신뢰에 대해 갈증을 느끼고 있었으며, 바로 그 갈증을 해소시켜 줄 수 있는 참신성을 보여주는 데엔 무명이 인물이 더 유리할 수 있었기 때문이다. 카터는 '무명'을 넘어서 노골적인 '아웃사이더' 전략과 '반정치(anti-politics)' 전략을 구사했다. "저는 변호사가 아닙니다. 저는 의회의 의원이 아닙니다. 결코 워싱턴에서 일해본 적이 없는 사람입니다."(Jones 1984, Miller 2002) 예전 같으면 절대적 결격 사유였을 점까지 정치적 자산이 되는 시대, 그런 시대의 한복판에 카터가 출현한 것이다.

카터는 1924년 10월 1일 미국 남부 조지아(Georgia) 주의 플레인즈(Plains)라고 하는 작은 농촌 마을에서 태어났다. 그는 1943년 해군사관학교에 입학해 1946년 졸업 후 전함에서 2년간 근무했으며, 1946년 7월 7일 로잘린 스미스(E. Rosalynn Smith Carter)와 결혼했다. 그는 1948년부터 잠수함 근무를 했는데, 1953년 아버지가 사망하자 해군에서 뜻을 펼치고자 했던 꿈을 접고 고향으로 돌아가 가업인 땅콩 농사에 종사했다.

카터는 땅콩 농사 이외에도 플레인즈의 지도자로 활약하면서 교회 활동을 활발하게 했다. 그는 1963년에서 1966년까지 4년간 조지아 주 상원의원으로 일하기도 했는데, 당시 다른 건 제쳐놓더라도 근면과 성실성만큼은 많은 사람들로부터 인정을 받았다.

카터는 1966년 주지사 선거에 도전했지만 실패했으며, 그 후유증 때문인지 1967년 초 기독교도인으로 거듭나 매우 독실한 신앙심을 갖게 되었다. 그는 1970년 선거에 재도전해 승리했으며, 1971년 1월 12일 취임 연설에서 과감한 차별 철폐를 선언했다. 그는 특히 인종 차별 문제를 해결하겠다는 강력한 의지를 천명했는데, 이는 실질적인 정책으로 뒷받침되었다.

"나는 절대 거짓말하지 않겠다"

카터가 이끄는 조지아 주정부는 인재 등용에 있어 흑인뿐 아니라 여성에게도 폭넓게 개방되었다. 그는 그밖에도 300개의 주정부 기구들을 22개로 통폐합하는 행정 개혁을 단행했으며 환경규제와 아울러 교도소 개혁도 성공적으로 실천에 옮겨 많은 사람들의 주목을 받았다.

그는 곧 전국적인 관심의 대상이 되어 『타임(Time)』 1971년 5월 31일 자 표지를 장식했는데, 『타임』은 이전의 남부 주지사들과는 다른 면모를 보여주고 있다는 점에서 카터를 '신남부(New South) 주지사'라고 불렀다.

카터는 그러한 전국적인 관심을 발판으로 삼아 1976년 대선에 도전할 마음을 먹었다. 그는 일찌감치 1974년 12월 12일 주지사 임기 종료 1개월 전에 대선 출마를 선언했다. 『애틀랜타 컨스티튜션(Atlanta Constitution)』에 실린 한 칼럼은 이렇게 조롱했다. "카터는 무엇을 위해 대통령직에 나섰나? 주지사 카터의 출현은 참으로 시의적절하다. 지금의 이 나라는 포복절도할 웃음거리가 필요하다. 이것이 그가 대통령직에 출마하지 않을 수 없는 이유다." 심지어 그의 어머니 릴리언 카터(Lillian G. Carter, 1898~1983)마저 깜짝 놀라 "대통령이 어쨌다고?"라고 외쳤다. 언론의 관심을 조금 끌었다고는 하지만, 그는 여전히 무명(無名)에 가까웠다. 모두들 "지미가 누구야?"라고 물었다.(Miller 2002, Ridings & McIver 2000)

카터는 '소박한 보통 사람' 이미지를 강조하면서 전국을 순회했다. 그는 자기 짐을 직접 들고 다니는 파격을 선보이며 "나는 절대 거짓말하지 않겠다"느니 "마음속으로 여러 번 간통을 저질러왔다"는 따위의 말로 자신의 정직성을 강조했다. "우리 국민만큼만 선량한 정부를 가질 수 있다면, 그야말로 위대한 업적이다"라는 말도 했다.

그러나 정직성이나 선량함만으로 대통령이 될 수 있겠는가. 카터의 참모들은 언론 플레이에 뛰어난 베테랑들로 구성되었다. 수석 참모인 해밀턴 조던(W. Hamilton M. Jordan, 1944~2008)은 언론으로부터 우호적인 보도를 얻어내기 위해 기자들에게 개인적으로 은밀한 접촉을 시도했다. 가령 카터에 대한 기사가 주요 신문에 실리면 그 기자에게 전화를 걸어 고맙다고 인사를 하거나 시간을 내서 언제 한번 놀러오라고 초청하여 기자들의 자긍심을 북돋는 방법을 즐겨 사용했다.(Diclerico & Uslaner 1984, Merelman 1987, Witcover 1977)

카터 진영의 이러한 전략은 주효해 수많은 기자들이 대통령후보 카터를 만나기 위해 조지아 주의 애틀랜타를 방문했다. 1975년 11월부터 1976년 2월 사이 무명의 주지사에 지나지 않던 카터는 그 어떤 대통령후보보다도 더욱 많은 지면과 화면을 차지했던 것으로 나타났다.(Robinson 1978, Stout 1983)

"마음속으로 여러 번 간통을 저질러왔다"고 고백했던 『플레이보이(Playboy)』와의 인터뷰도 실은 계획적인 것이었다. 즉 카터는 이 도색잡지와의 인터뷰를 자신의 강한 종교적 색채를 완화하는 기회로 이용하여, 대통령이 되더라도 자신의 종교관을 정치화하지 않겠다는 의지를 간접적으로 알리고자 했던 것이다.(Meyrowitz 1985, 정철영 1997)

광고인 출신 보좌관 제럴드 래프순(Gerald Rafshoon)은 카터의 이미지 메이킹을 위해 광고 분야의 '포지셔닝(positioning)' 이론을 도입했다. '포지셔닝'은 소비자의 마음속에 어떤 자리를 차지하게끔 위치를 각인하는 마케팅 기법이다. 어떻게 포지셔닝을 했을까? 이준구(2010)에 따르면 "내성적인 면모를 진실한 태도로, 세련미가 없고 문화생활에 취약한 부분은 소시민적 성향으로 포지셔닝 했다. 땅콩 농장을 운영한 경험을 토대로 그에게 노동자의 권리를 옹호한다는 이미지를 부여했고, 복음교회 신자임을 강조해 기독교 근본주의자 수백 만 명의 지지를 얻어냈다. 래프순의 이런 이미지 메이킹은 워싱턴의 부패된 정치를 청산할 수 있는 순박한 농민적 정직성을 지닌 인종 화합주의 자로 거듭나게 했다."

물론 카터에 대한 언론보도가 호의적인 것만은 아니었다. 『타임』 1976년 5월 5일자는 "카터가 말할 때는 미소와 정중한 남부의 매력 그리고 매혹적인 힘이 느껴진다"고 말하면서도 "도통 유머를 찾아볼 수 없는데다, 자신의 목표를 추구하는 데엔 잔인할 만큼 철저했다"고 썼다. 카터가 7월 민주당 대통령후보직을 수락하면서 내세운 '인권' 도 자신의 목표를 달성하기 위해 급조한 수단에 불과하다는 혐의가 제기되었다. '인권외교'는 닉슨 행정부와 반대로 가기 위해 헨리 키신저의 '현실정치(Real politik)'를 뒤집은 것에 불과하다는 것이다.(Kristol 1983)

또 아서 슐레진저 2세(Arthur M. Schlesinger Jr., 1917~2007)의 분석에 따르면 "카터가 개인적으로 어떻게 인권과 인연을 맺었는지는 그리 명확하지 않다. 그 부분은 그의 회고록에서 외교 부문을 다룬 장(章) 에도 나타나 있지 않다. …… 도리어 종종 그는 정반대로 가는 것처럼 보일 때도 있었다. 그는 헬싱키협약(유럽안보협력회의)뿐 아니라 간섭주의 철학을 통째로 비난했다."(Sellars 2003)

그럼에도 시대적 상황은 카터를 필요로 하는 것처럼 보였다. 1976년 8월 19일 미주리(Missouri) 주 캔자스 시(Kansas City)에서 열린 공화당 전국전당대회에서 포드 대통령이 로널드 레이건(Ronald Reagan, 1911~2004)을 1187표 대 1061표로 간신히 물리치고 공화당 대통령후보로 지명되었지만, 그는 그 직후 실시된 여론조사에서 49대 39로 카터에게 10퍼센트 포인트 뒤지고 있었다.

레이건은 "복지 혜택만으로 여왕처럼 사는, 유색인종일 가능성이 매우 높은 여성이 있다"며 작은 정부론을 내세웠다. 하지만 어느 주의 어떤 여성이 '복지 여왕'인지는 밝히지 않았다.

레이건은 비록 공화당 예비선거에서 패배했지만, 많은 사람들에게 강한 인상을 남김으로써 차기를 기약할 수 있었다. 특히 레이건이 선거 중에 말한 '복지 여왕(welfare queen)'에 관한 이야기는 어떻게 미국의 복지 체계가 일할 동기를 파괴해왔는가를 보여주는 증거로 많은 사람이 인용하곤 했다. '복지 여왕'은 레이건이 사회복지 혜택을 받으며 캐딜락을 모는 여성을 사례로 들며, 미국 사회복지 체계의 난맥상과 함께 민주당의 복지 확대정책을 비판하면서 나온 이야기다. (Sunstein 2009)

대선은 텔레비전 방송사들의 잔치판

대선은 텔레비전 방송사들의 잔치판이기도 했다. 시청자들을 즐겁게 하기 위해 텔레비전 방송사들은 특별 세트를 제작했다. NBC-TV는 1976년 대통령 예선 보도를 위해 뉴햄프셔에서 캘리포니아까지 끌고 다닐 이동 세트를 만들기 위해 5만 달러를 썼다. 그 세트의 수송 비용만도 수십만 달러를 사용해 예선이 끝날 때쯤 해선 100만 달러라는 돈을 오로지 그 세트 하나를 위해 소비했다. 재미있는 그림을 내보낼 수 있느냐 하는 게 방송사들의 주요 관심사가 되었다. 맬컴 맥도걸 (Malcolm MacDougall)은 1976년 대통령 선거를 보도한 텔레비전 뉴스의 전반적인 문제점을 다음과 같이 풍자적으로 비판했다.

"비행기를 내리면서 머리를 찧는 포드 대통령을 보았다. …… 조지아 주 플레인즈에서 소프트볼을 하는 카터를 보았다. 카터가 딸 에이미에게 뽀뽀하는 장면과 작업복을 입고 아내 로잘린과 땅콩농장을 손잡고 걸어가는 광경을 보았다. 교회에 들어가고 나오는 카터를 보았다. …… 포드가 동구(東歐) 문제에 대해 실언하는 모습을 보았고 일주일간 사람들이 그 실언에 대해 논평하는 것을 보았다. 오하이오에 온 포드가 자신이 아이오와에 다시 와서 얼마나 기쁜지 말하고 있었다. 행진하는 밴드와 야유 군중을 보았고 군중의 숫자와 그 숫자의 의미에 대해 들었다. …… 그러나 내가 네트워크 텔레비전 뉴스를 시청하

포드는 재임 2년 반 동안, 닉슨의 사임으로 갑자기 대통령이 되었다는 점, 베트남전으로 인한 적자와 석유파동에 시달려야 했다. 1976년 대선에서 그는 고전을 피할 수 없었다.

느라 소비했던 매우 긴장된 매 시간, 후보들이 말했어야 했을 선거 이슈에 대해선 전혀 듣지 못했다. 그건 뉴스가 아니었다."

'동구 문제 실언' 사건은 무엇인가? 포드는 카터와의 텔레비전 토론에서 소련의 폴란드 통제 문제에 대해 실언을 했다. "폴란드는 소련의 지배하에 있지 않다." 폴란드 등 동유럽국 국민들이 소련의 통제를 받는다는 생각을 하지 않을 것이라고 대답한 것이다. 폴란드에 대해 질문을 던졌던 『뉴욕타임스』기자 맥스 프랭켈(Max Frankel)은 포드가 큰 실언을 했다고 생각해 다시 질문함으로써 그에게 해명할 기회를 주었지만 포드는 실수를 되풀이했다.(Dole 2007, Thomas 2000)

포드의 수석공보관이었던 데이비드 거겐(David Gergen 2002)의 회고에 따르면 "포드 진영에는 벼락이 떨어진 것이나 마찬가지였다. 『타임』은 '전 세계인의 눈앞에서 저지른 망언'이라고 공격했다. 처음에 국민들은 이 발언을 눈치 채지 못했다. 토론 직후에 실시했던 지지율 조사는 포드가 이 토론에서 카터를 앞질렀다고 보는 여론이 우세했다. 하지만 언론은 발작을 일으키듯 야단법석을 떨었다. 불쌍한 늙은이 제럴드 포드가 본성을 숨기지 못한 채, 최근의 실수를 통해 폴란드를 해방했다고 지겹도록 떠들어댔던 것이다."(포드는 대통령 퇴임 후 미시간대학 교수로 간다는 설이 나돌자, 그것도 고려하고 있다면서 '하지만 동유럽 역사는 안 가르칠 겁니다'라고 대답했다.)

포드는 러닝메이트로, 많은 공화당원들이 지나친 자유주의자라고 생각한 부통령 넬슨 록펠러(Nelson A. Rockefeller, 1908~1979) 대신 캔자스(Kansas)주 연방 상원의원인 로버트 돌(Robert J. Dole)을 지명했다. 돌은 부통령후보 토론회에서 민주당을 비난하며 시종일관 화난 모습을 보여줌으로써 미네소타 상원의원으로 카터의 러닝메이트인 월터 먼데일(Walter F. Mondale)에게 '패배'해 포드를 돕지 못하는 결과를 초래했다.(Ridings & McIver 2000)

텔레비전 뉴스의 흥미성에 대한 식욕은 탐욕스러웠다. 1976년 대통령 선거 시에 일어난 몇 가지 다른 사례들을 보자. CBS-TV는 한 군소정당 후보의 총기 문제 해결에 관한 제안을 보도했다. 그 제안은 총을 없앨 것이 아니라 총알의 속도를 98퍼센트가량 줄이자는 것이었다. 또 NBC-TV는 포드 대통령이 선거유세 도중 지나치게 열심히 악수하다가 딸과도 악수를 하게 됐다고 보도했으며 지미 카터는 백화점에서 사람들과 열심히 악수하다가 마네킨과도 악수했다고 보도했다. 글쎄,

아주 재미있기는 한데 이를 제대로 된 선거보도라고 할 수 있을 것인지에 대해선 회의하지 않을 수 없겠다.

뉴스마저 그런 상황에서 정치 광고는 더욱 중요해졌고, 이에 따라 정치 컨설턴트라는 직업이 각광을 받았으며 이는 궁극적으로 정당의 약화를 초래하는 문제로 나타났다. 후보자들이 정당보다는 정치 컨설턴트의 조언에 더 매달리는 경향이 나타났기 때문이다. 1976년 대선 시 현직 대통령 제럴드 포드의 정치 컨설턴트인 스튜어트 스펜서(Stuart K. Spencer)가 포드에게 한 말을 들어보자. "대통령 각하, 각하는 선거유세를 하는 사람으로서 아주 형편없습니다.(Mr. President, as a campaigner, you're no fucking good.)" 일국의 대통령에게 감히 할 수 있는 소리인가? 그러나 포드는 후일 그의 자서전에서 정치 컨설턴트는 그렇게 말할 수 있고 또 자신은 이를 받아들여야 한다고 생각했다고 밝히고 있다.(강준만 1992)

투표는 '가슴의 문제'

어처구니없는 발상으로 받아들이고 싶겠지만, 세상은 꼭 그렇지만은 않다. 로버트 굿먼(Robert Goodman)은 유권자들이 감정적으로 투표에 임한다고 주장했다. 투표는 '가슴의 문제(a matter of the heart)'라는 것이다. 그는 또 이슈 중심적인 광고는 불필요한 위험을 야기할 수 있다고 말했다. 그는 1976년 대통령선거에서 지미 카터에게 투표한 사람들 중 76퍼센트가 어떤 주요 이슈에 대한 카터의 입장을 몰랐다는 여론조사 결과를 인용하면서 감정상의 느낌이 훨씬 더 중요하다고 강조했다.(강준만 1992)

물론 그 '감정상의 느낌'은 바로 워터게이트 사건에 대한 환멸감이었다. 선거 직전인 10월 말 워터게이트 사건을 파헤친 영화 〈대통령의 사람들(All the President's Men)〉이 상영되어 유권자들에게 다시 한번 워터게이트 사건의 악몽을 상기함으로써 카터에게 큰 도움이 되었다. 결국 카터는 11월 3일 대선에서 승리를 거두었다. 일반투표에서 카터는 유권자의 50.02퍼센트, 포드는 47.97퍼센트의 표를 얻었고, 선거인단은 카터 297명, 포드 241명이라는 근소한 차이였다. '정직'이 선거 이슈일 수는 없었지만 당시의 사회적 분위기는 워터게이트 스캔들로 인해 정치인의 '정직'이 크게 먹혀들 수 있었다. 그런 상황에서 "지금 바로 인플레를 타파해야 한다(Whip Inflation Now)"는 포드의 WIN 슬로건은 공허하고 부적절했다.(Davis 2004)

주요 선거 이슈가 도덕과 정직이 되는 바람에 카터는 보수적인 종교단체들의 지지마저 받았지만, 이는 카터의 발목을 잡는 족쇄가 된다. 훗날 아서 슐레진저 2세가 "카터는 그로버 클리블랜드(S. Grover Cleveland, 1837~1908) 이래로 민주당 대통령으로서는 가장 보수적인 대통령이다"라고 비판한 것도 바로 그런 사정과 무관치 않다.(Fairlie 1988)

포드가 인품이 훌륭했다고는 하지만, 패배에까지 의연할 수는 없었으리라. 『월스트리트저널(Wall Street Journal)』과 『워싱턴포스트』의 기자 출신인 로널드 케슬러(Ronald Kessler 1997)에 따르면 "선거에서 지고 돌아오는 동안 전용기에서 포드의 보좌관들은 견과(堅果)를 먹으면서 땅콩만 골라 바닥에다 계속 던져댔다.(당선자 카터는 땅콩농장 주인이었다.) 전용기 승무원 러스 레이드는 '포드는 카터더러 머저리 같은 개새끼라며 크게 낙담했다'고 기억했다."

카터에게 '머저리'의 자질이 꽤 있었다는 건 분명한 것 같다. 케슬러에 따르면 "카터 대통령은 조지아 플레인즈에 있는 자신의 농장에 머물 때면 자기만의 사생활에 집착한 나머지 미국의 핵공격을 명령하는 코드를 담은 '핵가방(일명 풋볼)'조차 농장 밖에 대기시켰다. 결국 만약 그 시간에 소련이 선제 핵공격을 해올 경우 핵가방을 든 군보좌관이 우선 10여 마일을 자동차로 달려 대통령에게 접근해야 미국의 대응이 이뤄질 판국이었다.(소련의 대륙간 탄도탄은 30분 내, 미국 동부해안에서 발사된 잠수함 핵미사일은 8분 만에 워싱턴 D.C.에 도달할 수 있었다.)"(이철민 1995)

'에너지 절약'과 '파나마운하 협정'

카터가 머저리였는지는 몰라도 '참신함'만큼은 그의 것이었다. 경호상 적잖은 문제가 있음에도 카터는 선거유세 시 고급호텔이 아닌 보통사람들의 집에 투숙함으로써 뉴스의 각광을 받기도 했다. 1977년 1월 20일 카터의 취임식도 파격이었다. 그는 방탄용 리무진을 버리고 의사당에서 백악관까지 1.5마일에 이르는 길을 가족과 함께 걸어서 갔다. 그는 백악관에 들어가서는 고위 참모진에 대한 고급 승용차 출퇴근 서비스를 중단했고, 대통령 전용 요트를 팔아버렸다. 그러나 카터의 연설문 작성가였던 헨드릭 허츠버그(Hendrik Hertzberg 1997)는 요트를 팔아버린 건 실수였다고 말한다.

"대통령 전용 요트는 사실 연방정부의 예산 항목에서 비용 효율성이 가장 높은 것들 중 하나였다. 대통령이 나름대로 중요한 상원의원을 요트로 초대해 술을 몇 잔 대접하면서 비위를 살살 맞추고 그런 후에 같이 갑판에 앉아 시원한 저녁 바람을 맞으며 해 지는 풍경을 구경하면, 그들이 다시 부두에 돌아갈 때쯤 해서는 그 상원의원이 무언가 중요한 법안에 대해 대통령을 지지할 수도 있었다. 하지만 요트가 없는 상태에서는 대통령이 상원의원의 지지를 얻기 위해 무언가 보다 구체적이고 보다 값비싼 대가를 치러야 할지도 모른다."

카터가 모든 면에서 늘 솔직하지는 않았던 모양이다. 케슬러에 따르면 "독실한 침례교 신자인 카터가 백악관에 첫 번째 명령으로 내렸던 '금주령'은 결국 또 하나의 거짓말로 끝났다. 전용기의 사무장이었던 찰리 파머는 '카터는 종종 마티니와 미켈롭라이트(맥주의 종류)를, 로잘린 여사는 스크루 드라이버를 들었다'고 말했다. 심지어 카터의 보좌관들이 백악관 내에서 은밀히 마리화나, 심지어 코카인까지 사용했다는 의혹까지 일고 있다." (이철민 1995)

또한 카터는 매우 부지런했지만 자질구레한 일에 지나치게 많은 시간을 쏟았다. 보좌관들이 두꺼운 부록이 달린 서류를 보내면서 다 읽을 필요가 없다고 해도 그는 부록까지 다 읽고 오자까지 잡아내곤 했다. 그럼에도 카터는 집권 내내 검소, 소탈, 솔직 등과 같은 덕목을 보이는 데 모자람이 없었다. 아니, 오히려 지나쳐서 문제였다.

1977년 4월 18일 카터는 텔레비전 연설을 통해 국민들이 에너지 낭비를 줄이고, 이 문제에 대해 '도덕적인 전쟁'을 벌이지 않는다면 미국은 아마도 '국가적인 대재난'을 맞게 될 것이라고 경고했다. 이틀 후 카터는 의회에 제출한 에너지 계획을 통해 연료 소비를 절감하기 위해 유류에 갤런당 50센트의 세금을 부과하고, 석유회사들에는 '뜻

카터는 신설된 에너지 부서를 지원하는 일환으로 태양전지판을 백악관 지붕에 설치했다. 이 전지판은 레이건 시절 철거된다.

밖에 생긴 횡재로 인한 수익금'에 세금을 부과하며, 에너지 부서를 신설하는 등의 광범위한 조치를 의회에 요구했다. 의회는 카터의 제안을 대부분 수용했지만, 유류에 세금을 부과하는 안만큼은 거부했다. 아니, 그건 미국 국민이 거부했다고 보는 게 옳으리라. 1977년 10월 1일 에너지부가 출범했고 이어 1979년에는 교육부가 새로 생겨난다.(박경재 1995)

"너무 이상주의적인 것 아니냐"는 미국 내 일각의 반대와 우려에도 카터가 1977년 파나마의 마르틴 토리호스(Martin Erasto Torrijos Espino) 대통령과 파나마운하와 인근 지역을 파나마 정부에 공식 반환하는 것을 주요 내용으로 하는 파나마운하 협정(Torrijos-Carter Treaties)을 맺은 것도 평가할 만한 일이었다. 이 협정에 따라 파나마운하는 1999년 12월 31일 정오를 기해 미국이 관리해온 지 86년 만에 파나마로 소유권이 넘어간다.

그러나 파나마운하 협정은 정치적으론 전혀 실속 없는 일이었다. 카터는 이 협정에 대한 의회 인준을 얻기 위해 지나치게 많은 힘을 쏟

파나마운하 협정을 맺은 카터와 토리호스 대통령(사진). 파나마는 본래 콜롬비아에 속한 땅으로, 1903년 미국의 식민지 국가로 분할되었다. 협정에 따라 1999년 운하는 본국 파나마에 반환되었으며 기념식에는 카터 전대통령만이 미 정부 측을 대표해 참석했다.

앗다. 카터는 일기에 인준을 위해 싸우는 동안 "파나마 이외의 다른 것에는 집중하기가 어려웠다"고 썼다. 어디 그뿐인가. 다수 미국인들은 파나마운하 협정을 마땅치 않게 생각했다. 비준에 찬성한 양당 상원의원 중 1978년의 중간선거에 재출마한 13명 중에서 7명이 낙선했고 1980년의 선거에서는 다시 11명이 낙선하게 된다.(Greenstein 2000, 권용립 2010)

카터와 삼각위원회

카터의 집권으로 삼각주의는 미국 대외정책의 기본 방침으로 격상되었다. 카터 대통령이 삼각위원회의 회원이었기 때문이다. 카터는 어떻게 해서 삼각위원회와 관계를 맺었을까? 삼각위원회가 카터를 접촉해 그를 교육시켜 포섭했다. 카터는 이 사실을 자신의 자서전 『왜 최선을 다하지 않는가?(Why Not the Best?)』(1974)에서 당당하게 밝히고 있다.(Brookhiser 1981, Time 1976)

카터뿐만이 아니다. 부통령인 월터 먼데일은 물론 카터의 주요 보좌관과 각료들도 삼각위원회 회원이었다. 그들은 사이러스 밴스(Cyrus R. Vance, 1917~2002), 마이클 블루멘털(W. Michael Blumenthal), 즈비그뉴 브레진스키, 프레드 버그스텐(C. Fred Bergsten), 리처드 홀부르크(Richard Holbrooke), 레오나드 우드코(Leonard F. Woodcock, 1911~2001), 워렌 크리스토퍼(Warren M. Christopher), 리처드 가드너(Richard N. Gardner), 해럴드 브라운(Harold L. Brown), 앤드루 영(Andrew J. Young), 루스 밴슨(Lucy W. Benson), 솔 리노위츠(Sol M. Linowitz), 폴 원크(Paul C. Warnke, 1920~2001), 앤서니 솔로몬(Anthony M. Solomon, 1919~2008), 엘리엇 리처드슨(Elliot L. Richardson, 1920~1999), 헨리 오웬(Henrry D. Owen) 등이었다.

삼각위원회의 카터 행정부 점령은 이런 고위층에만 그친 것이 아니라 국무부, 국방부, 재무부 등의 중간관료층에까지 확대되었다. 카터의 국가안보담당 보좌관인 브레진스키(Brzezinski 1983)가 후일 그의 자서전에서 밝혔듯이 "카터 행정부의 대외정책을 담당하는 주요 관료들은 모두 전에 삼각위원회에서 일하던 사람들이었다."

미리 말해두자면, 삼각위원회의 영향력은 카터 행정부에만 국한된 게 아니다. 1980년 대선 시 공화당의 주요 후보 중 조지 H. W. 부시(George H. W. Bush)와 존 앤더슨(John B. Anderson)도 삼각위원회 회원 출신이었다. 또다른 후보 로널드 레이건은 부시와 앤더슨의 그런 특

성을 집중적으로 비판하지만, 대통령후보로 지명된 후엔 부시를 러닝
메이트로 삼는다.

　제3세계의 신국제 질서 요구에 대한 카터 행정부의 대응은 철저히
타협과 포섭(co-optation)이었다. 브레진스키가 말했듯이, 카터 행정부
는 "역사의 힘이라고 하는 물결에 대항하여 댐을 쌓기보다는, 그 힘이
미국에게 도움이 되는 방향으로 흘러갈 수 있게 조절"하려고 노력했
다.(Sklar 1986) 이러한 전략은 국제노동기구(ILO; International Labour
Organization) 문제를 다루는 데에서도 부분적으로나마 드러났다. 비록
카터 행정부는 미국의 ILO 탈퇴를 최종 확인하고 말았으나, 나름대로
포드 행정부의 결정을 번복하려고 노력했다.

　국무장관 사이러스 밴스를 중심으로 한 카터 행정부의 대외정책 관
리들은 ILO 탈퇴 결정을 1년 더 연장하여 타협안을 강구할 것을 카터
대통령에게 건의했다. 그러나 ILO 탈퇴를 1년 연장하기 위해서는 기
업계와 노동계의 허락이 필요했다. 미국상공회의소와 미국노동총연
맹과 산업별노조회(AFL · CIO; American Federation of Labor and Congress
of Industrial Organizations)는 즉각적인 ILO 탈퇴를 완강히 주장했다. 카
터 행정부로서는 그러한 반발을 무시해 가며 ILO 탈퇴를 연기하거나
철회하는 정치적 모험을 감행할 수는 없었다. 더욱이 그 당시 카터는
에너지정책과 파나마조약에 대한 AFL · CIO의 의장 조지 미니(George
Meany, 1894~1980)의 지지를 절대적으로 필요로 하고 있었다.(Holland
& Henriot 1977, Koeppel 1977)

　카터 행정부는 미국의 대외 프로파간다 사업도 새로운 전략으로 임
하기 위해 1977년 10월에 새로운 정부기구의 발족을 의회에 요청했

다. 1978년 4월 1일부터 업무를 개시한 이 기관은 국제교류국(ICA; International Communication Agency)으로서, 종전의 공보원(USIA; United States Information Agency)의 국제커뮤니케이션사업과 국무부 내의 교육 및 문화부에서 담당하던 국제교육교환사업 등을 통합한 사업을 수행하게 되었다.

미국의 프로파간다를 세계에 퍼뜨린다는 주요 기능에는 변함이 없으면서도, 이 새로 탄생된 기구의 이름이 USIA의 'United States' 대신 'International' 이라는 단어를 사용한 데에서도 상징적으로나마 카터 행정부 제3세계정책의 일면이 엿보였다. 카터는 기존 프로파간다 이외에 ICA가 정보와 사상의 국제적 교류를 방해하는 장벽을 제거하는 데에도 앞장서야 할 것이라고 강조했다.

삼각위원회 다음으로 강력한 카터의 후원자는 애틀랜타에 본부를 둔 코카콜라(Coca-Cola)였다. 닉슨이 펩시콜라(Pepsi)와 가까웠던 반면 카터는 코카콜라와 가까웠다. 아니 굳이 코카콜라와 삼각위원회를 구분할 필요도 없었다. 전 세계를 무대로 장사를 하는 다국적 기업들은 대부분 삼각주의의 지지 세력으로 카터에게 지지를 보냈다. 다국적 기업들이 보기에 공화당과 민주당의 차이는 별 의미가 없는 것이었다.

참고문헌 Adelman 1981, Barber 1980, Bowles 1977, Brookhiser 1981, Brzezinski 1983, Current Biography 1977, Davis 2004, Devanter 1978, Diclerico & Uslaner 1984, Dole 2007, Fairlie 1988, Fascell 1979, Ferguson & Rogers 1980 · 1986, Frieden 1977, Gergen 2002, Green 1987, Greenstein 2000, Hertzberg 1997, Holland & Henriot 1977, Jones 1984, Kessler 1997, Koeppel 1977, Kristol 1983, Merelman 1987, Meyrowitz 1985, Miller 2002, Novak 1977 · 1977a, Petras 1977, Ridings & McIver 2000, Robinson 1978, Schwinge 1992, Sellars 2003, Seven Days 1977, Sklar 1980 · 1986, Stout 1983, Sudol 1979, Sunstein 2009, Thomas 2000, Time 1976, U.S. News & World Report 1980, Weaver 1976, Witcover 1977, 강준만 1992, 권용립 2010, 박경재 1995, 이준구 2010, 이철민 1995, 정철영 1997

카터와 박정희의 갈등
프레이저 청문회와 싱글러브 항명사건

박정희와 카터의 갈등

1976년 6월 6일 지미 카터는 대통령 선거유세 도중 한국에 주둔하고 있는 미국 지상군을 철수하겠다는 공약을 발표했다. 동·서 냉전이 엄존하고 있는데다 남북 간에도 팽팽한 긴장감이 흐르는 대치 상태에서 나온 이 공약은 한국 사회를 경악케 했다.

후일 공개된 외교문서에 따르면 한국 정부는 카터 후보의 공약이 발표된 직후인 1976년 7월 「한반도 정세 및 한미 관계」라는 보고서를 긴급히 작성해 카터 진영에 전달하고 그의 정치 참모들과 접촉하며 미군 철수를 막기 위해 집중적인 설득작업을 벌였다. 철수 시기를 가능한 한 늦추고 한반도에 배치된 전술핵은 남기도록 설득했다. 또 전술핵을 철수하더라도 이를 대외적으로 밝히지 않도록 하는 방안까지 추진했다.(유신모 2009)

그러나 카터는 완강했다. 1977년 1월 20일 카터는 대통령 취임연설에서 "우리가 자유민이라는 이유 때문에 우리는 다른 곳에서 일어나는 자유의 운명에 대해 무관심해서는 안 된다"고 밝힘으로써 사실상 유신체제와 긴급조치로 무장한 한국 정부를 겨냥했다. 이후 코리아게이트 파문은 더욱 확대되었다.

박정희는 2월 4일 법무부 연두순시에서 "국가존망의 어려운 시국에 국민의 자유를 스스로 제한하는 것은 당연한 일이다" "유신 체제에 불만을 가지고 이러니 저러니 떠드는 자에게는 가차 없이 제재를 가하라" "3500만이 생존해야 하는 것 자체가 우리나라 최고의 인권옹호다"라면서 "이러한 사정도 모르고 왈가왈부하는 일부의 외국 인사"를 거센 어조로 비난했다.

비난의 높은 강도는 그만큼 박정희가 국제 여론, 특히 미국의 여론에 대해 내심 크게 신경 쓰고 있다는 걸 의미하고 있었다. 그러나 박정희는 대미 외교마저도 국내에서 하던 버릇 그대로 '정보정치'로 대응하려고 했다. 예컨대, 1970년대 중반 주미대사관의 총원은 40여 명에 불과했지만, 그 가운데 10명 이상이 중앙정보부 요원이었다. (문창극 1994a)

1977년 2월부터 미 하원 국제관계위원회로부터 한미관계 조사권을 위임받은 프레이저위원회가 활동하기 시작했고, 이미 선거 공약에서 인권·도덕 외교와 주한미군 철수를 내걸었던 카터는 3월 10일 한국 정부와는 아무런 상의도 없이 5년 내에 주한미군을 철수하겠다는 계획을 발표했다.

이 발표와 함께, 1977년 6월 주한대사 윌리엄 글라이스틴(William H. Gleysteen, Jr.)의 청문회 증언으로 청와대 도청이 사실로 드러나면서 한미관계는 악화일로(惡化一路)로 치달았다. 미국은 박정희가 코리아 게이트, 즉 대미 로비를 직접 지시했다는 사실을 밝혀내기 위해 청와 대 도청까지 인정했으니, 양국 간 갈등이 얼마나 치열했는지는 미루어 짐작할 수 있을 것이다.

프레이저 청문회

주미 대사관 공보관이었던 이재현이 망명한 지 몇 개월 후인 1976년 11월엔 중앙정보부 워싱턴 실무책임자인 참사관 김상근이 망명했는데, 이 배후엔 이미 미국에 망명해 있던 전 중앙정보부장 김형욱이 있었다. 김상근 망명사건으로 중앙정보부장 신직수(1927~2001)는 1976년 12월 4일 해직되고 그 후임에 김재규(1926~1980)가 임명되었다.

도널드 프레이저(Donald M. Fraser) 의원이 이끈 프레이저위원회 (Fraser Committee)는 37명의 증인을 출석시킨 가운데 20여 회의 청문회를 열었는데, 이 청문회의 핵은 김형욱과 김상근의 증언이었다. 김형욱과 김상근은 1977년 6월에서 10월까지 청문회의 증인으로 소환돼 '박정희의 가슴에 통한의 못질'을 하는 증언을 했다.(정진석 1999)

김상근은 김한조에 대해 다음과 같이 증언했다. "1974년 9월과 1975년 6월 사이 나는 김한조에게 한 번에 30만 달러씩 두 번에 걸쳐 60만 달러를 전달했다. '백설작전'이란 한국의 대미 로비활동을 위해 서울 중앙정보부의 양두원 실장이 외교행낭으로 자금을 보내오면 내가 김한조에게 그 돈을 전달하고 김은 그 돈을 가지고 미국 국회의원들을 상대로 공작을 한다는 것이다."(문명자 1999)

청문회가 진행되면서 프레이저위원회는 한국에 도피해 있던 박동선과 미 의원들에게 돈 봉투를 뿌린 것으로 의심받던 전(前) 주미대사 김동조(1918~2004)의 청문회 출석을 요구했다. 그리고 박동선과 김동조를 미국에 보내줄 것을 한국 정부에 정식으로 요청했다. 그러나 한국 정부는 송환 요청을 거부했고, 이 문제는 급기야 한미 간 외교분쟁으로 비화되었다.

미국 정부는 대한(對韓) 식량차관을 삭감한다고 한국 정부에 계속 압력을 가했고, 결국 박동선은 면책특권을 부여받은 채 미국으로 인도되었다. 그리고 김동조는 청문회가 진행되는 동안 서면 증언만으로 청문회에 참여하기로 결정돼, 한미 간 외교분쟁은 일단락되었다.

박동선은 청문회에서 32명의 의원에게 85만 달러 정도의 선물과 금품을 제공했다고 증언했다. 그러나 그는 한국 정부가 코리아 게이트를 주도했다는 것은 부정했다.

1977년 9월 22일 박동선은 뇌물 제공과 선거자금 불법 제공 등 서른여섯 가지 혐의로, 9월 27일 김한조는 위증과 매수 음모라는 두 가지 혐의로 기소되었다. 박동선은 자신의 혐의 사실을 인정한 뒤 면책특권에 따른 사면을 받아 무죄가 되었으나, 김한조는 면책권을 거부하고 법정투쟁을 벌이다가 결국 실형을 선고받고 4개월여의 형무소 생활을 했다.(정진석 1999)

박동선은 법적 처벌은 면했지만, 쌀 수입 중개권으로 받은 커미션에 따른 세금으로, 1500만 달러의 추징금이 부과되었다. 훗날 박동선은 자신이 처벌을 면할 수 있었던 것은 죄가 없었기 때문이라고 주장했다. "당시 미국 법원이 날 기소한 혐의는 크게 두 가지였어요. 미국에서 로비스트로 활동하려면 정식으로 등록하고 활동상황을 매월 보고해야 하는데 그걸 안 했다는 것 그리고 의원들에게 뇌물을 줬다는 것이었죠. 그런데 아무것도 입증되지 않았습니다. 나는 자발적으로 내 조국에 도움을 주려 했을 뿐 한국 정부로부터 임명장도 봉급도 받은 일이 없으니 한국의 로비스트가 아니었고, 의원들에게 준 돈은 조건 없는 정치자금이었지 뇌물이 아니었거든요. 그때는 외국인이 개인 자격으로 의원들에게 정치자금을 주는 데 아무런 제한이 없었어요."

(이형삼 2000)

그러나 박동선은 로비스트 등록도 하지 않았고 활동비도 공개하지 않는 등 1946년 만들어진 로비 규제법에 저촉되는 행동을 했다는 시각도 있다. 문명자(1999)는 박동선에 대해 착복 혐의를 제기했다. "프레이저위원회에 따르면, 박은 1969년 이후 8년 동안 한국의 쌀 수입 중개상을 하면서 미국의 쌀장사들로부터 920만여 달러 상당의 커미션을 받았다. 문제는 박이 이 돈 중 과연 얼마를 소위 '애국사업' 즉 대미 로비에 사용했는가이다. 미국 법무성과 의회의 조사 결과, 박이 미국 국회의원들에게 제공한 것으로 드러난 액수는 위 커미션의 8퍼센트쯤에 불과한 75만 달러 정도였다."

2009년 11월 17일 박동선은 서울 서초동 '한국역사문화연구원'에서 열린 '역사를 사랑하는 모임'(회장 이성무 전 국사편찬위원장) 초청 특별강연에서 '오늘과 내일의 민간외교의 중요성'이란 제목 아래 "나는 로비스트와 거리가 멀다"고 주장했다. 그는 자신의 활동에 대해 "우리나라가 너무도 살기 힘든 1960~1970년대, 민간외교라고는 생각도 할 수 없던 시절, 한국의 고위급이 미국에 가도 과장급밖에 못 만나던 시절, 그 누구의 임명도 없이 스스로 민간외교를 펼친 것"이라고 설명했다.

그는 당시 한국 언론보도에 대해 섭섭한 감정도 내비쳤다. 그는 "일본 기자들이 '동양인으로서 처음 당당하게 서양인들에게 할 말을 한 사람'으로 평가한 것과 대조된다"고 말했다. 또 1980년대 이후 국내에서 점차 잊혔지만 해외에선 "계속 현역"이라고 했다. 일본·미국·영국·중남미·중동·아프리카 지역 등을 오가며 활동하면서, 이집트 출신 부트로스 부트로스-갈리(Boutros Boutros Ghali) 전 유엔사무총장의 고문을 맡기도 했다.

그는 "억울한 일로 따지면 열 번, 스무 번 자살했을 것"이라며 "2005년에 이라크 난민을 도우려다 '불법 로비' 혐의를 받아 옥고를 치른 일은 참 가슴 아픈 일"이라고 주장했다. '코리아 게이트' 때는 박정희 대통령에 대한 신뢰가 있었기에 고통을 이겨낼 수 있었지만, 이라크 사건 때는 고령인데다가 한국 정부로부터 그 어떤 도움도 받지 못해 더욱 고통스러웠다는 것이다.(배영대 2009)

한국 신문들의 충성 경쟁

프레이저위원회의 청문회는 2년여 동안 계속되다가 1978년 10월 16일 리처드 해너 의원이 실형을 선고받고, 7명이 징계를 받는 선에서 마무리되어, 코리아 게이트는 사실상 종결되었다.

이처럼 코리아 게이트는 법적으로는 용두사미(龍頭蛇尾)로 끝나고 말았지만, 이 사건이 한국의 이미지에 입힌 상처는 치명적인 것이었다. 당시 『한국일보』 워싱턴 특파원이었던 조순환(1934~2005)은 다음과 같이 말한다.

"당시 미국 언론의 논조는 해설 보도와 논평에 충실하기보다는 사건 수사에 깊숙이 개입하는 새로운 저널리즘의 한 양태를 보였습니다. 코리아 게이트는 워터게이트 사건의 보도 경향을 답습할 수밖에 없는 소재였기 때문이죠. 미국 의회 의원들은 이른바 '언론재판'의 도마에 올라 전전긍긍했고, 결백을 증명하기 위해 코리아 게이트 조사에 더욱 열을 올렸던 셈이지요. 당시 미국인들은 '어글리 코리안'이란 말을 서슴지 않을 정도였어요. 심지어는 워싱턴 주재 한국 특파원들도 KCIA(한국 중앙정보부)의 끄나풀이 아니냐는 오해를 받기까지 했으니까요."(정진석 1999)

반면 한국 언론은 코리아 게이트를 민족주의 문제로 몰고 가면서 특히 김형욱 비판에 열을 올렸다. 박정희에 대한 충성 경쟁을 방불케 하는 점도 있었다.

예컨대, 『조선일보』 1977년 6월 8일자 「미국은 추악한 한국인의 놀이터인가」라는 제목의 사설은 다음과 같이 주장했다.

"김형욱이라는 위인이 중앙정보부장 재직 초기부터 좋지 못한 많은 잡음을 일으키고, 재임 말기에 이르러서는 그 방자한 월권행위가 극에 달하여, 그 악명이 세상에 자자했던 작자이며 중앙정보부장의 자리에 있을 때 그 직권을 최대한으로 확대해서 사회의 각 분야에 개입하고 특히 기업계에 관여해 부정축재에 광분했을 뿐 아니라, 영웅이나 되는 것처럼 거들먹거리던 것은 잘 알려져 있다. 한국인으로서 조상 전래의 땅에 살기를 가슴깊이 다짐하고 있는 대다수의 한국 국민으로서는, 그 자와 같은 인간은 분노의 대상이라기보다는 연민의 대상밖에 되지 않는다. ······ 그 자의 행적에 대한 한국 국민 일반의 생각은 그 같은 방자한 인간을 받아들이는 미국이라는 사회의 관용성이, 어찌하여 그다지도 무원칙할 수 있는가 하는 분노였다. '미국은 추악한 한국인의 놀이터'이기라도 한 것인가."

또 『서울신문』 9월 7일자 사설 「미국의 교만과 편견」은 미국 의회가 "국가와 민족을 배반한 한 사람의 가련한 '인간 찌꺼기'를 끌어내어 영주권을 미끼로 삼아 한국의 국내 문제에 대해 악의에 찬 대답을 유도"했다고 주장했다.

재미 언론인 문명자(1999)는 "한심했던 것은 이 사건을 취재하던 한국 언론 주미특파원들의 태도였다"면서 다음과 같이 말한다. "그들은 한결같이 '프레이저위원회의 자워스키 수석 조사관이 워터게이트 사건 조사 때의 영웅심으로 세칭 코리아 게이트 사건을 물고 늘어지고 있다'는 식의 사실과 전혀 다른 보도로 일관해 박동선 사건에 대한 우리 국민들의 인식을 그르쳐놓았다."

김한조를 어떻게 볼 것인가?

'코리아 게이트'의 정확한 진상은 무엇인가? 김한조는 다음과 같이 주장한다.

"이 사건이 한국에 알려지기로는 '박동선 사건'이다. 이는 박 대통령과 나의 관계를 감추기 위해 일부러 사기극처럼 꾸민 것이다. 그러나 알려진 것처럼 '박동선 사건'은 존재하지 않는다. 그가 조국을 위해 무슨 일을 했는가. '코리아 게이트'의 진실은 나와 박 대통령이 미군 철수를 막고 미 의회에 비등한 반한 여론을 잠재우기 위해 극비에 진행한 '코리안 로비'인 것이다."(윤길주 1995)

사실 김한조를 통한 박정희의 대미 로비는 중앙정보부장도 모르게 이루어졌다. 1977년 1월 14일 중앙정보부장 김재규는 궁정동 안가에서 김한조를 만났다. 김재규는 박정희의 지시를 받아 김한조에게 로비 자금 40만 달러를 건네주면서 그 사용처를 물었다. 김한조는 정보부한테도 말하지 말라는 박정희의 명령에 따라 대답을 회피했는데, 김재규는 "뭐야, 정보부장을 우습게 알아?" 라고 외치면서 권총을 빼든 일이 있었다.(김충식 1992, 김한조 1995)

박동선은 이 사건 후에도 승승장구했으나, 김한조는 몰락하고 말았다. 그는 미국에서 300만 달러 이상의 벌금과 재판 비용을 갚을 길이 없어 1981년부터 가족과 생이별한 채 서울 흑석동 15평 셋집에 사는 운명으로 전락하고 말았다. 김한조는 1995년의 한 인터뷰에서 자신이 박정희로부터 배신당했다고 주장했다.

"미 법무성의 재판에서 징역 3년에 6개월 복역, 2년 6개월의 집행유예를 선고받았다. 미 의회 조사는 2년을 끌었다. 그러나 한 번도 박 대통령을 노출하지 않았다. '코리아 게이트' 의 불이 다 꺼진 후 기대와는 달리 그는 아는 체도 하지 않았다. 1979년 1월 6일 복역 집행을 앞두고 관광비자를 받아 한국을 방문했을 때는 강제추방 당하는 수모를 겪었다. 그리고는 10.26과 함께 나의 명예 회복은 물거품으로 돌아갔다. 하지만 박 대통령을 원망하지는 않는다. '코리아 게이트' 는 박 정권을 위해서가 아니라 국가를 위해 의미 있는 행동이었기 때문이다."
(윤길주 1995)

그러나 그의 회고록에는 박정희에 대한 원망이 가득하다. 김한조(1995)는 자신이 1977년 6월 한국에 와서 박정희를 만나고자 했을 때 박정희가 만나주지 않은 건 연방수사국(FBI)의 감시 때문이었을 것이라고 이해했지만, 유죄판결을 받고 난 1979년 1월 6일 서울을 방문했을 때 만나주기는커녕 추방령까지 받은 것에 대해선 도저히 참을 수 없었다고 했다.

그는 "정치에 전혀 흥미조차 없던 나에게 미국 사회에서 지니고 있는 영향력을 이용하려는 박 대통령 부부의 수 차에 걸친 간절한 요청으로 코리안 로비에 개입하게 되지 않았던가. 본업을 뒷전으로 제쳐놓고 조국을 돕고자 하는 코리안 로비에 주야로 발벗고 나서 나의 막대한 사비를 들여가며 동료들의 도움으로 큰 성과를 냈던 것이다"라며 다음과 같이 말한다.

"이에 대해 박 대통령은 눈물까지 글썽거리며 감사해했고 심지어 '제일가는 애국자'라고까지 치켜세우며 감격해했다. 그런데 위로와 용기가 제일 필요한 이때에 나에게 이토록 가혹하게 추방령을 내린다는 것은 도저히 용서할 수 없는 일이었다. …… 이들은 내가 면책권을 포기하고 끝끝내 입을 열지 않는 것을 보고 아마도 내가 코리아 게이트가 일어나면서 모든 관계 서류를 소멸시켜 면책권을 받을 만한 근거 서류가 전혀 없다고 믿었던 듯하다. 그러나 나는 대통령의 친필 서신과 육 여사의 친필 서신, 근혜 양이 보낸 편지까지 갖고 있다. 심지어 함께 저녁식사를 하며 찍었던 사진도 갖고 있다. 또한 당시 중앙정보부장 신직수와 중앙정보부 차장보 양두원이 보낸 모든 서류를 하나도 버리지 않고 FBI의 그 어려운 조사과정에서도 숨겨서 갖고 있었으며 지금도 갖고 있다. …… 온몸에는 식은땀이 흘렀고 내 주먹은 움켜져 있었다. '이런 고약한 인간들, 이런 잔악한 인간들.'"

그러나 재미언론인 문명자(1999)는 "뒤늦게야 그의 사기 행각을 눈치 챈 박정희 역시 그에게 추방령을 내렸다"고 말하는 등 김한조에 대해 매우 부정적인 평가를 내리고 있어 과연 어떤 게 진실인지 헷갈린다. 또 김한조는 자신을 곤경에 처하게 만든 증언을 한 김상근에 대해 매우 부정적인 평가를 하고 있지만, 문명자의 평가는 정반대다. 김상근은 박 정권이 '백설작전'의 모든 책임을 뒤집어씌울 희생양으로 자신을 택한 걸 알고 미국으로 망명했다는 것인데, 이때에 도와준 사람이 바로 문명자였다.

과연 누구의 말이 더 진실에 가까운 걸까? '박정희'와 '조국'을 구분하지 못한 채 박정희 찬양에 열을 올린 김한조의 과거엔 비판적 평가를 내린다 하더라도 1981년부터 서울 흑석동 15평 셋집에 혼자 살고 있다는 김한조의 처지를 생각하면 '사기 행각'이라는 평가에 의문을 제기할 수도 있겠다. 추후 누군가가 진상을 더 밝혀주기를 기대할 수밖에 없을 것 같다.

싱글러브의 항명

'코리아 게이트' 파문이 진행되고 있는 동안, 주한미군 철수를 둘러싸고 카터 행정부와 박 정권 사이에 벌어진 갈등은 미국 『워싱턴포스트』 1977년 5월 9일자로 인해 첨예화되었다. 주한미군 참모장인 소장 존 싱글러브(John K. Singlaub)와의 인터뷰 기사를 실은 이 신문은 청와대는 즐겁게 해주었지만 백악관을 발칵 뒤집어놓았다. 싱글러브의 다음과 같은 발언 때문이었다.

"카터의 철군 계획은 2~3년 묵은 군사정보에 바탕을 두고 있으며,

1977년 미군철수 반대 서울 가두시위. 한미동맹이 생겨난 이래, 미국은 경제 지원과 안보 보장을 조건으로 한국의 정치·군사를 통제해왔다. 당시 한미의 안보 중시론자들에게 주한미군의 역할은 도전받을 수 없으리만치 절대적이었다. ⓒ 중앙일보

지난 12개월 동안 북한 군사력은 훨씬 강력한 것으로 평가되고 있다. 남한에서 미 지상군을 빼 가면 남북한 모두에게 미국이 한반도에서 손을 떼는 것으로 인식돼 전쟁이 날지도 모른다. 단 한 명의 미군 주둔이 천 마디 안보 공약보다 낫다."(정진석 1999)

카터는 군 장성이 맥아더를 흉내 내는 태도를 용납하지 않겠다는 단호한 자세를 취했다. 싱글러브의 이 발언은 항명(抗命)으로 간주되었다. 싱글러브는 5월 19일 미국으로 소환되었지만, 미국 언론은 그를 '제2의 맥아더 장군'이라 치켜세우고 카터의 '과잉 반응'을 비판하는 쪽이었다.(최규장 1998)

그러나 주한미군 철수는 싱글러브만 반대한 건 아니었다. 그는 노골적으로 반대 의사를 밝혀 소환된 것일 뿐, 주한미군 사령관 존 베시 (John W. Vessey, Jr.) 대장도 강한 반대파였다. 그는 은밀히 한국 정부와 협력해 주한미군 철수를 좌절시키는 방안을 택했다. 그 방안이 바로 '철군 보완조치' 카드였다. 이 카드에 따라, 미국은 철군 개시 이전 또는 철군과 병행하여 한국에 총액 15억 달러에 이르는 '보완조치'를 취하기로 한국과 합의했다. 베시는 의회의 반대를 예견하고 이 카드를 한국 정부에 제시한 것인데, 실제로 이게 문제가 돼 철군은 어렵게 됐다.(이동복 2001)

이를 포함한 여러 현실적인 이유로 카터의 주한미군 철수 계획은 늦춰졌다. 1978년 4월 21일, 카터는 1978년 말까지 6000여 명의 지상병력을 철수하려던 계획을 1979년 말까지로 연기한다고 발표하면서 이 문제를 한국의 인권문제와 결부하려는 정책을 구사했다. 이에 따라 한국에선 일희일비(一喜一悲)하는 각기 다른 모습이 나타나게 된다.

참고문헌 Schoenbrun 1984, 강준만 외 1999-2003, 김경재 2009, 김충식 1992, 김한조 1995, 문명자 1999, 문창극 1994a, 미국하원 국제관계위원회 국제기구소위원회 1986, 배영대 2009, 유신모 2009, 윤길주 1995, 이동복 2001, 이형삼 2000, 정진석 1999, 최규장 1998, 하야시 다케히코 1995

제2장

나르시시즘의 문화

"텔레비전은 세속적인 종교"
〈뿌리〉 열풍과 텔레비전 폭력 논쟁

〈뿌리〉 신드롬

1976년 러시아계 유태인인 솔 벨로우(Saul Bellow, 1915~2005)가 미국 작가로서는 일곱 번째로 노벨문학상을 수상했다. 1962년 존 스타인벡 (John E. Steinbeck, Jr., 1902~1968)이 노벨문학상을 수상한 이래로 처음 이었기에 그의 노벨상 수상은 미국 문단에 활력을 불어넣었다. 그는 1976년 12월 노벨문학상 수상 연설에서 "인류의 핵심문제는 자유를 쟁취하기 위하여 집단권력과 투쟁하는 일이며 개인의 핵심문제는 자기의 영혼을 지키기 위하여 비인간화와 싸우는 일이다"라고 말했다.

홍미로운 일이다. 벨로우의 수상 연설은 마치 한 달 후 미국을 강타한 〈뿌리(Roots)〉 열풍을 예고한 것 같았으니 말이다. 자유를 쟁취하기 위하여 백인 집단권력과 투쟁해온 흑인들은 이제 자기의 영혼을 지키기 위해 비인간화와 싸우는 차원에서 자신의 뿌리찾기 열풍에 빠져든 것처럼 보였다. 이 열풍은 ABC가 1977년 1월 23일부터 30일까지

8일간 미국 방송사에 길이 남을 큰 사건을 만들어냈기에 가능한 일이었다.

CBS에서 ABC의 편성책임자로 자리를 옮긴 프레드 실버먼(Fred Silverman)은 당시의 전통적인 편성방식을 깨고 과감하게 12시간짜리 미니시리즈 〈뿌리〉를 하루에 한 시간 또는 두 시간씩 8일간 연속 방영함으로써 평균 시청률 35.5퍼센트를 기록하는 대성공을 거두었다. 〈뿌리〉를 단 한 편이라도 본 시청자는 1억 3000만 명에 이르렀으며 마지막 회분의 시청률은 71퍼센트에 이르렀다. 방송업계 전문지인 『버라이어티(Variety)』는 "〈뿌리〉가 8일 만에 텔레비전의 세계를 다시 만들다(Roots Remake TV World in Eight Nights)"라고 평했다. 〈뿌리〉는 미국 프로그램 중에서 역대 3위의 시청률을 기록했으며, 에미상(Emmy Award) 37개 부문 후보에 올라 9개 부문에서 수상했다. 골든 글로브상(Golden Globe Award)과 피버디상(Peabody Award)도 받았다.

도대체 어떤 드라마이기에 텔레비전의 세계를 다시 만들었단 말인가? 이 드라마는 흑인 작가 알렉스 해일리(Alex Haley, 1921~1992)가 1976년 8월 17일에 출간한 같은 이름의 소설 『뿌리(Roots: The Saga of an American Family)』에 근거했다. 1965년에 구술을 받아 쓴 맬컴 엑스(Malcolm X, 1925~1965)의 자서전이 700만 부가 팔리면서 명성을 얻게 된 해일리는 흑인의 정체성에도 눈을 뜨게 되었다. "내가 작가가 된 데에는 탁월한 이야기꾼이었던 할머니와 친척들의 영향이 컸다. 나는 그들의 이야기 속에 흐르는 내 혈통을 알아보고 싶은 충동을 걷잡을 수 없었다."

이 소설은 해일리가 자신의 할머니의 기억을 근거로 서아프리카 감

해일리는 쿤타 킨테(오른쪽에서 두 번째)와 그 자손의 삶을 통해 인종차별을 고발하는 한편, 흑인들에게 '나는 누구이고 어디서 왔는가?', '어떻게 살아야 하는가?' 하는 질문을 스스로에게 던질 것을 권했다.

비아(Gambia)에서 미국으로 이어지는 한 흑인과 그 후손의 4대에 걸친 수난사를 12년간 추적연구와 현지답사를 통해 생생하게 묘사해 100만 부 이상이 팔렸다. 해일리는 80만 킬로미터가 넘는 여행을 하면서 수천 명을 만났고, 흑인 노예가 겪은 고통을 체험하기 위해 아프리카에서 미국으로 가는 화물선을 타보기도 하고 열흘 동안 밤마다 속옷만 입은 채 어둡고 추운 배 밑창의 짐칸에서 지내기도 했다. 이런 점이 높은 평가를 받아 해일리는 이듬해 퓰리처(Pulitzer)상을 받았다. 역사서와 소설의 중간에 속한다는 이유로 주는 특별상이었다. 이 책은 표절시비에 휘말리고 일부 내용이 사실과 다르다는 지적을 받는 등 많은 화제를 낳았지만, 드라마로 만들어지면서 인기가 더욱 치솟았다.(Monaco 1978, 김종철 2009)

〈뿌리〉의 주인공 쿤타 킨테(Kunta Kinte)는 북을 만들려고 마을 외곽에서 나무를 찾다가 노예상인에게 붙잡힌다. 1767년 16세로 만딩카 부족의 전통 성인식을 치른 뒤였다. 아프리카를 떠난 배는 미 대륙으로 향한다. 흑인들은 돼지우리나 다름없는 지하에서 3개월을 지내는 동안 선상 반란을 일으키지만 제압된다. 메릴랜드(Maryland) 주의 아나폴리스(Annapolis)에 도착한 뒤 쿤타 킨테는 노예로 팔린다. 농장주인인 존 레이놀즈는 토비(Toby Reynolds)라는 이름을 지어준다. 중노동과 구타와 모욕이 이어진다. 쿤타 킨테는 가혹한 현실로부터 도망치려고 여러 번 시도하다가 실패한다. 그는 농장주 동생에게 다시 팔린 뒤 여성 노예인 벨과 결혼한다.

　두 사람에게서 태어난 딸은 10대 후반에 노스캐롤라이나에 팔려가서 농장주에게 성폭행당하고 아들 조지를 낳는다. 조지는 1820년대에 영국에 팔려갔다가 자유인으로 미국에 돌아온다. 그의 아들인 톰 하비는 대장장이로 지내다가 미국 독립전쟁에 참가한다. 인종차별주의자들이 괴롭히자 하비는 가족을 이끌고 새로운 삶을 찾아 테네시(Tennessee) 주로 떠난다. 해일리는 마지막 장면에 등장하는 흑인들이 바로 자기의 조상이라고 설명한다.(송상근 2009)

　ABC는 사실적 효과를 높이기 위해 쿤타 킨테 역에 일부러 무명의 배우인 레바 버튼(LeVar Burton)을 썼지만, 나머지 주요 인물들은 백인 중산층에게 거부감 없이 받아들여질 수 있는 유명 흑인 배우들을 총동원하다시피 했다. 백인 중산층을 불편하지 않게 만드는 것이 가장 중요한 전략이었지만, 에너지 위기로 방영시간대에 집에 머무른 사람들이 많았고, 지레 겁을 먹은 NBC와 CBS가 아주 약한 프로그램으로 대

노예 고문과 학대 장면을 고스란히 보여주면서도 가족애를 통해 감동을 배가한 〈뿌리〉.

응 편성을 한 것도 〈뿌리〉의 시청률을 높이는 데에 기여했다.(Fishbein 1983)

〈뿌리〉의 인기는 문화적 신드롬이 되었다. 쿤타 킨테의 딸 키지 (Kizzy)를 본딴 이름이 급증했고, 아프리카 여행이 급증하는 신드롬이 일어났다. 이는 그만큼 흑인들의 지위가 향상되었기에 가능한 일이었 다. 1977년경 남부 도시에서 2000명이 넘는 흑인들이 관직에 선출되 었다. 당시 흑인들은 미국 인구의 20퍼센트를 점하고 있었던 바, 흑인 이 선거로 뽑히는 총 관직 수의 3퍼센트만 차지했다는 건 여전히 차별 이 존재한다는 사실을 말해주고 있었다. 그럼에도 쿤타 킨테의 시절 과 비교하자면 상상을 초월하는 엄청난 진보였다.(Monaco 1978, Zinn & Stefoff 2008)

그런데 〈뿌리〉의 인기가 단지 그런 역사적인 이유 때문이었을까? 방송인들 사이에선 전혀 다른 두 가지 이유가 제시되었다. 하나는 〈뿌리〉가 가족의 유대를 강조한 '가족 드라마'였기 때문에 성공했다는 주장이다. 또 하나는 '섹스와 폭력' 덕분이었다는 주장이다. 〈뿌리〉는 역사적 맥락을 내세우긴 했지만 실은 '섹스와 폭력'을 유감없이 구사했기 때문에 높은 인기를 누렸음에도 불구하고 언론은 전혀 엉뚱한 이야기만 해댔다는 것이다.(Bedell 1981)

텔레비전 섹스와 폭력

ABC는 〈뿌리〉의 대성공 그리고 1976년 몬트리얼올림픽 중계방송의 성공에 힘입어 1976~1977년 시즌에서 사상 최초로 시청률 제1 네트워크로 부상했다. 실버먼은 그 공로를 인정받아 1978년 6월 NBC-TV의 사장으로 옮겨가 방송계를 떠들썩하게 만들었다. 비록 실버먼은 NBC에선 성공하지 못한 채 3년 만에 사장직에서 물러나지만, 이는 미국 텔레비전에서 편성이 차지하는 중요성이 얼마나 큰가를 단적으로 웅변한 사건이었다.(Bedell 1981)

ABC가 제1의 네트워크가 될 수 있었던 또 하나의 힘은 〈미녀 삼총사(Charlie's Angels)〉와 같은 교묘한 연성 포르노물이었다. ABC는 〈미녀 삼총사〉에 그치지 않고 1977년 3월부터 2명의 여자와 1명의 남자가 한 아파트에 살면서 일어나는 성적 해프닝을 그린 〈쓰리스 컴퍼니(Three's Company)〉를 방영했고, 이어 〈사랑의 유람선(The Love Boat)〉을 방영했다. 이 프로그램들도 섹스에 대한 상상력을 한껏 부추기는 변칙적인 섹스 프로그램이었다. 또 1977년 5월에는 스포츠 중계를 전

(위)세 명의 미녀를 한꺼번에 보는 즐거움을 선사한 〈미녀 삼총사〉.
(아래)크루즈 여행객과 항해사 들의 에피소드를 다룬 〈사랑의 유람선〉.

문으로 하던 룬 아를레지(Roone P. Arledge, Jr., 1931~2002)가 ABC 뉴스의 사장으로 취임하면서 ABC 뉴스는 박진감 넘치는 스포츠처럼 오락성이 매우 강화되기 시작했다. 아를레지는 뉴스의 속도감을 높이고 신종 시그널뮤직을 사용하는 등 다양한 방법으로 뉴스를 '즐길 거리'로 만드는 데에 앞장섰다.

1976년엔 섹스와 더불어 폭력 묘사도 방송계의 주요 이슈가 되었다. 텔레비전의 폭력 묘사를 큰 사회적 논쟁거리로 대두시킨 주인공은 펜실베이니아대학의 신문방송학과 교수 조지 거브너(George Gerbner, 1919~2005)였다. 그는 텔레비전 폭력 지수(TV Violence Index)를 개발하여 1976년의 텔레비전 프로그램이 과거 그 어느 때보다 더 폭력성이 심하다고 발표했다. 3대 텔레비전 네트워크의 주시청 및 밤 시간대와 주말 낮 시간대의 드라마에서 모든 등장인물들의 74.9퍼센트가 폭력에 연루되어 있으며, 열 개 프로그램 중 아홉 개가 폭력을 묘사하고 있으며, 한 시간당 9.5회의 폭력신이 나온다는 것이다.

1977년 5월 하원 커뮤니케이션 소위원회 주관 텔레비전폭력청문회에서 네트워크 간부들은 거브너의 연구에 대해 "폭력"의 범위가 너무 넓고 샘플이 부실하고 연구 자체도 매우 허술하기 짝이 없다고 비판하면서 텔레비전 폭력이 증가되었다는 주장에 전혀 동의하지 않았다. CBS는 무엇보다도 거브너 연구 샘플의 타당성과 폭력의 정의에 의문을 제기했다. CBS는 거브너의 연구가 자연재해와 코미디에서의 폭력까지 폭력으로 간주했다고 불평했다.(Broadcasting 1977, Gerbner 1977)

조지 거브너의 '배양효과 이론'

거브너는 텔레비전 폭력 연구에서 새로운 사회 이론을 개발해냈는데, 여기서 잠시 거브너의 이론을 살펴보고 넘어가는 게 좋겠다. 거브너는 시청자를 '경시청자(light users)'와 '중시청자(heavy users)'로 구분해 이 두 종류의 시청자들이 세상을 보는 눈에 큰 차이가 있다고 주장했다. 경시청자는 그들의 속성과 환경에 따라 다양한 견해를 지니지만, 중시청자의 그런 차이는 감소되거나 아예 없어져 텔레비전이 배양하는 경향이 있는 '세상을 보는 눈'이 같아진다는 것이다. 거브너는 이 과정을 '주류화(mainstreaming)'라고 불렀다. 또 사람들이 텔레비전에서 본 것이 그들의 일상적 현실(또는 지각된 현실)과 일치할 때 '공명(resonance)'이 일어나 배양효과가 증폭된다는 것이다. 이를 가리켜 '배양효과 이론(cultivation effect theory)'이라고 한다.

중시청자들은 스스로를 중도주의자라고 부르지만, 거브너는 사회문제에 대한 중시청자들의 입장은 보수적이라고 말한다. 중시청자들은 낮은 세금, 더 많은 정치적 보호 그리고 강력한 국방을 찬성하는 반면, 자유언론, 낙태, 국제결혼, 버스통학(busing) 등에 대해서는 반대한다는 것이다. 거브너는 중시청자들이 세상에 대해 한층 더 두려움을 느끼는 현상을 '공명'의 과정으로 설명했다. 누구나 적어도 한 번쯤은 직접적인 물리적 폭력을 경험하지만, 실제 경험한 폭력은 그렇게 나쁜 것이 아닐 수도 있다. 그러나 텔레비전 화면에서 반복되는 상징적인 묘사가 시청자들의 마음에서 실제 경험을 되풀이하도록 할 수 있을 것이다. 그럴 경우, 물리적 폭력을 경험한 중시청자는 텔레비전을 시청함으로써 그것을 두 번 경험하는 셈이 된다. 그래서 거브너는 상징적인 폭력의 일상적인 섭취가 사람들로 하여금 자기가 겪었던 경험을 확대하게 함으로써 삶을 보다 무섭게 생각게 했을 것이라고 설명한다.(Gerbner 외 1980)

거브너의 연구 결과에 따르면 '중시청자'는 '경시청자'에 비해 개인적 위험에 대한 의식이 강하고 세상에 대한 의심의 정도가 크다. 특히 텔레비전 폭력의 주요 희생자로 묘사되는 노인, 여성, 유색인종, 빈민 들에게서 범죄에 대한 공포가 더욱 심하다는 것이 발견됐다. 그러한 공포감이 의미하는 바는 매우 크다. 거브너는 공포가 역사적으로 사회통제의 도구였다는 점에 주목하면서 누군가가 의도적으로 공포를 부추긴다는 '음모론'까지 나아간다.

공포감을 느끼는 사람들은 더욱 의존적이고 더욱 쉽게 조작당하고 통제된다. 그들은 그들의 불안한 심리를 완화할 수 있는 방안이 제시되면 설사 그 방안이 매우 억압적이라도 그를 기꺼이 수용하고자 한다. 결국 사회가 보수화된다는 뜻이다. 거브너의 표현을 직접 빌리면 이렇다.

"우리의 연구는 텔레비전을 많이 시청하는 것이 실제 생활에서 위험을 느끼는 의식을 배양한다는 것을 보여주고 있다. 공포는 더 많은 공포와 억압을 불러일으키는 공격성을 초래한다. 그래서 텔레비전에 묘사되는 폭력의 유형은 그것이 사회통제구조를 위협하는 것처럼 보일지라도 실제로는 사회통제구조를 강화할 수 있다. …… 텔레비전은 노소를 막론한 모든 사람들의 보편적인 교육과정이며, 우리를 둘러싼 공동의 상징적 환경이다."(Gerbner & Gross 1976)

거브너가 텔레비전 폭력에 대해서만 이야기한 건 아니다. 그는 텔레비전에 묘사되는 여성이 약하고 수동적이고 우유부단하고 빨리 늙는 존재로 묘사되고 있으며, 이로 인해 여성은 인류 역사상 최대의 문화적 공격의 희생자가 되고 있다고 주장했다. 그는 또 65세 이상의 노인 인구는 전 인구는 11퍼센트나 되지만 텔레비전 속의 노인 인구는 2퍼센트에 불과하며 그것도 부정적으로 묘사되고 있다는 점을 지적했다. 또 거브너는 텔레비전 속의 세계는 단순명료한 세계로 그 세계를 접하면서 성장한 이른바 '텔레비전 세대'는 현실 세계의 복잡성에 대해 제대로 대처하지 못하고 있다는 것을 우려했다.

그런 우려와 같은 맥락에서, 거브너는 텔레비전이 가장 강력한 사회 제도로 부상했으며 현대 사회를 형성하는 지배적인 힘임을 강조했다. 그에게 텔레비전은 세속적인 종교와도 같은 것이다. 거브너의 관심은 텔레비전을 넘어 우리 시대의 공중 커뮤니케이션(public communications)의 근본적인 위상으로까지 이어진다. 그는 만약 카를 마르크스(Karl Heinrich Marx, 1818~1883)가 오늘날 살아 있다면, 그의 주요 저작은 『자본론(Das kapital)』이 아니라 『커뮤니케이션(Communications)』이 되어야 할 것이라는 견해를 지지했다. 산업사회가 생존과 복지의 물질적 요건을 충족함에 따라, 사회 시스템의 긴장과 갈등이 대중문화 영역으로 이전되어 가고 있으며, 그에 따라 공중 커뮤니케이션의 가치와 위상에 대한 재평가가 필요하다는 것이다.(Gerbner 1974)

인터넷 · 마이크로소프트 · 애플의 탄생

거브너의 주장을 다 그대로 믿을 필요는 없지만, 그가 텔레비전에 관한 올바른 문제 제기를 한 것 만큼은 분명하다. 그러나 훗날 텔레비전

2007년 실리콘밸리에서 인터뷰 중인 스티브 잡스(왼쪽)와 빌 게이츠. ⓒ Joi Ito

마저 낡은 매체로 만들어버릴 새로운 미디어 혁명이 바로 이때에 꿈틀거리고 있었으니, 바로 컴퓨터의 대중화 움직임이다.

　전자잡지 『파퓰러 일렉트로닉스(Popular Electronics)』 1975년 신년호는 뉴멕시코(New Mexico) 주 앨버커키(Albuquerque)라는 시골도시 벤처기업 MITS(Micro Instrumentation and Telemetry Systems)가 내놓은 '앨테어(Altair) 8800'이란 세계 최초의 개인용 컴퓨터를 특집으로 다뤘다. 이 특집 기사는 "모든 가정에서 컴퓨터를 사용하는 시대가 도래했다"는 선언으로 시작했다. 당시 IBM이 만든 컴퓨터라는 기계는 집채만 했다. 국방부나 대학연구소에서 쓸 법한 기계를 개인용으로 만든다는 건 상상을 뛰어넘는 혁신이었다. 기발한 아이디어를 낸 사람은 공군기술자 출신이었던 에드워드 로버츠(H. Edward Roberts, 1941~2010)였다. 본래 조립식 로켓을 만들어 팔던 그는 『파퓰러 일렉트로닉스』의 제안으로 앨테어를 개발한 것이다. 앨테어는 이 잡지의 편집장 레슬리 솔로몬(Leslie Solomon)의 열두 살 난 딸이 붙인 이름이다. 아이가 당시 텔레비전에서 즐겨 보던 〈스타 트렉(Star Trek)〉에서 우주선 엔터프라이즈호가 향하던 별의 이름이 앨테어(견우성)였다나.

신기술에 매료된 젊은이들 사이에서 앨테어는 선풍적인 인기를 끌었다. 그런 학생들 중 하버드대학 수학과 학생이던 빌 게이츠(Bill Gates)가 있었다. 그는 고등학교 3년 선배인 폴 앨런(Paul G. Allen)과 죽이 맞아 초보적인 컴퓨터 프로그램을 만들고 있었다. 하버드대학 구내 신문판매점에서 『파퓰러 일렉트로닉스』 1975년 신년호를 보고 먼저 감격한 이는 앨런이었다. 앨런은 곧장 기숙사에 있는 게이츠에게 뛰어갔다. 그들에게 할 일이 있다고 판단한 것이다. 두 사람은 베이직(BASIC)이란 컴퓨터 언어와 씨름하며 한 달 만에 앨테어에서 돌아가는 소프트웨어를 만들었다. 그러곤 로버츠를 만나기 위해 무작정 앨버커키로 달려갔다. 자신들이 만든 소프트웨어를 팔기 위해서였다.

19세 게이츠와 21세 앨런의 젊은 패기를 높이 산 로버츠는 선뜻 이들의 소프트웨어를 사줬다. 이에 고무된 게이츠와 앨런은 그해 아예 하버드대학과 잘나가던 직장을 때려치우고 앨버커키로 옮겨가 자본금 1500달러로 창업했다. MITS에 소프트웨어를 납품하던 회사 이름은 '마이크로소프트'로 지었다.(정경민 2010)

1975년 2월 3일 게이츠는 마이크로소프트(Microsoft)가 공짜로 복제되고 있는 소프트웨어 개발에 4만 달러를 썼음을 설명하는 '하비스트

(hobbyist; 당시 컴퓨터 사용자들을 일컫던 말)들에게 보내는 공개 서한'
을 통해 다음과 같이 경고했다.

"하비스트들 다수가 알고 있겠지만, 여러분은 소프트웨어를 훔치
고 있습니다. 하드웨어는 돈을 주고 구입하지만, 소프트웨어는 공짜
로 공유하고 있습니다. 소프트웨어를 개발한 사람들이 상응하는 보상
을 받고 있는지는 아무도 신경을 쓰지 않습니다." (Anderson 2009)

『컴퓨터 노트(Computer Notes)』에 실린 이 편지는 게이츠에게 명성
과 악명을 동시에 가져다주는 계기가 되었는데, 훗날 '마이크로소프
트 제국'을 세울 사업가적 자질이 여기서도 번득인다. 마이크로소프
트는 처음엔 50대 50의 지분이었지만 게이츠의 집요한 요구로 지분
관계가 점점 달라져 결국 앨런은 게이츠의 부하가 되고 말았다. 게이
츠는 사람을 다루는 데에도 천재인 셈인데 이 역시 그의 못 말리는 집
념과 탐욕 덕분이었을 게다. 이후 사업은 무한 질주를 거듭하면서 게
이츠는 미국 최고의 갑부가 된다.(Manes & Andrews 1994)

비슷한 시기인 1976년 21세 나이에 1300달러를 가지고 스티브 워즈
니악(Stephen G. Wozniak)과 함께 애플을 창업한 스티브 잡스(Steve P.
Jobs)는 1976년 3월에 내놓은 엉성한 애플(Apple) I에 이어 1977년 세계
최초 개인용 컴퓨터 애플 II를 개발하여 정보화 시대의 개막을 알렸
다. 애플 II는 1978년부터 1980년 사이에 1억 1700만 달러어치나 팔려
나가면서 이른바 '애플 신화'를 탄생시킨다. 이를 통해 애플은 "컴퓨
터가 수수께끼처럼 복잡한 진공관으로 이루어진 거대한 기계로 정부
나 대기업에서만 쓰인다"는 고정관념을 완전히 바꿔놓았다.(이선기
1999)

애플 I의 모습. 이후 발표된 아이팟-아이폰-아이패드로 잡스는 혁신의 아이콘으로 자리매김했다.

이에 자극을 받은 거인 IBM은 1981년 소형 컴퓨터를 선보인다. IBM은 PC(Personal Computer)의 표준규격을 정하고 부품 공급 등에서는 독점을 고집하지 않고 여러 회사에 이를 개방함으로써 이른바 '제2의 PC 혁명'을 촉발시킨다. 이에 질세라 스티브 잡스의 애플은 1984년 1월 24일 오늘날 PC의 원형이 된, 그래픽 인터페이스(Graphic Interface)를 채용하고 마우스를 사용하여 조작하는 매킨토시(Macintosh)를 내놓는다. '맥(Mac)'이란 애칭으로 불린 매킨토시는 생산 첫해에만 40만 대 이상 판매되며 큰 선풍을 일으킨다.

이와 관련해 "'아웃라이어(outlier; 각 분야에서 큰 성공을 거둔 탁월한 사람들)'의

매킨토시 초기제품. © Grm wnr

역사를 구분 짓는 진정한 요소는 그들이 지닌 탁월한 재능이 아니라 그들이 누린 특별한 기회다"라는 맬컴 글래드웰(Malcolm Gladwell 2009)의 주장은 주목할 만하다. 그의 주장에 따르면, 개인컴퓨터 혁명의 역사에서 가장 중요한 해는 1975년이다. 이 혁명의 수혜자가 되려면 1950년대 중반에 태어나 이십대 초반에 이른 사람이 가장 이상적이다. 실제로 미국 정보통신 혁명을 이끈 거물들은 거의 대부분 그 시기에 태어났다. 빌 게이츠, 스티브 잡스, 에릭 슈미트(Eric E. Schmidt) 등은 1955년생이며 다른 인물들도 1953년에서 1956년 사이에 태어났다.

컴퓨터의 대중화와 더불어 인터넷도 탄생 전야를 맞고 있었다. 인터넷의 역사는 1957년 10월 4일 소련이 스푸트니크호 발사로 거슬러 올라간다. 이때에 미국은 소련과의 군사경쟁에서 패배할 수도 있다는 위기감에 휩싸였다. 대통령 드와이트 아이젠하워(Dwight D. Eisenhower, 1890~1969)는 곧바로 국방부에 첨단기술연구계획국(ARPA; Advanced Research Projects Agency) 설립을 지시했다.

ARPA는 소련과의 핵전쟁에 대비해 소련이 미국의 통신을 방해하거나 파괴하는 것에 대비하여 탈중심적인 아르파넷(ARPANET)를 만들었다. 수천 개의 컴퓨터 네트워크로 이루어진 아르파넷은 1969년 9월 1일에 가동되었다. 1972년 최초의 이메일 프로그램이 설계되었으며, 1973년 TCP/IP라는 이름의 프로토콜이 설계되어 통신망을 통해 서로 다른, 심지어는 사용하는 언어가 다른 컴퓨터까지지도 연결하기가 훨씬 용이해졌다. TCP/IP의 설계자 중 한 사람인 빈턴 서프(Vinton G. Cerf)는 1974년 '인터넷(internet)'이라는 신조어를 만들어냈다. 1983년 위스콘신대학은 도메인명 시스템을 개발함으로써 한 컴퓨터가 네트워크상의 다른 컴퓨터를 찾는 일이 훨씬 간단해졌다.

1987년 미 의회가 상업적 인터넷을 허용함으로써 인터넷은 빠른 속도로 광범위하게 확산된다. 진보파는 노엄 촘스키(Noam A. Chomsky 1999)의 경우처럼 "인터넷을 국방부가 관장하는 동안에는 사용료가 없었다. 정보를 원하는 사람은 누구나 무료로 얻을 수 있었다. 미국 국립과학재단이 관장하던 때도 마찬가지였다"며 인터넷의 상업화를 개탄하지만, 이용자들은 그런 차이에 개의치 않고 인터넷에 열광하는 시대가 곧 열리게 된다.

참고문헌 Alley 1982, Anderson 2009, Bedell 1981, Broadcasting 1977, Castells 2003, Castleman & Podrazik 1982, Chomsky 1999, Current Biography 1983a · 2000a, Fishbein 1983, Gerbner 1974 · 1977, Gerbner & Gross 1976, Gerbner 외 1980, Gladwell 2009, Gordon 2007, Manes & Andrews 1994, Mankiewicz & Swerdlow 1978, Monaco 1978, Shurkin 1992, Zinn & Stefoff 2008, 김종철 2009, 민용기 1999, 송상근 2009, 유선모 1995, 이선기 1999, 정경민 2010, 조선일보 문화부 1999, 하야시 노부유키 2010

"미국을 사랑합니다!"
〈댈러스〉 열풍과 우익 시민운동

우주 · 디스코 · 〈댈러스〉 신드롬

1977년 5월 25일 개봉한 조지 루카스(George W. Lucas, Jr.)의 영화 〈별들의 전쟁(Star Wars)〉은 우주를 향한 미국인의 꿈을 자극하면서 공전의 히트를 기록해 사회적 신드롬이 되었다. 이 영화에서 레아 공주 역을 연기했던 배우 캐리 피셔(Carrie F. Fisher)는 "그건 영화 개봉이 아니었다. 꼭 지진이 일어난 것 같았다"고 말했다. 이 영화는 티셔츠에서부터 수건에 이르기까지 수많은 파생 상품들을 낳았으며, 이런 인기에 힘입어 〈제국의 역습(Star Wars Episode V: The Empire Strikes Back)〉(1980)과 〈제다이의 귀환(Star Wars Episode VI: Return of the Jedi)〉(1983) 등 속편이 계속 제작된다. 루카스가 장장 28년에 걸쳐 완성한 스타워즈 시리즈는 아카데미상을 7회 수상하고 입장권 수입이 미국에서만 4억 6100만 달러, 세계적으로는 8억 달러에 달하는 기록을 세운다.(최희진 2010b)

〈별들의 전쟁〉은 액션영화의 주류를 서부극에서 SF로 바꿔놓았다. 이 영화의 기획자 케리 커츠는 "SF의 세계에는 서부극의 인디언처럼 아무리 죽여도 상관없는 우주인이 있다"고 말했다.

1977년 현실의 영역에서는 〈토요일 밤의 열기(Saturday Night Fever)〉라는 영화가 히트하면서 이른바 '디스코 열풍'이 전 미국을 휩쓸었다. 음반에 맞춰 춤을 추는 클럽을 가리키는 프랑스어 디스코텍(disco-thèque; 음반 라이브러리)에서 유래된 디스코는 해방감을 주는 음악으로 수용되면서 한국을 포함한 전 세계로 번져 나갔다. 한국에선 1980년대 초반까지 디스코텍은 말할 것도 없고 '디스코 파마'와 '디스코 바지' 등 파생 유행 현상을 낳는다.(이준호 1999a)

디스코는 대중음악 전문가들 사이에 뜨거운 찬반 논란을 낳았다. 일부 전문가들은 디스코의 피상성, 해방성, 혁신성, 반사 작용성, 육감성 등을 찬양했지만 다른 전문가들은 음악이 댄스 열풍으로 전락한 세태에 개탄했다. D. 클라크(D. Clarke)는 "디스코는 대중음악에 심대하고도 불행한 영향을 준 1970년대 댄스 열풍이었다"며 "중요한 것은 쿵쿵거리는(thump-thump) 비트였으며, 프로듀서는 다른 음악적 가치를 희생하면서 드럼 머신과 신서사이저, 그 밖의 속임수(gimmick)를 이용했다"고 개탄했다.(Shuker 1999)

디스코 음악이 빌보드 차트를 도배질할 정도로 인기가 높아질수록 반대자들의 목소리도 높아졌다. 1970년대 후반의 벽 낙서 가운데 가장 흔한 것 중의 하나는 "디스코 역겹다(Disco sucks)"였으며 1979년 여름에는 시카고의 커미스키 공원에서 디스코 반대 집회까지 열린다. (신현준 외 1997)

텔레비전도 디스코라는 시대적 분위기에 영합하는 것처럼 보였으며, 그 선두주자는 단연 ABC-TV였다. 속도감 있는 오락성 위주로 치닫는 ABC가 미국 방송에 미친 영향은 1978년에 여실히 드러났다. CBS는 1978년 3월부터 ABC를 다시 능가하기 위해 만화영화와 같은 드라마 〈인크레더블 헐크(The Incredible Hulk)〉를 방영하기 시작했다. 이 프로그램은 비평가들로부터는 많은 비판을 받았지만 이후 5년간 높은 시청률을 기록했다.

반면 비평가들의 찬사를 받은 프로그램들은 매우 낮은 시청률을 기록해 오래 존속할 수가 없었다. 하버드대학 법과대학원생들을 다룬 CBS의 〈하버드대학의 공부벌레들(The Paper Chase)〉과 같은 작품이 불과 한 시즌 만에 막을 내린 것이 바로 그런 경우였다. 방송비평가들은 이와 같은 상황을 '그레샴의 법칙(Gresham's law)'이 적용되는 방송시장에서 후발주자의 필사적인 노력이 가져올 수 있는 피해가 어떤 것

〈인크레더블 헐크〉는 실패한 과학 실험이라는 사건(우연)에서 출발해 주인공이 초인으로 변신한 대가로 자기유배, 정체성 혼란을 겪는 슈퍼히어로물의 구조를 따른 드라마였다.

인지를 입증하는 사례로 보았다. 같은 맥락에서 위스콘신대학 언론사 학자인 제임스 보프먼(James L. Baughman 1983a)은 이미 1950년대 후반부터 "ABC는 미국 텔레비전을 파멸시킨 장본인"이라고 주장했다.

만약 미국의 텔레비전이 정말 '파멸'한 것이나 다름없다면 활자매체들도 그에서 면책될 수는 없었다. 활자매체의 텔레비전 못지않은 상업적 속성은 이미 1950년대의 퀴즈쇼 열기를 통해서도 여실히 드러난 바 있다. 활자매체가 텔레비전을 비판하면서 그 비판을 또 다른 섹스의 판매수단으로 이용하는 관행은 1978년 2월 20일자 『뉴스위크(Newsweek)』의 표지기사를 통해 적나라하게 드러났다. 〈쓰리스 컴퍼니〉의 섹시 스타 수전 소머스(Suzanne Somers)의 매우 선정적인 모습을 실은 표지 덕분에 그 주 『뉴스위크』의 가판 판매 부수는 『뉴스위크』 판매사상 최고를 기록했다.

한편 CBS가 1978년 4월부터 방영한 〈댈러스(Dallas)〉는 〈뿌리〉 못지않은 일대 선풍을 불러 일으켰다. 한 텍사스 부호 가정의 암투를 그린 〈댈러스〉는 주인공 J. R. 유잉(J. R. Ewing)이 의문의 총살을 당하는 장면을 끝으로 1980년 3월에 일단 막을 내리지만 속편 방영이 예고되면서 미국 내에 "누가 유잉을 쏘았는가(Who shot J. R.?)" 하는 열기를 불러일으켰다. CBS는 1980년 11월을 시작하면서 〈댈러스 주간(Dallas Week)〉을 설정해 일주일간 네 개의 에피소드를 방영했다. 에피소드는 모두 1, 2, 4, 9위 등 10위권 이내의 높은 시청률을 기록했다. 11월 21일 금요일 밤에 방영된 마지막 에피소드 〈Who Shot J. R.?〉은 전 세계 57개국에서 3억 인구가 시청한 세계적인 텔레비전 이벤트가 되었다.(Time 1987a)

그런 유명세에 힘입어 '댈러스화(Dallasification)' 라는 말까지 생겨났다. 텔레비전 뉴스를 비판하면서 나온 말인데, 뉴스가 분석적이지 않고 평범해지며 판에 박힌 듯하고, 정보와 오락 간의 구분이 분명치 않으며 '리얼리티 프로그램' 이라는 이름 아래 성과 폭력의 정도가 심해지는 경향이라나.(Küng-shankleman 2001)

이익단체의 폭증

카터 행정부에서 시청자운동은 꽤 활성화되었지만 침례교 목사 도널드 와일드먼(Donald E. Wildmon)이 결성한 NFD(National Federation for Decency)처럼 텔레비전의 정치성보다는 섹스와 폭력만을 문제 삼는

단체들이 주로 활동하게 됨에 따라 매우 보수적인 성향이 나타났다. 더욱이 시간이 흐르면서 카터 행정부의 방송규제도 이전의 공화당 행정부와 다를 것이 없다는 게 드러났다. 이에 배신감을 느낀 랠프 네이더(Ralph Nader)는 1978년 10월부터 소비자운동을 직접 이끌지만 자금 부족으로 예전과 같은 영향력을 거의 발휘할 수 없었다.

진보적인 시민운동은 퇴조한 반면, 보수적인 시민운동은 활성화되었다. 이상한 일이었다. 1960년대 내내 그리고 1970년대 전반까지 진보파의 전유물로 간주돼온 시민운동에서 보수 우세가 나타나다니 말이다. 그래서 나온 말이 '보수적 대항운동(conservative countermovements)' 이다. 즉, 진보파의 시민운동 과잉이 보수파의 반발과 그에 따른 결속을 불러왔다는 것이다.(손병권 2001) 이는 1970년대 후반에 나타난 압력단체를 포함한 이익단체(interest group)의 폭증 현상과 맥을 같이한다. 압력단체를 연구하는 미국 정치학자들의 한결같은 고민은 왜 사람들이 압력단체에 참여하느냐는 의문이었다.

데이비드 트루먼(David B. Truman 1951)은 『행정과정(The Governmental Process)』(1951)에서 불안(disturbance)을 그 주요 이유로 들었다. 트루먼은 문화인류학과 사회심리학에 근거하여 "정치적 인간은 그룹 영향의 산물이며, 정치는 그룹들 간의 상호작용을 연구하는 것만으로 이해될 수 있다"고 주장했다. 그룹을 만드는 것을 '인간의 본성' 으로 본 트루먼은 "어느 정도의 복잡성을 띤 모든 사회에서 개인은 전체로서의 사회에 의해 직접 영향을 받기보다는 다양한 그룹들을 통해 차별적으로 영향 받는다"고 말했다. 그는 어떤 사회 현상에 대해 불안을 느낀 사람들은 그것을 교정하기 위한 목적으로 압력단체를 조직하거나 압력단체에 가입한다고 보았다. 그러나 트루먼의 주장은 사람들의 조직 능력에 대한 지나친 낙관론에 근거하고 있다는 문제점을 안고 있었다. 예컨대, 빈곤층은 늘 정부의 경제정책에 불안을 느끼지만 그들에겐 압력단체를 조직할 수 있는 물적 조건이 결여되어 있다는 것이다.

트루먼에 뒤이어 제시된 보다 현실적인 설명 방식은 맨커 올슨 (Mancur L. Olson, Jr. 1968)의 『집단행동의 논리(The Logic of Collective Action)』(1968)와 로버트 샐리스버리(Robert H. Salisbury 1969)의 『이익단체의 교환이론(An Exchange Theory of Interest Groups)』(1969) 등을 들 수 있다. 이 새로운 설명 방식은 압력단체가 매우 경쟁적인 시장경제의 상황에 처해 있음을 중시하고 압력단체의 조직자를 '기업가(entrepreneur)'의 개념으로 이해했다. 동기부여를 많이 해주는 '기업가'가 그렇지 못한 '기업가'보다 조직능력이 뛰어나며 이는 곧 압력단체의 성패를 좌우하는 기준이 된다는 것이다. 이 같은 참여동기의 관점에서 압력단체운동은 크게 '가치지향형(purposive)', '친목도모형(solidary)', '이익추구형(material)' 등 세 가지 형태로 나눌 수 있다.

가치지향형 운동이 참여자에게 가져다주는 보상은 그 어떤 구체적이고 직접적인 것이 아니라 이념적 또는 정책적인 목표의 추구를 통해 느끼는 만족감이다. 반전운동단체, 동물보호단체, 낙태반대단체에 가입하여 활동하는 사람들은 자신의 가치추구행위를 통해 보다 살기 좋은 사회를 만드는 데 기여하고 있다는 뿌듯함을 느낄 것이다. 가치지향형 운동은 본질적으로 정치적일 수밖에 없다. 일반 참여자의 입장에서 이 운동의 장점은 그것이 정치적 행위에 참여하는 가장 '싼'

방법이라는 데에 있다.

친목도모형 운동의 참여자들은 '가치'에 중점을 두기보다는 운동의 단체적 행위 자체에서 더 큰 만족을 찾는다. 참여자들은 그 어떤 가치 지향성과 더불어 사회구조적 또는 개인적 여건 때문에 사장되고 있는 자신의 지식과 시간을 선용하면서 비슷한 처지에 놓여 있는 사람들과 보람 있는 사회적 교류를 하고자 하는 동기를 가질 수 있다.

이익추구형 운동은 참여자에게 실질적인 이익을 준다. 이익은 주로 '정보'의 형태로 주어진다. 일반적으로 압력단체가 그 참여자들에게 독점적인 혜택을 제공하지 않고 그 운동과 활동성과에 '무임승차자(free rider)'를 허용할 경우 조직적 성장은 매우 어려워진다. 미국의 압력단체들이 그 참여자에게 제공하는 정보는 이익의 측면에서 상품가치가 매우 높은 것으로서 이는 주로 정기적인 회보의 발간을 통해서 이루어졌다.(Berry 1984, Hausen 1985, North 1983)

1974년 연방선거자금법(The Federal Election Campaign Act)이 제정되면서 활성화된 '정치행동위원회(PAC; Political Action Committee)'는 위와 같은 이익단체의 원리를 활용해 급성장했는데, 이는 가치지향형 운동과 이익추구형 운동이 결합된 것으로 볼 수 있다. 이익단체의 폭증과 관련하여 1970년대 후반에 나타난 가장 두드러진 현상은 가치지향형 운동의 기업가들이 대거 등장했다는 점이다. 그들은 텔레비전 설교와 전화 모금방식을 활용한 비디오 복음 전도사들이었다.

그 선두주자로 '프로테스탄트의 교황'이라 불린 빌리 그레이엄(Billy Graham) 목사는 "단 한 번의 텔레비전 목회(televangelism)를 통해 예수가 일생 동안 했던 것보다도 훨씬 더 많은 수백만 명의 시청자들

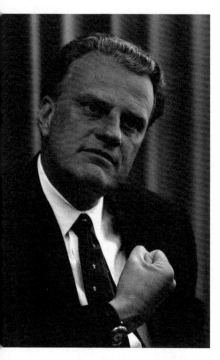

에게 설교한다"고 말하지 않았던가. 그 레이엄이 1950년대에 "미국인들이 십계 명 중 두 번째 계명보다 글래머 여배우 제인 맨스필드의 신체지수를 더 잘 알 고 있다"고 한 개탄을 감안한다면, 텔레 비전이 종교마저 삼켜버렸다고도 볼 수 있으리라. (Guilbert 2004, 김종서 2002)

비디오 복음 전도사들의 활약

침례교단 소속의 목사 제리 파월(Jerry L. Falwell, Sr., 1933~2007)이 1979년 창립 한 '도덕적 다수(Moral Majority)'와 같은 보수적인 종교단체들은 막강한 자금력 을 기반으로 점차 큰 세력을 얻기 시작 했다. '도덕적 다수'는 "몰몬교, 로마

빌리 그레이엄은 개인의 카리스마와 미 디어를 세련되게 이용해 다른 나라에서 도 대규모 추종자를 모을 수 있었다.

카톨릭교, 재림주의자들, 신복음주의자들"을 포괄할 만큼 광범위했 기 때문에 근본주의에 맞지 않았음에도, 파월은 자신을 '근본주의자' 라고 공언했다. (Marsden 1992)

미국을 '기독교 국가'로 선포한 파월은 "우리는 공공생활에서 도 덕성을 고취하고 부도덕한 입법에 대항하여 싸우기 위해 비당파적인 조직체를 형성한다"면서 다음과 같이 주장했다. "우리는 똑같은 도덕 적 확신을 가지고 있는 미국인들이다. 우리는 낙태, 도색잡지, 마약, 전통적인 가정의 파괴, 대안적 생활 스타일로서 동성애 그리고 그밖에 미국 사회를 내부로부터 썩게 만드는 도덕적 암과 같은 요인들에 반대한다."

파월은 그런 반대와 더불어 공립학교에 기도 시간을 도입할 것을 주장했다. 그는 '미국적 가치의 부활' 과 '국가 구원(national salvation)' 을 내걸고 자신의 라디오 프로그램에 '미국이여, 너는 이대로 죽기에는 너무 젊다' 는 제목을 붙였다. 입심이 대단한 파월은 "아돌프 히틀러일지라도 10분이면 그의 입에서 '아멘' 소리가 나오게 할 수 있다 (Give me Adolf Hitler for ten minutes and I'll have him saying Amen)"고 큰소리쳤다.(Eliot 1981)

공화당은 1978년 파월 목사가 "미국을 사랑합니다(I love America)" 라는 대규모 군중집회를 열자 그에게서 강력한 정치 및 종교적 우파 연합의 가능성을 발견했으며, 이는 결국 1980년 대선에서의 승리로 결실을 거두게 된다. 로널드 레이건의 선거 구호 "근본으로 돌아가자 (Back to the Basics)"는 바로 '미국적 가치의 부활' 을 외치는 목소리에 대한 응답이었다. 레이건은 존 F. 케네디(John F. Kennedy, 1917~1963) 처럼 아일랜드계였지만, 종교가 가톨릭이 아니라 신교도였기 때문에 별 문제가 되지 않았다.(Frey 2004, 이주영 2003, 이형대 2001, 정태식 2002)

파월은 텔레비전 설교를 운동의 재원 확보 수단으로 이용하는 등 기업적 수완이 뛰어난 인물이었다. 그는 "여러분과 달리 지갑이 없었기 때문에 예수님은 사람의 마음을 사로잡지 못한 겁니다"라면서 이름과 주소가 컴퓨터에 입력된 200만 명의 잠재 기부자들에게 자주 헌금 요청을 함으로써 튼튼한 재정을 확보했다. 1983년 그의 설교 프로그램은 324개의 방송국을 통해 방영되었다.

제리 파월은 대중이 바라는 것, 즉 신앙적 요구는 적으면서 서비스 지향적인 기독교를 제시함으로써 소비자 중심의 미국 문화와 융합하는 전략을 취했다. ⓒ 연합뉴스

    때는 바야흐로 텔레비전을 이용한 비디오 복음 전도사들의 전성시대가 열리던 때였다. 텔레비전에 등장하기 전까지는 가난한 복음성가 부부 듀엣이었던 짐 바커(James O. Bakker)와 그의 아내 태미(Tammy F. Bakker)는 1980년 5000만 달러의 총 수입을 올렸으며, 텔레비전과 전화를 이용한 팻 로버트슨(Pat Robertson) 목사의 '700 클럽(The 700 Club)'도 그 이상의 수입을 올렸다.

    아버지가 버지니아(Virginia) 주 연방 상원의원이었던 로버트슨은 예일대학 법대를 다녔지만 변호사 자격시험에 떨어진 뒤 사업을 하다가 뒤늦게 신학교를 다녀 목사가 된 인물이었다. '700 클럽'이라는 프로그램을 방영한 UHF-TV 방송사인 CBN(Christian Broadcasting Network)은 1985년 2억 달러 이상의 수입을 올린다. 로버트슨은 이 성공을 발판 삼아 "정치가들이 믿을 수 없는 사람들이라면 종교 지도자들이 직접 대통령직에 입후보하는 것이 더욱 효과적일 수 있다"는 결론을 내리고, 1988년 대선부터 대통령에 도전하기까지 한다.(Campbell & Kean 2002, O' Leary & McFarland 1989)

비디오 복음 전도사들의 맹활약은 종교적 열정이 폭발한 '제3의 대부활'로 불려졌다. 독립전쟁 직전의 제1차 대부활, 남북전쟁 직전의 제2차 대부활에 이은 대부활이라는 의미에서다. 마빈 해리스(Marvin Harris 1996)는 "본질적으로 제3의 대부활은 미해결 문제들에 대한 필사적이며 절망적인 반응이다"라며 다음과 같이 말한다.

"제대로 기능하지 않은 소비자 보호주의와 인플레이션, 성 역할의 충격적인 변화, 한 사람이 생계비를 충당하는 가정의 와해, 자기 직업으로부터의 소외, 위압적인 정부와 기업의 관료주의, 소외감과 고독감, 범죄에 대한 두려움, 한꺼번에 벌어지는 수많은 변화의 원인에 대한 당혹감 등에 대한 반응인 것이다. …… 1980년 선거에서 보수적인 복음 전도사들이 행한 역할은 제3의 대부활이 갈수록 세속화되어 가고 있음을 보여주는 또 다른 증거로 볼 수 있다."

ERA를 저지한 보수 여성운동

마셜 매클루언(H. Marshall McLuhan, 1911~1980)의 제자를 자처한 광고 전문가 토니 슈워츠(Tony Schwartz 1994)는 1983년에 출간한 『미디어 제2의 신(Media: The Second God)』에서 "누구도 '도덕적 다수'의 미디

어 활동에 대한 타당성 여부에 의문을 표시할 수 없다. '도덕적 다수'
는 헌법에 명시되어 있는 그들의 권리를 행사하고 있는 것이며 그 권
리는 존중되어야 한다"고 전제하면서도 다음과 같이 주장했다.

"그러나 우리가 또한 직면하고 있는 것은 도덕적·윤리적·정치적
기준에 영향을 주기 위해 전국적으로 결성된, 그 집단의 손에 들어 있
는 미디어의 엄청난 힘의 결과에 따른 가능성이다. 종교와 방송의 본
질적인 결합은 제1의 신과 제2의 신 사이의 결합이며 이것은 역사상
가장 큰 힘이 될지도 모른다."

'도덕적 다수'의 세력 확장에 큰 우려를 느낀 텔레비전 프로듀서
노먼 리어(Norman M. Lear)는 자유주의자들로 구성된 PAW(People for
the American Way)를 구성했지만, 중과부적(衆寡不敵)이었다. 파월 외
에도 광범위한 보수주의 운동이 전개되고 있었기 때문이다.

1979년 팀 라헤이(Timothy F. LaHaye)와 비벌리 라헤이(Beverly
LaHaye) 부부가 설립한 '미국을 걱정하는 여성들(CWA; Concerned
Women for America)'은 성서에 입각해 단체를 운영하면서 수십만 회원
을 끌어들여 여성운동의 우경화를 이끌었다. 또 보수 여성인 필리스
슐래플리(Phyllis Schlafly)가 이끈 '이글 포럼(Eagle Forum)'은 남녀평등
을 위한 '평등권 수정조항(ERA; Equal Rights Amendment)'의 입법을 저
지하는 데에 결정적인 기여를 했다. '이글 포럼'은 'Stop ERA'라는 하
부 조직을 만들어 대대적인 우편물 보내기 운동을 전개했는데, 이런
우편물을 통해 ERA가 통과될 경우 동성의 결혼이 합법화되고, 남녀혼
성 화장실이 등장하고, 여성의 징병과 같은 일들이 나타나게 되어 결
국에는 미국 가정의 전통적인 권위가 파괴될 것이라고 주장했다.(우

태희 2008, 이형대 2001)

이런 주장은 잘 먹혀들어 갔다. ERA 통과 운동을 편 글로리아 스타이넘(Gloria Steinem 1995)은 "우리들은 ERA 논쟁에서 한 가지 실수를 저질렀다. ERA 반대자들이 우리들을 여성 징병에 찬성하는 사람이라고 몰아붙였을 때 효과적으로 대응하지 못했던 것이다"라며 다음과 같이 말한다.

"우리는 '남성이건 여성이건 어떤 이들의 징병에도 반대한다'는 ERA 반대자들의 논리에 말려 들어갔다. 그 와중에 우리는 기껏해야 국가적 위기상황이 발생한다면 여성들도 남성들과 똑같은 징병면제 조건의 혜택을 입어야 한다고 방어했을 뿐이다. 하지만 그것은 위험한 전술이었다. 어머니들은 아들뿐 아니라 딸까지 전쟁에서 잃고 싶지 않다고 생각했고, 대부분의 여성들 역시 전쟁을 싫어하기 때문에 어떤 이유로든 전쟁에 나갈 수 없다고 생각했던 것이다. 장기적인 페미니스트적 관점에서 볼 때, 우리는 선택의 자유라는 문제를 부각했어야 했고, 지금도 그 문제를 이슈로 삼아야 한다. 우리는 징병문제가 아니라 여성들이 자발적으로 군대에 갈 수 있는 권리에 대해서 말했어야 했다."

우익 시청자운동의 활약

1980년 대통령선거에서 공화당 대통령후보 레이건을 지원한 파월 목사는 레이건이 승리하자 크게 고무되어 곧 200여 개의 종교단체들로 구성된 CBT(Coalition for Better Television)를 만들어 상품불매운동을 벌이는 방법 등으로 텔레비전의 '부도덕성'을 척결하겠다고 선언하고 나선다. 이에 네트워크들과 광고주협회는 즉각 반박성명을 발표하고, 파월과 와일드먼을 "방송 자유의 적"이며 "헌법적으로 부도덕한 소수"라고 규탄했다. 그러나 레이건 행정부 치하의 전반적인 우경화(right turn)에 따라 네트워크들은 점차 보수집단의 주장을 수용하지 않을 수 없었다.

토드 기틀린(Todd Gitlin 1983a)은 우익 시청자단체들은 그들의 영향력을 증대하기 위해 세력을 부풀려 말하고 텔레비전의 문제를 과장되게 이야기한다고 주장했다. 예컨대, 와일드먼이 이끄는 '좋은 텔레비전을 위한 연합'의 회원 수는 실제로 조사해봤더니 전체의 30퍼센트가 회원임을 부인했다는 것이다.

우익 시청자단체들을 포함한 보수주의자들이 제기하는 텔레비전의 문제는 미디어 이데올로기와 관련하여 아주 중요한 논점을 제공했다. 그들은 늘 텔레비전 프로그램에서 범죄는 주로 권력과 돈 있는 사람들만이 저지른다고 불평했다. 1979년에 벤 스타인(Ben Stein 1979)이 쓴 책은 그런 문제를 본격적으로 제기했는데, 스타인은 이 책에서 로스엔젤레스에서 텔레비전 프로그램의 제작을 좌지우지하는 이른바 '창작집단'은 그들이 인생의 바닥에서 일어나 성공한 출신 배경으로 인해 가난에 대해 감상적이며, 텔레비전 네트워크라고 하는 대기업에 의해 부당하게 지배당하고 있다는 피해의식으로 인해 권력과 부에 대해 적대적인 생각을 지니고 있다고 비판했다.

신보수주의의 확산을 꾀하는 대표적 기업인 모빌 오일(Mobile Oil)이 돈을 대는 '미디어 연구소'도 스타인과 같은 종류의 연구를 통해 텔레비전에서 묘사되는 대기업의 이미지가 매우 부정적이라고 주장하

고 나섰다. 그밖에도 많은 신보수주의자들이 텔레비전 프로그램 제작
자들이 대항문화 진영에 속한 사람들이라는 비판을 가했다.(Theberge
1981)

〈댈러스〉는 '미국 문화제국주의의 상징'인가?

만약 신보수주의자들의 미디어관련 주장이 사실이라면, 텔레비전을
비롯한 매스미디어가 자본주의 체제 유지의 도구라고 하는 미디어 이
데올로기론에 대한 큰 도전이 아닐 수 없다. 그러나 기틀린(Gitlin 1983)
은 텔레비전에 의해 묘사되는 대기업의 이미지가 부정적이라는 연구
결과가 많은 허점을 안고 있다고 지적한 후, 설사 그 주장이 사실이라
하더라도 그것은 대기업 위주의 미디어 헤게모니에 아무런 문제가 되
지 않는다고 주장했다.

대기업이 부정적으로 묘사되는 건 다수 시청자들을 끌어 들이기 위
한 목적에서 드라마틱한 효과를 얻기 위한 것에 지나지 않는다는 것
이 기틀린의 생각이었다. 대다수 텔레비전 드라마들은 인간의 고통,
승리, 영광, 투쟁 따위를 다루는데, 그런 주제를 부각하기 위해서 약자
와 강자의 대결은 불가피하다. 그런데 강자가 약자를 괴롭히는 것이
시청자들에게 재미와 감동을 줄 수 있지, 약자가 강자를 괴롭힌다는
것이 어디 말이나 되느냐는 것이다.

대기업들이 부정적으로 묘사된다 해서 시청자들이 대기업들을 부
정적으로 보고 기존 체제에 회의를 품을 것이라는 가정은 터무니없는
것에 지나지 않는다. 시청자들은 그렇게 어리석지 않다. 파편화된 그
들은 오히려 영악하기까지 하다. 그들은 삶의 현실에 대해 잘 알고 있

텍사스 석유가문을 다룬 〈댈러스〉에서 유잉(오른쪽에서 두 번째)은 사기와 조작으로 부를 쌓는 인물이다. 그는 자신의 잔인한 성격에 대해 이렇게 말한다. "정직만 포기하면 나머진 간단해."

으며, 그 사실을 인정하고 수용한다. 기존 체제는 대중의 '암묵적 동의' 하에 유지되고 강화되고 있는 것이다. 시청자들은 내심 대기업의 권력과 부를 부러워한다. 예컨대, 드라마 〈댈러스〉에서 악인으로 묘사된 유잉을 미워만 하는 시청자가 얼마나 되겠는가. 시청자들은 유잉에 대해 애증을 느끼고 있으며, 선망하기도 한다는 것을 잊지 말아야 한다는 게 기틀린의 주장이었다.

사실 〈댈러스〉는 유럽의 많은 사람들에겐 미 제국주의 이데올로기를 전파하는 프로그램으로 간주되었다. 프랑스 문화부장관인 자크 랑

(Jack Lang)은 〈댈러스〉를 노골적으로 '미국 문화제국주의의 상징'이라고 했다. 그렇지만 〈댈러스〉는 아주 재미있었다. 그래서 어떤 사람들은 〈댈러스〉를 시청하는 것에 대해 죄책감을 느꼈고, 다른 사람들은 만약 그 프로그램의 '위험성을 안다'면 봐도 괜찮다고 주장했다. (Barker 2001, Campbell & Kean 2002)

〈댈러스〉는 네덜란드에서 전 인구의 52퍼센트가 시청했을 정도로 대인기를 누렸다. 네덜란드의 여성학자 이엔 앙(Ien Ang 1985)은 『댈러스 보기(Watching Dallas)』라는 책을 펴냈다. 1982년에 네덜란드에서 처음 출판되었고 1985년에 영어로 번역된 『댈러스 보기』는 〈댈러스〉에 대한 네덜란드 여성 팬들의 반응을 조사한 책이다. 앙은 이 책을 쓰기 위해 여성지에 다음과 같은 내용의 광고를 실었다.

"저는 텔레비전 시리즈 〈댈러스〉를 즐겨 보지만 때로는 이상한 반발감도 느낍니다. 그걸 왜 보기 좋아하는지 또는 왜 싫어하는지, 어떤 분이라도 제게 그 이유를 보내줄 수 없을까요? 이러한 반응들을 제 대학 논문에 반영하고자 합니다."(Storey 2002)

이엔 앙은 〈댈러스〉의 팬들과 혐오자 양측으로부터 받은 편지들을 연구에 활용했다. 이 연구에서 나온 한 가지 중요한 발견은 네덜란드 여성들이 〈댈러스〉를 통해 미국 부자들의 애정 관계에서도 여성은 항상 차별당하고 슬픔을 독차지한다는 것을 느낄 수 있었다는 점이었다. 앙은 이를 '정서적 리얼리즘(emotional realism)'이라고 불렀다. 드라마의 많은 것 가운데 시청자들은 관심 있는 정서만 골라서 보며, 이를 통해 리얼리즘을 느낀다는 것이다.(원용진 1997)

〈댈러스〉가 반페미니즘 드라마였음에도, 여권론자들 역시 이 프로그램을 즐겨 본 이유도 마찬가지로 설명될 수 있다. 이른바 '환상'의 힘 때문이다. 이엔 앙의 해설에 따르면 "환상을 제작하고 소비하는 것은 우리가 해방감을 느끼면서 현실과 장난칠 수 있게 만든다. 환상은 사실이 아니라 꾸며낸 것이다. 환상을 즐기다 보면 '실제적 가치'에 대해 잊기가 쉽다. 따라서 미디어가 전달하는 환상으로 인해 즐거워질 수 있다. 환상은 염세적일 수도 있고 감성적이며 심지어 괴로움을 줄 수도 있다. 환상은 전쟁터와도 같은 실제의 사회적·정치적·개인적인 상황 속에서는 도저히 느낄 수 없는 기분일 것이다. 따라서 만약 우리가 살아 가면서 여러 가지 모순에 부딪칠 때 그런 환상은 일종의 안락감을 줄 것이다."(Croteau & Hoynes 2001)

신보수주의 운동의 태동

신보수주의의 출현으로 미국 보수주의의 족보는 복잡해졌다. 신보수주의(Neoconservatism)란 용어는 사회학자인 마이클 해링턴(E. Michael Harrington, 1928~1989)이 1973년 『디센트(Dissent)』란 잡지에서 처음 사용했지만, 그 역사는 1960년대로 거슬러 올라간다. 신보수주의자는 원래 민주당을 지지하는 자유주의자들이었지만, '1960년대의 미국'에 환멸을 느껴 보수로 전향했다.

손병권(2005)에 따르면 "신보수주의의 형성과정은 1960년대 민주당 행정부 주도의 자유주의적 개혁 실험이 지나치게 사회공학적 접근에 경도되어 있어서, 이러한 점을 간과한 자유주의적 개혁이 소위 '의도되지 않은 결과(unintended consequences)'를 배태하면서 나타난 것이었다. 케네디나 존슨 행정부가 실시한 야심 찬 자유주의적 프로젝트들은 '이념의 세계에서만 존재하는 세계와 사회'를 염두에 두고 고안되었기에 의도하지 않은 결과들 앞에서는 실패를 경험할 수밖에 없었다는 것이 신보수주의자들이 민주당을 이탈하여 공화당 진영에 합류한 계기 중 하나였다."

1세대 신보수주의자들의 주류는 1930년대 대공황으로 곤란을 겪던 시기에 성장한, 특히 동유럽 출신 유태계 이민 후손들로, 자유주의 경향으로 '하층민의 하버드(Harvard of the proletariat)'라고 불린 뉴욕시립대학 출신이다. 이들은 흑인들과 신좌파 지식인들 사이에 팽배해진 반유태주의에 위기감을 느껴 결속하게 되었는데, 대표적 인물은 대니얼 벨(Daniel Bell), 어빙 크리스톨(Irving Kristol, 1920~2009), 어빙 하우(Irving Howe, 1920~1993), 네이선 글레이저(Nathan Glazer) 등이다.(신유섭 2005, 주용식 2003)

보수화의 물결을 타고 1970년대 후반 뉴올리언스(New Orleans)를 중심으로 KKK도 되살아나는 듯 보였다. 데이비드 듀크(David E. Duke)와 앨버트 윌킨슨(Elbert C. Wilkinson)의 지도하에 KKK 활동이 활성화되었으며, 1979년경엔 흑인들과 KKK 무장세력 간의 충돌이 빈번해졌다. 이란 인질사건이 일어나자, 윌킨슨은 미국은 흑백 분리 사회였을 때 위대하고 강력했지만, 흑인과 백인이 통합된 지 15년 후 최대강국에서 이란과 같은 이류 국가로 떨어졌다고 주장했다. 이전의 KKK 지도자들과는 달리 젊고 말솜씨가 좋았던 듀크는 언론 매체의 주목을 받으면서 1988년 민주당 대통령후보로 출마해 일반 선거에서 4만 7000표를 얻으며 1989년에는 루이지애나 하원으로 당선된다.(안윤모 2006)

"서방세계는 용기를 잃었다"

신보수주의 운동이 활발해지고 파월 목사의 "미국을 사랑합니다(I love America)"라는 구호가 미국인들에게 통하던 1978년, 소련의 망명 지식인 알렉산드르 솔제니친(Aleksandr I. Solzhenitsyn, 1918~2008)의 미국 비판은 미국 사회에 묘한 울림을 던졌다. 발언 이후 그는 미국에서 배척의 대상이 되었지만, 주장만큼은 신보수주의와는 일맥상통하는 부분이 있었기 때문이다.

물질적 안락을 숭배하는 사회에서는 용기를 되찾기 어렵다고 주장한 솔제니친. © Evstafiev

블라다미르 레닌(Vladimir I. Lenin, 1870~1924)을 흠모하고 이오시프 스탈린(Joseph V. Stalin, 1878~1953)을 경멸한 솔제니친은 오랜 수용소 생활과 유배생활 끝에 니키타 흐루쇼프(Nikita S. Khrushchyov, 1894~1971)의 스탈린 격하 운동에 힘입어 1962년 『이반 데니소비치의 하루(Odin Den' Ivana Denisovicha)』라는 소설을 출간함으로써 하루아침에 유명한 인물이 되었고, 이어 세계적으로 알려진다. 솔제니친은 이후에도 계속 단편을 발표해 '20세기의 투르게네프', '20세기의 체홉' 같은 찬사를 얻지만, 흐루쇼프의 실각 이후 다시 탄압의 대상이 되었다.(김학준 1991)

솔제니친의 작품은 소련에선 더 이상 출간될 수 없었으며, 그의 작품들은 외국에서만 출간되었다. 서구 사회에서 솔제니친의 명성이 치솟을수록 국내에서의 탄압의 강도는 더해 갔다. 그는 1969년 작가연맹에서조차 쫓겨났다. 서구 사회는 솔제니친에게 지원 사격을 해줄 필요가 있다고 생각한 걸까? 1970년 10월 그에게 노벨문학상이 떨어졌다. 1973년 12월 파리에서 출간된 『수용소군도(Arkhipelag Gulag)』 1권은 소련 정부와 솔제니친 사이의 갈등을 극도로 고조시켰지만, 노벨상 수상자를 어떡하겠는가. 1974년 2월 소련 정부가 택한 방법은 솔제니친을 체포해 국외로 추방하는 것이었다. 솔제니친은 소련으로부터 추방돼 프랑크푸르트(Frankfurt)를 거쳐 취리히(Zürich)에 정착해 살다가 1976년 미국으로 건너갔다.

솔제니친은 서방 세계에서도 늘 논란을 몰고 다녔다. 그가 반민주적이고 반유대주의자이며 독단적인 민족주의자라는 비판도 제기되었다.(Steiner 1998) 전원주의와 신비주의 성향이 강한 솔제니친은 1978년 6월 8일 하버드대학 졸업식 연설에서 미국인의 탐욕과 권태, 무관심을 강도 높게 질타하면서 나태한 대중이 자유를 활용하는 데 실패했다고 주장했다. 이 연설은 미국 언론을 화나게 했다. 솔제니친은 미국 체제가 소련 체제보다 우월하다는 점을 과시할 수 있는 상징이었는데, 그 상징으로부터 배반당했다고 느낀 걸까?

그 사건은 솔제니친의 인생에 있어 매우 중요한 전환점이기도 했다. 이후 미국 언론이 그를 비판하거나 조롱하고 외면하기 시작한 것이다. 솔제니친도 후일 어느 인터뷰에서 자신의 하버드대학 연설이 미국 언론을 화나게 만들었으며, 미국 언론은 자신에 대해 배은망덕하다고 느끼는 것 같다고 말했다.(Gray 1989)

그렇지만 솔제니친이 그 연설에서 "서방세계는 용기를 잃었다"고 질타한 것은 카터 행정부의 무기력함을 지적한 것으로 받아들여졌고, 바로 이 점에 주목하는 사람들도 있었다. 솔제니친은 버몬트(Vermont)주 카벤디시(Cavendish)라고 하는 작은 마을에 은둔해 글만 쓰면서 지내다가 1990년 9월 소련 청년공산당연맹의 기관지인 『콤소몰스카야 프라우다(Komsomolskaya Pravda)』에 공산주의의 조종이 울렸다며 소련 연방을 해체해야 한다고 주장한다. 러시아, 우크라이나, 벨로러시아, 북카자흐스탄 등 러시아인들로만 구성된 슬라브계 나라를 세우는 대신 다른 공화국들은 다 분리시키자는 주장이었다. 전혀 다른 이유에서였지만, 솔제니친의 연방해체론은 1년여 후에 현실이 된다.(Lovell 1985, Time 1990)

이는 미국인들이 "미국을 사랑합니다"라고 외칠 또 하나의 이유가 되지만, 미국인들의 나르시시즘(narcissism)을 경계하는 목소리가 1970년대 말부터 나오기 시작했다. 헤르만 셰어(Hermann Scheer 2005)는 나르시시즘을 "자폐적으로 자기감탄, 자기애, 자기 반영을 표현하는 것"으로 정의하면서 "정치인의 활동은 특히 그러한 유혹을 받기 쉬운데, 그 이유는 대중 앞에서 활동이 이루어지기 때문이다. 대중적 관심의 한가운데 서 있는 것은 나르시시스트에게 흥분을 자아내는 일이다"라고 말한다.

그래서, 나르시시즘은 병인가? 아니다. 아니, 병이긴 하되 아주 묘한 병이다. 지도자가 되고자 한다면 반드시 이 병에 걸려야만 하기 때문이다. 모든 지도자들이 그렇다. 평범한 사람들의 기준에서 보면 그들은 비범한 사람들인데, 바로 그 비범성의 상당 부분이 나르시시즘과 관련돼 있는 것이다. 타고난 나르시시즘도 있겠지만, 지도자를 열망하는 사람들은 나르시시즘을 키워 간다. 그렇게 하지 않고선 성공할 수 없다. 미국인들의 나르시시즘은 '팍스 아메리카나'를 위해 치르는 당연한 비용인지도 모른다.

참고문헌 Ang 1985, Barker 2001, Baughman 1983a, Berry 1984, Campbell & Kean 2002, Croteau & Hoynes 2001, Current Biography 2002a · 2002b, Dahl 1961, Eliot 1981, Frey 2004, Gitlin 1983 · 1983a, Gray 1989, Guilbert 2004, Harris 1996, Hausen 1985, Küng-shankleman 2001, Lovell 1985, Marsden 1992, North 1983, O'Leary & McFarland 1989, Olson 1968, Salisbury 1969, Scheer 2005, Schwartz 1994, Shuker 1999, Steinem 1995, Stein 1979, Steiner 1998, Storey 2002, Theberge 1981, Time 1987a · 1990, Truman 1951, 김종서 2002, 김학준 1991, 남궁곤 2005, 백창재 2001, 손병권 2001 · 2005, 신유섭 2005, 안윤모 2006, 오치 미치오 1999, 우태희 2008, 원용진 1997, 이주영 2003, 이준호 1999a, 이형대 2001, 정태식 2002, 주용식 2003, 최희진 2010b

미국인의 나르시시즘
크리스토퍼 래시의 『나르시시즘의 문화』

『나르시시즘의 문화』

할리우드는 '아메리칸 드림'을 생산해내는 공장과 다를 바 없었지만, 할리우드의 실상은 '아메리칸 드림'이 극소수만 누릴 수 있는 도박과도 같음을 입증하는 것처럼 보였다. 1979년 할리우드 배우조합(Screen Actors Guild)의 조합원 2300명 중 90퍼센트가 생활급 미만을 벌고 있었으니 말이다.(King 1985)

미국인들은 그런 현실을 인식조차 하지 못할 정도로 자폐적인 '나르시시즘의 문화'에 갇혀 있다는 주장이 제기되었다. 미국의 역사학자이자 사회문화비평가인 크리스토퍼 래시(Christopher Lasch, 1932~1994)가 1979년 초에 출간한 『나르시시즘의 문화(Culture of Narcissism)』에서 제기한 주장이다.

래시는 좀 유별난 지식인이다. 그는 분명히 좌파이면서도 좌파에 대해 대단히 비판적이었다. 그는 흐리멍덩한 좌파 수사학과 좌파 지식인들의 피상적 분석을 불신하고 비판했다. 재미있는 건 래시를 잘 모르는 사람들이 래시의 그런 비판만을 보고 래시를 보수적 지식인으로 간주하기도 했다는 점이다. 우익 성향이 농후한 지식인이 래시의 책에 대해 호의적인 서평을 한 경우도 있었다. 래시는 1969년에 출간한 『미국 좌파의 고뇌(The Agony of the American Left)』에서 미국 좌파가 미국 사회를 냉정하고 성실하게 분석하기보다는 외국 좌파 이데올로기 수입에 열을 올렸고 그래서 쇠퇴의 길을 걷게 되었다고 주장했다.

래시의 『나르시시즘의 문화』는 2차 세계대전 이후에 최고조에 이른 미국인들의 독특한 퍼스낼리티 구조를 탐구한 책이다. 래시는 미국인들이 자신 이외의 바깥 세계에 대해 믿기지 않을 정도로 굳게 닫혀 있다는 점을 지적했다. 직접적이건 간접적이건 외부 세계를 경험할 수 없는 무능력 상태에 처해 있다는 것이다.

래시가 보기에 미국인들은 그저 번쩍이는 피상적인 것에만 휘둘려지낼 뿐 그 어떤 사회적 대의(大義)엔 관심이 없다. 그들은 즉각적인 만족 중심의 소비자 윤리에만 충실하다는 것이다. 그러니까 모든 사고를 우선 '이것이 나에게 무슨 효용을 가져다주느냐' 하는 데에만 집착해 행동한다는 것이다. 그러니 대의에 무슨 관심을 갖겠는가. 공공적 이슈가 무엇인지 알기나 하겠는가.

래시는 역사가 노스탤지어(nostalgia)로 전락해 가는 현실을 개탄한다. 또한 즉각적인 만족을 위한 경쟁이 심화되는 현상을 우려한다. 스포츠만큼 타락한 게 또 있을까? 과거엔 "이기는 게 가장 중요한 게 아니다. 참여에 의미가 있다"고 했지만, 오늘날엔 "이기는 게 가장 중요한 게 아니다. 이기는 게 유일한 것이다"로 바뀌었다. 과거엔 'Good bye'라고 인사했다. 그건 'God be with you'를 의미했다. 오늘날엔 'Have a nice day'와 'Enjoy'로 바뀌었다.

래시는 미국인들이 갖고 있는 '나르시시즘의 문화'는 병리적인 것이긴 하지만 우리 시대의 음울한 상황에 대한 어쩔 수 없는 방어 기제라고 말한다. 나치 대학살, 핵전쟁 위협, 환경 파괴, 자본주의의 파괴성 등과 같은 음울한 역사와 사회 상황이 대중으로 하여금 자기만의 은신처에 도피하게끔 했다는 것이다.

광고가 만든 '스펙터클 사회'

『나르시시즘의 문화』에서 가장 인상적인 부분은 광고와 프로파간다의 문제를 다룬 4장이다. 많은 사람들이 광고의 막강한 영향력에 대해 이야기하지만, 광고가 사회구조와 운영 메커니즘에 미친 영향까지 건드리는 건 아니다. 래시는 광고가 '스펙터클의 사회'를 만들었다고 말한다.

"미국 경제는 테크놀로지가 기본적인 물질적 욕구를 만족하는 수준에 도달하자 새로운 소비욕구의 창조에 의존하게 되었다. 즉, 대중 매체를 통해 어떤 '욕구'가 강제적으로 사람들의 관심 영역으로 파고들 때까지는 전혀 모르고 있던 욕구를 충족하기 위해 상품을 사게끔 사람들을 설득하는 작업에 의존하게 되었던 것이다······. 대중을 교화하고자 하는 시도는 겉모습에 의해 지배되는 사회, 즉 '스펙터클의 사회'를 만들게 되었다. 초기 축적 기간에 자본주의는 존재를 소유에 종속시켰으며 상품의 사용가치를 교환가치에 종속시켰다. 이제 자본주의는 소유 그 자체를 겉모습에 종속시키고 교환가치를 번영과 복리의 환상이라 할 위신을 세워주는 상품의 능력으로 측정한다."

래시는 기 드보르(Guy E. Debord, 1931~1994)의 말을 인용해 "경제적 필요가 무한정한 경제개발의 필요에 굴복하면서 기본적이고 일반적으로 인정되는 인간의 욕구에 대한 만족은 '의사욕구(pseudo-needs)'의 창출로 대치되었다"고 말한다. 그러한 '의사 욕구'를 창출하는 것이 바로 광고다. 광고는 '병 주고 약 주기' 방법을 사용한다. 래시의 말을 들어보자.

"예전에는 광고가 단지 제품에 대한 관심을 환기했으며 그 제품의 장점을 칭찬했다. 오늘날의 광고는 그 자신의 제품을 만들어낸다. 그건 바로 늘 불만족스럽고 안절부절못하며 불안해하고 지루해하는 소비자다. 광고는 제품을 선전한다기보다는 생활양식으로서의 소비를 촉진한다. 광고는 대중을 '교육'시켜 상품뿐 아니라 새로운 경험과 개인적인 충족을 위한 수그러들지 않는 욕구를 느끼게 한다. 광고는 고독, 고통, 황량함, 성적 만족의 결여 따위와 같은 해묵은 불만에 대한 대안으로서 소비를 제시한다. 그와 동시에 광고는 현대에 독특한 새로운 형태의 불만을 만들어낸다. 광고는 유혹적으로 산업문명의 불안을 이용하는 것이다. 당신의 직업이 따분하고 무의미한가? 당신의 직업은 당신에게 무력감과 피로감을 안겨주는가? 당신의 인생은 공허한가? 소비는 그 고통스러운 공백을 메꾸어준다고 약속한다. 상품을 로망스의 후광으로 감싸고자 하는 시도, 이국적인 장소와 생생한 경험에 대한 언급, 모든 축복이 비롯되는 여성의 가슴과 관련된 이미지로 말이다."

프로파간다로서의 광고

광고는 이제 더 이상 경제적 현상만은 아니다. 그건 문화적 현상인 동시에 정치적 현상이다. 크게 보자면, 광고는 '정치 프로파간다'와 다를 바 없다. 래시는 광고라고 하는 상품 프로파간다가 두 가지 기능을 수행한다고 말한다.

"첫째 기능은 소비를 반항과 폭동의 대안으로 기능케 하는 것이다. …… 지친 노동자는 노동 조건을 바꾸려고 하기보다는 새로운 상품과 서비스로 주변을 밝게 꾸미는 데에 관심을 갖는다. 두 번째로 소비의 프로파간다는 소외 그 자체를 상품으로 변화시킨다. 현대 생활의 정신적 황량함을 지적하고 소비를 그 치료제로 제시하는 것이다. 그 프로파간다는 모든 해묵은 불행을 치료한다고 약속할 뿐 아니라 개인적 불안정, 지위에 대한 불안감, 자식들의 욕구를 만족시키는 능력에 대한 부모들의 불안감 따위와 같은 새로운 형태의 불행을 만들어내거나 악화하는 것이다. 이웃에 비해 초라한가? 이웃보다 못한 차를 갖고 있는가? 당신의 자식들은 건강한가? 인기가 있는가? 학교에서는 잘하고 있는가? 광고는 시기와 그에 따르는 불안감을 제도화하는 것이다."

또한 광고 프로파간다는 '문화 혁명'이라 해도 좋을 만큼 문화적으로 큰 변화를 몰고 왔다. 노동 윤리와 '만족의 유예'를 거의 붕괴시켰을 뿐 아니라 여성 예찬과 청춘 예찬으로 기존의 가부장제에 회복할 수 없는 균열을 가져왔다. 바람직한 면이 없지는 않다. 그러나 어떤 점에선 '늑대 대신 호랑이'를 불러들인 점도 없지 않다.

래시는 "기존 체제 유지를 위해 기능하는 광고는 그럼에도 불구하고 20세기 초기에 시작해서 지금까지 계속되어온 '관습과 도덕의 혁

명'이라 할 가치의 폭넓은 변화에 기여해왔다. 대량소비 경제의 수요
는 노동자들에게조차 노동 윤리를 진부한 것으로 만들어버리고 말았
다. 예전에는 공중 건강과 도덕의 수호자들은 노동자에게 도덕적 의
무로 일하라고 가르쳤다. 그러나 이제 그들은 노동자에게 소비의 열
매를 즐기기 위해 노동을 하라고 가르친다"며 다음과 같이 주장한다.

"대량 판매 촉진 메커니즘은 '욕구 충족의 유예(postponement of
gratification)'에 근거한 이데올로기들을 공격하고 있다. 성(性) 혁명과
동맹을 맺는가 하면 남성의 압제에 대항하는 여성, 기성세대의 권위
에 대항하는 젊은이들의 편에 서거나 서는 것처럼 보인다. 수요 창출
의 논리는 여성이 공중 앞에서 담배 피고, 술 마시고, 자유롭게 돌아다
니고, 다른 사람들을 위해서 살기보다는 그들 자신의 행복의 권리를
주장할 것을 요구한다. 광고 산업은 그렇게 함으로써 여성해방의 환
상을 부추긴다. '이젠 옛날하곤 다르다고(You've come a long way,
baby)' 따위의 환심을 사는 구호로 여성을 우쭐하게 만들고 소비의 자
유를 진정한 자율인 것처럼 위장한다. 그와 비슷하게 광고산업은 젊
은이들을 각자 자신의 방에 전화와 텔레비전 수상기와 하이파이 전축
을 마련할 수 있는 소비자의 지위로 격상하기 위하여 젊음을 예찬하
고 미화한다. 이와 같은 대중의 '교육'은 가족 내부의 힘의 균형을 변
화시켰다. 아내에 대한 남편의 권위와 자식에 대한 부모의 권위를 약
화시킨 것이다. 여성과 어린이가 가부장적 권위로부터 해방되었지만
그들은 광고산업, 산업재벌 그리고 국가의 새로운 가부장제에 종속되
고 말았다."

'피플스 템플'의 900명 집단자살극

『나르시시즘의 문화』는 『뉴욕타임스』의 베스트셀러 목록에 7주 동안이나 올랐다. 읽기에 결코 쉽지 않은 책이었는데도 왜 그랬을까? 혹 1978년 11월 전 미국인을 경악시킨 사교(邪敎)집단 '피플스 템플(People's Temple; 인민사원)'이 저지른 집단자살사건의 충격 때문은 아니었을까? 교주인 짐 존스(James W. Jones, 1931~1978)는 미국인 추종자들을 거느리고 남미 가이아나(Guyana)의 조지타운 외곽지역에 자신의 이름을 따 '존스타운'을 세웠다. 여기에서 일어난 이 사건은 900명이 넘는 사람의 생명을 앗아감으로써 '현대 역사상 가장 큰 규모의 집단자살'로 기록되었다.

'피플스 템플'을 기괴한 사교집단으로 치부하면 마음은 편해질지 모르지만, 진실은 그렇지 않았다. 이 집단은 '그리스도의 사도들(Disciples of Christ)'이라는 보수성을 지닌 기성 기독교 교단의 하나였으며, 주류 기독교 교단들이 참여하는 전국기독교교회협의회(the National Council of the Churches of Christ in the U.S.)와 세계교회협의회(World Council of Churches)의 회원 교단이기도 했다. 또 짐 존스는 가이아나 사건 직전 해에 미국 최고의 목회자상을 타기까지 했다.(김종서 2002b)

이 사건은 미국인들의 영혼이 건강하지 않다는 증거로 거론되었다. 마빈 해리스(Marvin Harris 1996)는 "수천만에 달하는 여느 일반인처럼 존스의 추종자들은 무력감과 무시되고 소외된 느낌을 받으며 살아온 사람들이었다"며 다음과 같이 말한다.

"주거비와 의료비가 오르고 거리 범죄가 늘어나는 상황에서 심한 압박감을 느끼며 살아왔다. 상당수가 흑인으로서 인종 차별의 고통을 경험했으며 열등한 시민으로 취급받는 데 넌더리가 난 상태였다. 이에 대한 그들의 해결책이 기괴하게 보일지도 모르겠다. 하지만 역시 무방비 상태인데다가 소외감을 느끼는 사람들, 2차 세계대전 이래로 전국을 휩쓴 거대한 변화 때문에 당황한 사람들, 제3의 대부활을 통해 정신적 위안과 물질적 행복을 모색했던 수백만의 다른 미국인들과 이들의 유사성을 간과하는 건 잘못된 일이 아닐까?"

카터의 '국민병' 연설

래시는 바로 그런 '유사성'에 주목했던 건지도 모르겠다. 지미 카터 대통령은 『나르시시즘의 문화』를 읽고 감동을 받아 래시를 백악관으로 초대해 대화를 나누었다. 이런 인연으로 래시는 1979년 7월에 행해진 카터 대통령의 그 유명한 '국민병(national malaise)' 연설문 작성에 관여했다. 카터는 이 연설에서 '아메리칸 드림'에 대해 이의를 제기했다. 카터는 "미국이 신뢰의 위기에 빠져 있다"는 진단을 내리면서 "너무 많은 미국인들이 현재 방종과 소비를 숭배하고 있다"고 개탄했다. 그는 에너지 위기에 대해서도 "불필요한 여행을 자제할 것, 자동차를 함께 타거나 대중교통을 이용할 것" 등을 주문했다.

래시는 1980년 자신의 책이 ABA(American Book Award)를 받게 되자 수상을 거절했다. 상을 주는 이유가 무엇이냐는 뜻이었다. 단지 많이 팔렸기 때문이라는 점이 그의 기분을 상하게 했다. 아니 '소비문화'를 격렬하게 비판한 자신이 '소비문화'의 한 현상이라 할 베스트셀러의 저자가 되었다는 건 모순은 아닐망정 매우 어색하다고 느꼈을지

정비소에서 주유를 기다리는 자동차 행렬. 이란 혁명으로 유가가 폭등해 에너지 위기가 고조된 때였다.

모른다.

어떤 책의 학술적 엄밀성과 대중적 성공은 꼭 같이 가는 건 아니다. 오히려 반비례하는 경우가 더 많지 않을까? 잭슨 리어스(T. J. Jackson Lears 1979)는 래시의 책이 주장에 대한 증거가 불충분하고 아주 단정적이며 지나친 일반화를 시도하고 있다고 비판했다. 대중적으로 성공을 거둔 책이 갖게 마련인 한계라고 봐야겠지만, 학술적 엄밀성이 족쇄가 될 수 있으며 그 족쇄에 갇히는 한 영원히 할 수 없는 이야기가 있다는 점도 감안해야 하지 않을까? 그러나 학술적 엄밀성이라는 잣대만으로 래시의 책을 평가한 사람들이 없지 않았고, 특히 래시의 '비관주의'는 그들로부터 조롱의 대상이 되기도 했다.(Boyers 1979)

이는 카터의 운명과도 비슷했다. 카터의 '국민병' 연설은 미국인들의 호응을 얻지 못했다. 카터는 백악관의 냉·난방 장치 가동을 줄이고 겨울에는 두툼한 스웨터를 입고 다니는 등 언행일치를 하려고 애썼지만, 자동차에 기름을 넣으려면 심한 경우 2시간씩 줄을 서야 했던 미국인들은 대통령의 훈계에 강하게 반발했다. 지식인이라면 몰라도 대통령이 할 말은 아니라고 생각했던 걸까? 다른 이유도 많았지만, 이것이 그의 재선 패배 이유이기도 했다. 역사학자 데이비드 샤이(David Shay)는 "카터가 패배하는 데에는 그가 경제 성장과 자본개발이라는 높고 넓고, 멋진 개념이 현대 미국의 정신에 얼마

카터는 스웨터를 즐겨 입고 실내 난방온도를 20도로 낮추며 모범을 보였으나 대중의 관심은 메시지보다 스웨터에 집중되었다. 이후로도 스웨터는 그의 상징이 된다.

나 깊이 자리 잡았는지 알아채지 못한 것도 한 요인으로 작용했다"고 말한다.(Graaf 외 2002) 같은 맥락에서 선거 국면에서 으레 하게 마련인 '경제 조작'을 하지 않은 것도 패인으로 지적되었다.(Wills 1987)

미국인들은 특히 카터의 에너지 절약 요청에 비웃음을 보냈다. 1979년 3월 28일에 일어난 펜실베이니아(Pennsylvania) 주 쓰리마일섬(Three Mile Island)의 원자력발전소에서 일어난 방사능 누출사고는 에너지 문제에 대한 근본적인 성찰을 요구하는 사건이었지만, 성찰은 미국적 덕목에 맞지 않는다는 게 문제였다.

보스턴대학 역사학자 앤드루 배서비치(Andrew J. Bacevich, Sr.)의 회

방사능 누출사고가 일어난 쓰리마일섬 원전. 사망자는 없었으나 주민에게서 발암률이 보고되었으며 원자력이 깨끗하고 새로운 에너지라고 생각한 미국인들에게 큰 충격을 주었다.

고에 따르면 "카터의 연설이 미국의 정신과 너무나 맞지 않았기 때문에 당황스러웠던 것으로 기억해요. 낙관적이지 않았거든요. 그러니까 우리가 오늘보다 내일 더 많은 걸 가질 수 있고 더욱 장대하고 나은 미래가 있을 것이라고 약속하지 않았죠. 카터 연설의 핵심은 이것이었어요. '자유를 정말 진지하게 생각한다면 자유가 무엇을 의미하는지 진정으로 생각해야 한다. 즉 그것이 소유와 눈에 띄는 소비가 아닌 다른 것이어야 한다는 것을 그리고 우리의 자유를 지속하고자 한다면 우리의 자력이 허용하는 한에서 삶을 꾸리기 시작해야 한다.' 당시에는 그것이 잘 와 닿지 않았어요. 군사주의에 관한 책으로 쓰면서 비로소 그 연설을 다시 보게 되었고 정말 감탄을 금할 수 없었죠."

(Engelhardt 2008)

카터리즘과 대처리즘

'나르시시즘의 문화'에 대한 비판의 요소가 다분한 '카터리즘 (Carterism)'의 반대편엔 대처리즘(Thatcherism)이 있었다. 1979년 5월 3일 치러진 총선에서 보수당의 승리로 영국 수상에 오른 마거릿 대처 (Margaret H. Thatcher)의 정치철학 핵심은 "20세기 초 이래 영국이 건설해온 비대한 복지국가를 해체하고 경쟁 사회를 부활시키자는 것"이었다. 쉽게 말해 대처리즘은 '탈복지국가' 이데올로기였다.

대처의 선거유세 특징은 경제 질환을 고치기 위해서는 상당 기간의 고통을 감내할 수밖에 없다고 유권자들에게 솔직히 말한 것이었다. 대처는 시장에 대한 국가의 개입은 '악'이라며 적자생존과 자유경쟁을 추구하면서 프로테스탄티즘에 입각한 근면과 검소, 성실 등을 강조했다. 그녀는 "사회라고 불릴 만한 것은 존재하지 않는다. 오로지 개별 남성들과 개별 여성들 그리고 그들의 가족만이 있을 뿐이다"라고 선언한다.

대처는 영국의 국가경쟁력을 악화하는 결정적인 주범으로 노조의 강력한 투쟁 노선을 지목하면서 노조의 힘을 약화하는 데에 전력을 기울였다. 또한 대처는 공기업을 민영화했으며, 기업의 법인세율 완화를 추진했다. 뿐만 아니라 직접 과세인 소득세와 누진세의 비율을 낮추고 간접세의 비율을 높임으로써 빈부 격차를 심화시켰다. 하지만 대처는 빈부 격차쯤은 대수롭지 않게 생각했다. 일할 능력이 있음에도 노력을 통해 성공하지 못하는 것은 죄악이라고 생각했던 것이다. 대처는

신자유주의의 기조는 사유재산권을 강력히 옹호하고 대중의 개입을 차단하는 것이다. 이 이념은 1950년대 경제학자 프리드리히 하이에크로부터 출발해 대처(사진) 정권과 레이건 정권기에 정착됐다.

자신의 아버지를 모델로 영국인들이 시장 속에서 자유 경쟁을 통해 누구든지 중산층으로 성장할 수 있다고 믿었다. 그리고 자신의 이러한 중산층 양성정책을 대중 자본주의(Popular Capitalism)라 불렀다.

대처의 출현 1년 전인 1978년 중국에선 더 중요한 일이 일어났으니, 그건 바로 덩샤오핑(鄧小平, 1904~1997)이 '경제의 자유화'를 시도한 이른바 '경제향우 정치향좌(經濟向右 政治向左)' 노선이었다. 이 또한 세계적인 신자유주의 노선의 탄생에 주요 동인이 되었다. 중국과 영국의 변화는 미국에도 큰 영향을 미쳤다. 영국에서 대처가 취한 일련의 노선은 1980년 대선에서 로널드 레이건이 승리함으로써 미국에서도 그대로 재현된다.

나르시시즘은 자기애를 수반하는 법이다. 독일 심리학자 베른하르트 그림(Bernhard A. Grimm 2002)은 "자기애에 빠진 사람들은 주변세계를 자신의 위성으로 만들어버린다. 주변세계는 자신을 중심으로만 돌아야 한다고 생각한다"고 말한다. 자기애에 빠진 국가는 어떨까? 레이건 행정부는 이를 본격적으로 시험하는 검증대에 오른다.

참고문헌 Boyers 1979, Engelhardt 2008, Gelfert 2003, Graaf 외 2002, Grimm 2002, Harris 1996, Harvey 2007, King 1985, Lasch 1969 · 1979 · 1999, Lears 1979, Shell 2010, Sheppard 1979, Stein 1999, Trend 2001, Wills 1987, 강준만 외 1999-2003, 김종서 2002b, 다카바다 아키오 1990, 박두식 2008

미국의 '인권외교'
지미 카터의 한국 방문

카터의 방한(訪韓) 반대 운동

지미 카터 대통령의 인권외교는 미국에서도 논란의 대상이 되었다. 일부 미국 관리들은 카터의 인권정책을 '도덕 제국주의(moral imperialism)'라 부르면서 적잖은 반감을 드러냈다.(Sellars 2003) 정략적인 이유도 있었겠지만, 1947년 미국 인류학협회 집행위원회가 특정 인종 중심적 자료에 근거했다는 이유로 유엔 인권선언의 승인을 거부했던 것처럼, 문화적 상대주의에 따른 반발도 있었다.(Shweder 2001) 한국은 카터식 인권외교의 주요 시험무대로 등장했다.

1979년 1월 17일 일시 귀국한 주미대사 김용식(1913~1995)은 "박정희-카터 정상회담이 1979년 중에 열리기로 합의되어 있다"고 밝혔다. 그러나 이는 어디까지나 박 정권의 희망사항이었을 뿐, 구체적으로 확정된 건 아니었다. 당시 국회 외무위원장을 맡고 있었던 이동원(1992)은 1979년 5월 말의 상황에 대해 다음과 같이 말한다.

"'카터 미 대통령 6월 중순경 일본 방문.' 당시로선 가뭄 끝에 단비를 만난 격이었다. 으르렁거리는 한미관계를 개선할 절호의 찬스. '어떻소 김형, 이유 불문하고 이번에 카터와 각하를 만나게 해야 합니다. 그러니 카터가 한국도 꼭 거쳐 가도록 공작 좀 하는 게……' 병색이 완연했지만 삼청동 모 요정에서 만난 김재규의 눈은 내 말이 채 끝나기도 전 빛을 뿜는다. '옳습니다. 이 장관 말이 옳구 말구요.' 그 순간만큼은 건강의 화신 같은 우렁찬 목소리였다. 그 후 차지철, 김계원 등과도 의중을 떠본 난 '할 수 있다'는 확신하에 밀어붙인다. 즉, 난 글라이스틴 대사의 옆구리를 찌르는 측면지원을 맡고, 외무부나 김용식 주미대사는 구두가 닳게 뛰어다닌다. 아마 박 대통령 시절 마지막 '캔두(CAN DO) 정신'이었으리라."

어찌 됐건 김용식의 발언은 적어도 4월부터 카터의 방한(訪韓) 가능성을 반유신 세력의 주요 의제로 떠오르게 만들었다. 인권정책을 내세운 카터 행정부가 인권을 유린하는 박 정권과 회담을 여는 게 온당하느냐는 항의 성명들이 잇달아 발표되었다. 이에 대해 한국기독교교회협의회 인권위원회(1987)는 "'어느 정부든 국민을 고문하고 신념 때문에 그들을 투옥할 때 좌시할 수 없다'고 선거운동 중에 천명한 카터 후보의 미국 대통령 당선은 유신독재 체제하에 있던 한국 국민에게 새로운 희망을 품게 했다"며 다음과 같이 말한다.

"누가 무어라고 표현하든 미국이 해방 후의 한국에 절대적 영향력이 있음을 부인할 수 없는 현실에서 '도덕 정치'와 '인권 존중'을 정치이념으로 표방한 카터의 등장은 유신헌법과 긴급조치로 목을 졸린 한국민에게 고무적인 일이 아닐 수 없었다. 그러나 카터 대통령의 방한 발표는 이런 꿈과 희망을 일시에 환상으로 되돌려놓았다. '혹시' 하던 기대는 '역시'로 낙착되고, 가족을 정치범으로 감옥에 둔 양심범가족협의회의 성명을 선두로 인권운동세력들은 카터 방한에 대하여 실망과 분노로써 반대했다."

양심범가족협의회는 4월에 발표한 「카터 대통령에게 보내는 공개서한」을 통해 1500여 명의 정치범들이 처해 있는 현실, 사회안전법의 가공할 폭력, 행동 감시와 전화 도청 그리고 이 모든 것을 은폐하고 미화하는 언론 통제와 조작을 지적했다. 『동아일보』에서 해직된 기자들로 구성된 '동아자유언론수호투쟁위원회'는 1979년 4월 27일에 발표한 「현 시국에 대한 우리의 견해」에서 대학과 언론의 타락을 다음과 같이 지적했다.

"오늘날 대학 캠퍼스에서 학생들에게 진실을 가르쳐야 할 교수들은 술을 사먹이는 등 사도와는 거리가 먼 갖가지 행동을 할 수밖에 없게 되었으며, 수많은 학우들을 감옥 안으로 또는 학교 밖으로 빼앗긴 학생들은 대학가요제다, 호국단간부 해외여행이다 하여 마멸을 강요당하고 있다. …… 오늘의 한국 언론은 현 체제의 목소리를 확성하는 일에나 급급할 뿐 불길한 경제위기 징조와 더불어 유례없는 물가고에 시달리는 서민대중이나 억압당하는 민중의 신음 소리는 아예 외면하고 있다. 이제 제도언론은 공범자의 위치에서 능동적인 억압자의 자세로 탈바꿈했다."

야당인 신민당도 가세했다. 신민당 총재 김영삼은 1979년 6월 11일 외신기자클럽 초청연설에서 "우리는 카터 미 대통령을 환영하나 그의 방한이 특정 정권을 도와주는 데에 그치는 결과를 가져오면 우리 국민은 크게 실망할 것이다"라고 말했다.

박정희와 카터의 갈등

1979년 6월 29일 미국 대통령 지미 카터는 2박 3일 일정으로 한국을 방문했다. 동경에서 열린 선진 7개국 정상회담을 마치고 내한한 것이었다. 그러나 6월 30일과 7월 1일 두 차례에 걸쳐 청와대에서 열린 한미 정상회담은 국제관계에서 그 유례를 찾기 어려울 정도로 최악의 것이었다. 회담 진행 방식은 사전협의가 돼 있었지만, 박정희는 그것을 무시하고 혼자 일방적으로 주한미군 철수에 반대하는 자신의 견해를 40여 분간이나 장황하게 설명했다. 이에 대해 카터는 어떻게 대응했을까? 정진석(1999)은 다음과 같이 말한다.

"박 대통령의 발언 중 카터 대통령은 옆에 있던 해럴드 브라운 장관에게 웃으며 귀엣말을 건네는가 하면, 지루하다는 기색을 여러 번 비추며 메모지에다 만화 등을 그리기도 했다. 그럼에도 박 대통령의 '훈시'는 그칠 줄 몰랐다. 박 대통령이 약속을 깨고 철군 문제를 들먹이자 다음 날 2차 회담에서는 미국 측이 한국의 인권문제를 거론하며 구속 중인 정치범의 석방을 요구했다. 카터는 준비해둔 100명의 정치범 구속자 명단까지 내밀면서 밴스 국무장관에게 이를 발표토록 했다. 박 대통령의 자존심이 여지없이 구겨졌음은 물론이다. 박 대통령은 이에 대해 '한국에는 한국식의 인권이 있다'며 카터의 구속자 석방 요구를 '지나친 내정간섭'이라고 몰아붙였다. 박·카터 회담은 결국 참담하게 막을 내렸다."

밴스는 후일 자신의 회고록에서 당시 회담에 대해 다음과 같이 말

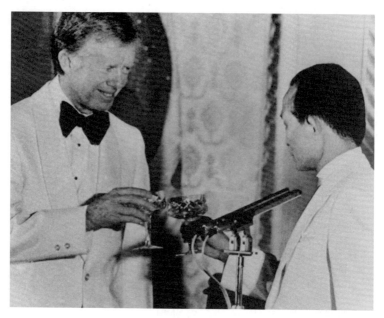
한국을 방문해 박 대통령을 만나고 있는 카터 대통령. 두 차례에 걸쳐 청와대에서 열린 한미 정상회담은 국제 관계에서 그 유례를 찾기 어려울 정도로 최악의 분위기였다.

했다.

"우리가 사전에 주의를 주었는데도 박 대통령이 회담 첫머리부터 45분 동안 주한미군 철수가 초래할 위험성에 대해 언급하자 분위기는 걷잡을 수 없이 가라앉았다. 카터 대통령 바로 옆자리에 앉아 있던 나는 대통령이 울화를 참고 있는 모습을 뻔히 보고 있었으나 내버려둘 수밖에 다른 방도가 없었다. 확대 및 단독회담이 모두 끝난 뒤 카터 대통령은 너무도 흥분한 나머지 박 대통령에게 들은 얘기나 자신의 생각을 나에게 정확히 전달하지 못할 정도였다." (정진석 1999)

그러나 『워싱턴포스트』의 한국 특파원을 지낸 돈 오버도퍼 (Oberdorfer 2002)의 책은 카터 행정부 내부 갈등에 더 무게를 두고 있다. 오버도퍼는 박정희의 45분 연설을 듣는 동안 카터가 메모를 한 건 배석한 국방장관 브라운에게 "만일 박정희가 계속 이런 식으로 나온 다면 한국에서 미군을 전원 철수하고 말겠소"라는 내용이었다며, 다음과 같이 말한다.

"박 대통령과의 대담을 마친 카터는 밴스·브라운·브레진스키· 글라이스틴을 대동하고 미국대사관저로 향했다. 리무진 안에서 카터는 분기탱천한 어조로 박 대통령을 비난하면서 어떠한 반대의견을 무릅쓰고라도 주한미군 철수를 강행할 것이라고 말했다. 또한 그는 보좌관들이 '철군론' 무산을 위해 자신을 함정에 빠뜨렸다고 질타했다."

그럼에도 불구하고 주한 미 대사 글라이스틴은 철군을 반대하는 의견을 내놓았고 밴스와 브라운은 글라이스틴을 두둔했다는 것이다. 그래서 희한한 일이 벌어졌다. "카터 행정부의 최고위급 정책 결정자들이 대통령 전용차를 미국대사관저 현관 앞에 세워놓고 약 10여 분 이상 열띤 논쟁을 벌인 것이다." '4(철군반대)대 1(철군찬성)'의 논쟁이었다. 글라이스틴의 회고에 따르면, 카터는 "내 행정부의 안보담당 핵심 각료들이 나의 중요한 정책 공약인 철군정책에 그같이 반대하니 나는 참으로 불행한 대통령"이라고 한탄했다고 한다.(Oberdorfer 2002, 이동복 2001)

주한미군 철수 시한부 중지 발표

사실 주한미군 철수 문제에 관한 한 카터는 자신의 전 행정부 내에서 고립되어 있었다. 오버도퍼(Oberdorfer 2002)에 따르면 "1979년 1월 말에 이르자 주한미군 철수 강행을 주장하는 사람은 전체 행정부 중에서 오직 카터 한 사람뿐이었다. 카터 자신도 한반도 문제와 다른 모든 정책 문제에 대해 자신의 견해를 지지하는 세력이 급격하게 감소하고 있다는 사실을 깨닫고 있었다."

카터 행정부는 이미 2월 9일 "주한미군 철수를 잠정 보류한다"는 발표를 했기 때문에, 이번 방한을 계기로 어떤 결정이건 내려야만 했다. 결국 카터는 대통령 전용차에서 이루어진 참모들과의 논쟁에서 주한미군 철수계획 재고에 조건부로 동의했다. 첫째는 남한 군사력의 증강이고 둘째는 반정부인사 석방 등 인권 개선 조치였다. 박정희는 그 안을 받아들여 87명의 반정부 인사를 석방하기로 합의했다. 카터는 다소 누그러진 마음으로 서울을 떠날 수 있었다.

다시 오버도퍼(Oberdorfer 2002)에 따르면 "공항으로 향하는 리무진 안에서 독실한 기독교 신자인 카터는 이전의 적대적인 태도와는 달리 박 대통령에게 종교가 있느냐고 물으며 친근한 모습을 보였다. 이에 박 대통령이 없다고 답하자 카터는 '각하께서 예수 그리스도를 만나게 되기를 바란다'고 말했다. 그는 미국에서 교육을 받은 침례교 목사이자 '한국의 빌리 그레이엄'으로 불리는 김장환(미국명 Billy Kim) 목사를 보내 '우리의 신앙에 관해 알려드리고 싶다'고 말했다. 박 대통령은 김장환 목사를 환영할 것이라고 화답했고 실제로 얼마 후 그 약속을 지켰다. 그로부터 3주 뒤인 7월 20일 브레진스키는 백악관에서 '남북한 사이의 군사적 균형이 회복되고 뚜렷한 긴장 완화의 조짐이 발견될 때까지 주한미군 전투부대의 추가 철수를 1981년까지 연기한다'고 발표했다."

카터의 전도행위는 인권외교에 냉소적이었던 미국 언론에게 후일 비웃음의 대상이 되곤 했다. 예컨대 『뉴욕타임스』 1979년 8월 7일자는 "카터가 서울에서 박정희에게 할 수 있었던 것은 불교신자인 그를 기독교에 귀의하도록 권함으로써 정교분리 원칙을 어긴 것이 고작이었다"고 썼다.

카터와 절친한 관계였던 목사 김장환(2002)은 카터 방문 시 자신이 카터를 만나 다음과 같이 요청했다고 밝히고 있다. "박정희 대통령에게 예수를 전해주세요. 예전에 만나서 기도해 드린 적이 있는데 기독교에 호감이 있으니 전도하면 좋은 성과를 얻을 겁니다."

결국 주한미군 철수 문제를 둘러싼 카터와 박정희 사이의 갈등은 7월 20일 카터 행정부의 시한부 중지 발표로 일단락을 맺게 되었다. 이흥환(2000)은 1998년에 비밀 해제된 카터 행정부의 비밀 문건을 근거로 다음과 같이 말한다.

"1977년 1월에 시작되어 2년 6개월 동안 우여곡절을 겪은 끝에 카터의 주한미군 철군 계획은 실제로 1개 전투대대 674명만을 철수하는 것으로 마무리 지어졌다. 이 1개 대대의 전투 병력을 포함해 카터 행정부 때 한반도에서 빠져나간 주한미군 병력은 3000명이다. 대신 12대 이상의 F-4 전투기와 전투기 요원을 포함해 총 900명이 한국에 재배치되었고, 그때 이후 주한미군의 규모는 3만 7000명으로 남게 된다. 남한에 배치되어 있던 700기의 핵탄두는 250기로 줄었고, 군산 공군기지에 집중적으로 재배치되었다."

박정희 체제의 종언

카터가 방한해 '인권'과 '양심수'를 말할 때 박정희는 "한국에 그런 문제는 없다"고 단언했다. 그는 미국의 인권정책으로 비판을 받을 때마다 "굶어 죽는 사람한테 인권은 무슨…… 백성이 굶지 않게 하는 것이 최고의 인권정책이야"라고 외치곤 했다.(중앙일보 특별취재팀 1998) 어떤 일관성이 있는 것도 아니었다. 박정희는 인권 문제를 '공작 정치'의 차원에서 접근했기 때문에 인권에 대한 배려를 늘 그때그때 정치적 상황에 따라 도구적으로 이용하려고 들었다.

박 정권은 7월 17일 제헌절을 맞아 박형규, 양성우, 송기숙 등 86명의 긴급조치 위반자들을 출감시켰다. 7월 20일엔 제102회 임시국회가 열렸고, 7월 23일 김영삼의 대정부 질의도 부드럽게 넘어가는 등 제법 분위기가 괜찮았다. 그러나 곧 김영삼의 질의 내용을 호외에 실은 신민당 기관지 『민주전선』의 주간 문부식이 긴급조치 9호 위반으로 구속되고 신문이 압수당하는 사태가 벌어졌다. 무언가 심상치 않은 조짐이었다. 이후 벌어질 큰 사건들을 예고하는 것만 같았다. 이동원(1992)은 카터와의 회담으로 미군철수 문제가 일단락되면서 '어깨에 잔뜩 힘이 들어간 박 대통령의 착각'이 국내 정치에서 무리수를 두게 만들었고 결국 박정희의 죽음을 불러온 10·26 사건을 유발했다고 말한다.

부산과 마산에서 '10·16 민주항쟁'이 일어난 지 열흘 후인 1979년 10월 26일 오후 6시 서울 종로구 궁정동 중앙정보부 안가에선 박정희, 비서실장 김계원, 중앙정부부장 김재규, 경호실장 차지철(1934~1979)과 두 명의 여자(가수와 모델)가 참여한 만찬이 열렸다. 만찬이 무르익은 어느 시점에서 박정희가 말했다. "브라운 장관이 오기 전에 김영삼이를 구속 기소하라고 했는데, 유혁인(정무 제1수석비서관)이가 말려서

부마민주항쟁은 1979년 10월 16~20일, 부산과 마산의 시민들이 4·19혁명 이후 최대 규모로 일으킨 반독재 민주항쟁이다. 이의 대처를 두고 유신정부는 내부 분열을 일으켰고, 박 대통령이 암살되면서 유신체제는 막을 내렸다.

그냥 두었더니 역시 좋지가 않아. 국방장관회의고 뭐고 볼 것 없이 법대로 하는데 뭐가 문제될 게 있어? 미국 놈들은 법을 어겨도 처벌 안하나?"(천금성 1988)

차지철은 '신민당 놈들'이 나오면 '전차로 싹 깔아 뭉개겠다'고 큰소리쳤다. 이에 김재규는 "각하! 이 따위 버러지 같은 놈을 데리고 정치를 하니 올바로 되겠습니까?"라고 말하면서 권총을 꺼내 차지철을 쏘고 이어 박정희를 쏘았다. 김재규의 박정희 살해 동기에 대해선 설이 분분하나, 권력은 김재규가 아니라 전두환이 주도한 신군부에 돌아갔다.

괜히 해본 말인지 아닌지 알 수는 없으나 "내 뒤에 미국이 있다"는 주장 그리고 미국과의 친밀한 관계가 밝혀짐으로 인해 그에 관한 온 갖 추측이 난무하기도 했다. 후일 『CIA 박정희 암살공작』(1996)이라는 책이 나올 정도로 미국의 역할을 의심하는 시각은 일부 사람들에게나 마 여전히 살아 있다. 진실이 무엇이건, 그간 '팍스 아메리카나' 가 세 계 각국의 많은 사람들에게 미국의 전지전능에 대한 과도한 믿음을 심어준 건 분명하다.

참고문헌 Oberdorfer 2002, Sellars 2003, Shweder 2001, 기호열 1996, 김장환 2002, 신기섭 1998, 이동복 2001, 이동원 1992, 이흥환 2000, 정진석 1999, 중앙일보 특별취재팀 1998, 천금성 1988, 한국기독교교회협의회 인권위원회 1987, 한용원 1993

'미국의 치욕'
이란 인질 사태

"국왕을 죽여라! 카터를 죽여라!"

지미 카터 대통령은 1978년 9월 이집트 대통령 안와르 사다트(Anwar Sadat, 1918~1981)와 이스라엘 수상 메너햄 베긴(Menachem Begin, 1913~1992)을 워싱턴 근교에 있는 대통령 별장 캠프 데이비드로 초청했다. 9월 5일에 시작해 17일에 끝난 끈질긴 협상 과정을 주도한 카터는 두 나라 사이의 31년간의 전쟁을 종결하는 평화조약을 이끌어냄으로써 두 사람에게 노벨평화상을 쥐어주었다. 카터 행정부는 1979년 1월 중화인민공화국을 인정하고 중국과의 완전한 외교관계를 구축했다. 또 닉슨 행정부 때 시작된 미·소 간 전략무기제한협정(SALT; Strategic Arms Limitations Talks)은 포드 행정부 때 거의 성사 단계에 이르러 1979년 6월 비엔나에서 지미 카터와 레오니트 브레즈네프(Leonid I. Brezhnev, 1906~1982)가 정식으로 조인했다. 2차 전략무기제한협정(Strategic Arms Limitations Talks II)이라 해서 SALT II로 불린다.

카터는 이렇듯 꽤 괜찮은 업적을 이루었지만, 그런 업적이 무슨 소용이랴. 1979년 11월 4일 오늘날까지도 '미국의 치욕'으로 간주되는 이란 인질 사태가 벌어졌으니 말이다. 이 사태의 기원은 아이젠하워 행정부 시대로 거슬러 올라간다.

모하마드 리자 샤 팔레비(Mohammad Rezā Shāh Pahlavi, 1919~1980)는 1920년대 무력으로 왕위를 찬탈했던 아버지의 뒤를 이어 1941년 권좌에 올랐지만, 1951년 민족주의자 모하마드 모사데그(Mohammad Mosaddegh, 1882~1967)의 집권으로 외국 망명길에 올랐다. 모사데그가 영국의 석유 독점에 도전하는 등 민족주의 성향을 보이자, 이를 위험하게 본 아이젠하워 행정부는 1954년 모사데그 정부를 전복하고 팔레비를 다시 왕위에 앉혔다.(박인숙 1998)

이후 미국과 이란의 밀월관계가 시작되었다. 1977년 말 테헤란(Teheran)을 방문한 지미 카터는 팔레비에게 "이란을 '안정 지역'으로 만들고 국민이 당신을 존경하고 사랑'하게 만드는 데에 협력하겠다"고 말했다. 이는 평소 카터가 내세운 인권정책과도 맞지 않고 당시 이란 민심을 몰라도 너무 모르는 처사였다.

아니나 다를까, 1978년 팔레비 정부는 아야톨라 루홀라 호메이니(Ayatollah Ruhollah Khomeini, 1900~1989)가 이끄는 이슬람 근본주의 혁명주의자들에 의해 전복되었다. 팔레비는 자기 예하의 장성들도 수용 가능한 민간정부를 구성한 후 1979년 1월 16일 이집트로 망명했다. 그러나 호메이니는 새로 구성된 정권을 인정하지 않고 자신이 직접 권력을 잡았다.

이제 어느 곳에서도 환영받을 수 없게 된 팔레비는 이집트를 거쳐

호메이니는 최고종교지도자로서 법률, 종교 등 모든 분야에서 최종권한을 차지했다. 그에 힘입어 시아파 성직자들은 시민의 자유를 억누르고 반정부세력을 탄압했다. © Sa.vakilian, Mrostam

모로코, 바하마, 멕시코 등지로 전전했다. 카터 행정부는 1979년 10월 팔레비를 받아들이지 않을 경우 그가 병으로 죽게 될 것이라는 사실을 알고 그를 미국으로 초청했다. 테헤란 주재 미국대사관 측은 "만약 미국이 팔레비를 받아들인다면 이란 내 미국인들에게 심각한 화가 미칠 것이다"라고 경고했지만, 이 경고는 받아들여지지 않았다. 팔레비는 10월 22일 뉴욕에 도착했고, 이란인들은 미국의 이런 조치에 격분했다.

1979년 11월 4일 500여 명의 이란 대학생들이 테헤란의 미국대사관 앞에서 시위를 벌였다. 과격한 이슬람 학생들로 구성된 시위대는 "국왕을 죽여라! 카터를 죽여라! 미국을 죽여라!"는 구호를 외쳤다. 이들은 호메이니가 '스파이들의 소굴'이라고 매도했던 대사관 정문의 쇠줄을 절단기로 자르고 담장을 허문 뒤 난입해 90명의 외교관을 붙잡

(위)인질사건 후 미 대사관 벽에 그려진 반미 선전. ⓒ Phillip Maiwald
(아래)미국을 규탄하는 이란 시위군중.

고 인질극을 벌였다. 이들은 팔레비의 송환을 요구했다. 누군가는 "우리가 베트남인들을 대신해 복수해주겠다"고 외치기도 했다. 한 학생은 인질들을 향해 25년 전 쿠데타를 거론하며 "우리의 조국에서 CIA가 그러한 일을 해서는 안 된다는 것을 가르칠 것이다"라고 소리쳤다. 인질 가운데 여성과 흑인 등은 순차적으로 풀려났지만 52명은 이후 444일이나 억류된다.(권오신 1998)

소련의 아프가니스탄 침략과 올림픽 보이콧

이러한 사건이 벌어지던 1979년 12월 27일 소련이 아프가니스탄을 전격 침략했다. 1978년 수립된 공산정권이 이슬람 세력의 무장봉기에 따라 궁지에 몰리자 소련의 개입을 요청한 것이다. 자신의 재선 전망을 어둡게 만들 사건이 잇달아 터지자 카터는 강경 대응의 자세를 취했다. 그는 1980년 1월 23일 연두교서(State of the Union Address)에서 "페르시아만을 장악하려는 외부의 어떤 시도도 미국의 사활적 이익에 대한 공격으로 간주할 것이며, 미국은 군사력을 포함한 모든 수단을 동원해서 이를 격퇴할 것"이라고 선언했다. 이른바 '카터 독트린'이다.(권용립 2010)

카터 행정부는 소련이 아프가니스탄에서 철수하지 않으면 모스크바올림픽에 불참할 것이라고 최후통첩을 내렸다. 하지만 소련은 요지부동이었다. 최후 시한인 1980년 2월 20일이 되자 카터 대통령은 올림픽 불참을 공식 선언했다. 베트남에서, 이란에서 곤혹을 치른 미국으로서는 가장 손쉽고도 파급 효과가 큰 올림픽 보이콧 운동을 무기로 내민 것이다.

하지만 모든 우방국들이 보이콧 운동에 동참하리라는 카터 행정부의 정책은 실패작으로 끝났다. 영국 정부는 미국의 보이콧 운동에 적극 동조하려 했지만, 영국올림픽위원회(BOA)는 "정치와 스포츠는 분리돼야 한다"며 정부 방침에 반기를 들었다. 대처 총리가 군인 선수들의 대회 참가를 금지하는 등 갖가지 제재 조치로 BOA를 압박했다. 하지만 올림픽 정신을 내세운 BOA의 뜻을 막지는 못했다. 이밖에도 프랑스·이탈리아·덴마크·호주 등이 선수단을 보냈다. 결국 모스크바올림픽은 국제올림픽위원회(IOC) 147개 회원국 가운데 80개국만이 참가한 가운데 열렸다. 미국으로서는 우방의 전폭적인 지지도, 아프가니스탄에서의 소련군 철수도 이끌어내지 못했던 것이다.

올림픽을 위해 4년간 피와 땀을 바친 운동선수들은 어쩌란 말인가? 이기환(2009a)은 "이런 정치놀음에 피눈물을 흘린 이들은 물론 선수들이었다"며 이렇게 말한다. "미국의 서슬에 아무런 힘없이 올림픽에 불참한 한국 선수 가운데 최대 희생양은 양궁 스타 김진호. 그는 1979년 세계양궁선수권대회를 싹쓸이했고, 올림픽 금메달을 예약했지만 올림픽 불참에 눈물을 뿌리고 말았다. 4년 뒤 로스앤젤레스올림픽에 출전했지만, 서향순에게 여왕의 자리를 내주고 말았다. 아프리카 콩고까지 머나먼 원정길에 올라 아시아·아프리카·아메리카 대륙에 배당된 한 장의 티켓을 따낸 여자 핸드볼 선수들도 좌절감을 맛봤다. 돌이켜보면 아이들 장난 같은 소련의 복수가 4년 뒤 벌어진다. 로스앤젤레스올림픽 성화주자가 뉴욕시청을 통과한 1984년 5월 8일, 소련은 올림픽 공식 불참을 선언해 축제 분위기에 찬물을 끼얹었다. 스포츠 강국인 동독·불가리아 등 14개국이 소련의 뒤를 따른다."

소련군에 맞선 이슬람 반군인 무자헤딘. 아프간은 이전에도 페르시아, 마케도니아, 몽골제국, 무굴제국, 대영제국 등에 맞서면서 한 번도 순순히 지배당하지 않았다. 아프간이 '제국의 무덤'이라는 말을 듣는 까닭도 이것이다. ⓒ Erwin Lux

    소련의 아프가니스탄에서 발목이 잡히고 말았다. 무자비한 공격을 감행했지만 미국과 중국으로부터 군수물자를 공급받는데다 파키스탄으로부터도 막강한 지원을 받고 있던 게릴라 부대를 소탕할 수가 없었다. 1980년대 중반부터는 미 공수부대가 잠입해 반군에게 소련 헬기를 격추하는 견착식 스팅어 마사일 사용법까지 훈련시켰으니, 소련으로선 감당하기 어려운 전쟁이었다.(Cohen 2008)

    소련은 1989년 2월 1만 5000명의 전사자를 낸 후 사실상 아프가니스탄에서 완전히 쫓겨날 때까지 10년 여를 아프가니스탄에서 국력을 탕진하는데, 브레진스키는 이에 큰 의미를 부여한다. 그는 1979년 소련이 아프가니스탄 국경을 넘자마자 카터 대통령에게 "이제 소련에 우리가 겪었던 베트남전쟁을 선사한 것이나 마찬가지입니다"라고 보고했다. 그는 훗날 소련의 아프가니스탄 점령은 "소련에 대한 도덕적 비난과 함께 마침내는 소련의 붕괴를 초래"했다고 주장했다.(Cooley 2001)

결국 아프가니스탄은 '소련의 베트남'이었던 셈인데, 이것이 미국인들에게 똑같은 무게로 인식된 건 아니었다. 노엄 촘스키(Noam A. Chomsky 2002)는 "'미국이 남베트남을 보호한 것이 올바른 선택이었는가'라는 주제로 미국이나 유럽에서 토론회가 열린다면, 미국이 남베트남을 보호했다는 전제에서 출발합니다"라면서 다음과 같이 말한다.

"하지만 '러시아가 아프가니스탄을 보호한 것이 올바른 선택이었는가'라는 주제로 토론회를 연다면 주제 자체가 잘못 선정된 것이라고 항의합니다. 달리 말하면 러시아는 아프가니스탄을 보호한 것이 아니라 공격했다는 것입니다. 미국도 침략자였습니다. 하지만 문제를 그런 식으로 제기하는 것은 금지되어 있습니다. 남베트남 국민의 뜻을 무시하고 남베트남을 보호한 것이 올바른 선택이었냐는 식의 토론만이 가능할 뿐입니다. 나는 40년 동안 미국 언론의 보도방향을 유심히 살펴보았습니다. 케네디가 남베트남을 공격했다고 지적한 언론보도는 단 한 건밖에 없었습니다."

인질 석방 음모론

이란 인질사건은 사건 발생 5개월간 아무런 진전을 보지 못하고 있었다. 1980년 4월 7일 테헤란 측이 더 이상 비밀교섭 내지 협상에 응하지 않음에 따라 미국과 이란의 관계는 단절됐다. 4일 후 카터는 국무장관 사이러스 밴스의 강력 반대에도 합동참모부에 인질의 구출작전을 지시했다. 자신의 반대가 받아들여지지 않자 밴스는 국무장관직을 사임했는데, 그는 사사건건 강한 반소 성향의 냉전파인 국가안보회의 보좌관 브레진스키와 충돌을 빚곤 했다. 두 사람은 성격적으로도 대립했다. 밴스가 '심사숙고파'라면 브레진스키는 '행동파'였다. 카터는 두 사람의 차이를 자신이 중재함으로써 조화를 기대했지만, 늘 브레진스키 편을 들어 조화는커녕 오히려 일을 더 망치고 말았다.(권오신 1998)

1980년 4월 24일 여덟 대의 대형 헬리콥터가 아라비아해에 정박하고 있던 초대형 항공모함 니미츠호(USS Nimitz)의 갑판에서 이륙했고, 같은 시각에 C-130 수송기가 이집트의 한 기지를 떠났다. 둘 다 이란 사막의 랑데부 지점을 향해 비행했다. 그러나 예기치 못했던 먼지구름 때문에 헬리콥터가 비행하기 어려웠고, 여덟 대 중 두 대는 이란에 도착하기도 전에 기계 고장을 일으켰으며, 엎친 데 덮친 격으로 헬리콥터 한 대와 C-130 한 대가 충돌하여 여덟 명의 대원이 사망했다. 이란 사막에서 미국인 여덟 명이 죽는 것으로 엉성하게 끝난 구조 계획은 1980년 대선에서 카터에게 치명타가 되었다.

어떤 이들은 자신들의 자동차 범퍼에 "핵무기로 호메이니를 공격하자"는 스티커를 붙이기도 했지만, 민심의 분노는 카터를 향하고 있었다. 대선 패배 후 카터의 보좌관 해밀턴 조던(Hamilton Jordan 1981)은 이란에 억류된 미국 인질을 구하기 위해 특파된 특공대의 헬리콥터가 이란 사막에서 고장만 나지 않았더라도 카터는 이길 수 있었다

(위)워싱턴 D.C.에서 "이란인을 추방하라, 내 나라에서 나가라"고 쓴 피켓을 들고 시위 중인 학생.
(아래)같은 장소에서 친호메이니 이란인 시위대를 향해 분노하는 남자.

고 원통해했다. 헬리콥터 고장은 레이건을 지지하는 미 CIA의 농간일지도 모른다는 유언비어가 일부 미국인들 사이에서 떠돌았다. 그러나 한 인질은 훗날 "사막의 모래 폭풍 때문에 그래도 우리가 살아남을 수 있었다"고 말했다.(권오신 1998) 인질 구출작전은 선거 국면에서 국내에 뭔가 보여주려고 했던 성격이 강했기 때문에 실패로 돌아갔다는 분석도 나왔다.(Halliday 1980)

이란 인질사건은 엉뚱하게도 다른 일련의 사건으로 해결의 실마리를 찾게 되었다. 팔레비가 1980년 7월 이집트에서 사망한데다 호메이니가 이끄는 회교 성직자들이 의회 장악에 성공함으로써 이제 더 이상의 정치적 목적으로 인질극을 연장할 필요가 사라졌다. 9월 들어 이란-이라크 전쟁이 터진 것도 인질사건 해결에 도움이 되었다.

인질은 1981년 1월 21일 레이건의 대통령 취임 직후 444일 만에 석방되었다. 카터 행정부의 고위관료였던 개리 시크(Gary G. Sick)는 훗날 레이건 선거본부의 책임자였던 윌리엄 케이시(William J. Casey, 1913~1987)가 이란 측 관리들에게 선거 때까지는 인질들을 석방하지 말아달라는 협상을 비밀리에 진행했을지도 모른다고 주장했다. 이 음모론은 1986년 11월 미국이 이란에 탱크와 전투기의 부품 및 탄약을 비밀리에 판매했다는 이른바 '이란-콘트라 게이트 사건(Iran-Contra affair)'과 1988년 9월 리처드 브레닉 사건 때, 좀 더 구체적인 모습을 띄게 된다.

리처드 브레닉 사건

리처드 브레닉(Richard Brenik) 이야기를 미리 해보자. '이란-콘트라

게이트 사건' (12권 3장)이 터지자 "이란은 선거 기간 중인 1980년 10월 인질들을 석방하기로 되어 있었는데 윌리엄 케이시와 리처드 앨런 (Richard V. Allen)을 중심으로 한 레이건의 정보 및 군사통들이 이란에 무기를 공급할 것을 조건으로 하여, 카터에게 승리를 가져다줄지도 모를 인질석방을 대통령선거가 끝난 후로 연기하는 데에 성공했다" 는 가설이 제시되었다. 이란의 호메이니를 어떻게 믿고 그런 무모한 음모를 벌일 수 있었겠는가 하는 점 때문에 이 가설은 신빙성이 약하다고 평가되었지만, 소문은 계속 소문을 낳고 있었다.(Corn & Morley 1987)

1988년 9월 23일 콜로라도(Colorado) 주 덴버(Denver)의 연방지방재판소에서 놀라운 증언이 터져나왔다. 증언대에 선 리처드 브레닉은 무기 매매와 돈 세탁 전문가로 18년간 CIA에서 일했던 공작원이었다. 그는 동료 공작원으로 파일럿이었던 하인리히 러프(Heinrich Ruff)가 대선 직전인 1980년 10월 19일 CIA의 지시로 조지 H. W. 부시 부통령 후보와 윌리엄 케이시 등을 특별기로 파리에 실어다주었다가 부시를 24시간 안에 다시 미국으로 데리고 들어왔다고 증언했다. 그 목적은 10월 19일에서 20일까지 파리에서 열린 레이건 측과 이란 혁명정부 측의 인질 석방을 위한 비밀회담에 부시를 출석시키기 위한 것이었다는 것이다.

브레닉은 일련의 회담에 참여한 미국 측은 당시 카터 행정부의 국가안전보장담당 CIA 스태프인 도널드 그레그(Donald P. Gregg)였으며, 마지막 회담에는 부시와 케이시가 가세했다고 말했다. 브레닉은 자신도 CIA의 지령으로 마지막 날 회담에 참관자로 있었으며, 여기에서

4000만 달러 상당의 무기와 부품의 교환 조건으로 인질 전원을 레이건의 대통령 취임 후에 석방한다는 합의가 이루어졌다고 말했다. 증언 동기에 대해 브레닉은 "정부는 피고 러프가 움켜쥐고 있는 비밀이 드러나는 것을 두려워한 나머지 그를 다른 건(은행 사기죄)으로 체포한 것이다. 그것을 용납할 수 없었다"고 말했다.

이 폭로 증언은 엄청난 반향을 불러일으켰다. 레이건 측은 1989년 5월 12일 브레닉을 위증죄로 기소했고, 이에 따라 1990년 4월부터 재판이 시작되었다. 한국에서 급히 귀국한 주한 미국 대사 그레그는 문제의 10월 18일(토)과 19일(일)은 아내와 딸 셋이서 미국 동해안 델라웨어에 있는 별장에서 지냈다며, 그때 찍었다는 스냅 사진을 증거로 신청했다. 브레닉의 변호사 마이클 스콧(Michael Scott)은 현지의 기상 전문가에게 사진 감정을 의뢰한 결과 "당시의 기상기록과 사진의 배경 그림이 일치하지 않는다. 다른 시기에 촬영되었을 가능성이 있다"는 증언을 받아냈다.

부시에 대해서는 당시 비밀경호원이었던 두 사람이 "선거 전 몇 주 동안 나라를 떠난 적이 없다"고 주장했지만 변호사 측의 반대심문에선 "그동안 항상 부시와 함께 있었던 것은 아니다"라며 한발 후퇴했다. 비밀경호 기록상으로 부시는 18일 오후 9시 25분부터 19일 오후 8시까지 22시간이 공백상태인 것으로 밝혀졌다. 1990년 5월 4일 배심원은 5시간에 걸친 격렬한 토의 끝에 전원일치로 브레닉의 '무죄 평결'을 선언했다.(요미우리 1996) 브레닉 문제는 그렇다 치더라도, 레이건 측의 음모는 어찌 해야 하는가? 여전히 조사 중이라는 보도가 나왔지만 답이 나올 리 없었다. 영원한 미제 사건으로 남겨놓는 게 '미국의 치욕'을 피하는 길이라고 생각한 건 아니었을까?

참고문헌 Chomsky 2002, Cohen 2008, Cooley 2001, Corn & Morley 1987, Davis 2004, Halliday 1980, Jordan 1981, Ridings & McIver 2000, Schoenbrun 1984, Schweizer 1998, 권오신 1998, 권용립 2010, 박인숙 1998, 요미우리 1996, 이기환 2009a, 이마가와 에이치 2003

제3장
반미주의와 로널드 레이건

한국 반미주의의 탄생
5·18 광주민주항쟁과 미국

전두환의 대미 공작

1979년 12·12 쿠데타로 권력을 장악한 전두환의 곁엔 전두환 못지않은 정치 감각을 지닌 '정치군인' 들이 포진하고 있었다. 그들은 1980년 1월 군 장성들의 대대적인 물갈이 이후에도 공사석에서 12·12 사태에 대해 비판적인 발언을 했던 장성들을 찾아내 내쫓거나 보직을 변경하는 식으로 군부를 정권 장악의 도구로 이용할 만반의 준비를 갖추었다. 그러나 미국과의 관계는 신군부의 뜻대로 풀리진 않았다. 12·12 쿠데타 직후 보안사에 잡혀가 조사를 받고 나왔던 한 예비역 장성의 말이다.

"내가 보안사에 붙잡혀 들어가자 집사람이 생각다 못해 전두환 장군의 부인 이순자 씨를 찾아갔다고 한다. 집사람은 이 씨와 아우 형님 하면서 잘 지내온 사이였다. 집사람이 '어떻게 남편을 살릴 수 없느냐' 고 사정을 하자 이 씨는 '우리 형편도 마찬가지다. 미국이 인정을

1979년 11월 계엄사 합동수사본부장 전두환. 그 같은 정치군인이 승진도 빠르고 여러 추종자를 거느릴 수 있었다는 점은 5 · 16 이후 한국 군부가 얼마나 정치화되었는지를 대변한다.

안 해줘 남편이 일이 실패했다고 졸도했다'고 말했다고 한다. 당시 전장군은 주한미군 사령관 존 위컴(John A. Wickham, Jr.)이 12 · 12 거사를 인정하지 않는다는 점을 어떤 인사를 통해 분명히 전해오자 크게 상심했다는 말을 나도 훗날 들은 적이 있다."(이계성 1993)

1980년 2월 14일 미8군 영내에서 전두환과 주한미군 사령관 존 위컴과의 만남이 이루어졌다. 위컴은 발을 책상 위에 걸쳐놓은 채 비스듬히 앉은 자세로 전두환을 맞으면서, 12 · 12 당시의 유혈 사태와 9사단의 병력 이동 문제를 따지는 등 전두환을 몰아붙였다. 그러나 2월 27일 위컴이 남한산성 육군 교도소에 수감 중인 정승화(1926~2002)의 54회 생일을 맞아 정승화의 집으로 '나라를 위해 최대의 헌신과 봉사를 하셨고 앞으로도 하시게 될 장군의 생일을 맞아 진심으로 축하를 보냅니다"라는 축하 카드와 생일선물을 보낸 것을 전두환이 일종의 '협박 카드'로 활용하면서 상황은 달라지기 시작했다.(오연호 1994a, 이계성 1993)

상대편의 약점을 잡아 활용하는 전두환의 대미 공작술은 주한 미대사 윌리엄 글라이스틴을 겨냥해서도 발휘되었는데, 글라이스틴에겐 "가정불화도 해결 못하면서 내정간섭이냐"는 말까지 했다. 전두환은 글라이스틴의 협조를 얻지 못하자, 미군의 고위 장성들에게 편지를 보내 자신이 워싱턴을 방문할 수 있게 협조를 요청하기도 했다.(Gleysteen 1999, 오연호 1994a)

또 손충무, 김재현, 이규환 등 재미 민간인들을 동원한 공작도 벌였는데, 이들의 활동에 대해 전두환의 동서인 김상구는 다음과 같이 증언한다. "『워싱턴포스트』나 『뉴욕타임스』 등에 신군부를 선전하는 영어 광고를 내고 미국 상하의원들에게 전두환 장군을 소개하는 영문편지를 보냈습니다. 미국의 정계·언론계 실력자들을 만나 신군부의 입장을 대변해주는 일도 했습니다."(오연호 1994a)

신군부는 심지어 미국 정계에 거액의 정치자금을 뿌리는 일도 마다하지 않았다. 손충무의 증언이다. "방미 협상의 미국 창구였던 리처드 앨런이 전두환 사령관으로부터 돈을 얻어 쓴 것으로 압니다. '정치자금'이라고 하긴 뭣하지만 내가 알기로는 전두환 사령관이 약 400만 달러를 미국에 보낸 것은 사실입니다. 보수 연구기관으로 널리 알려진 하버드대학 옌칭연구소에 100만 달러, 헤리티지 재단(Heritage Foundation)에 100만 달러를 보냈는데 명의는 모두 무역협회가 제공한 것으로 했지요. 또 재미교포 자녀들을 위한 장학기금을 100만 달러씩

두 차례에 걸쳐 냈습니다."(오연호 1994a)

5 · 18 광주민주항쟁

1980년 5월 17일 24시(5월 18일 0시)를 기해 신군부는 비상계엄을 전국
으로 확대했다. 계엄사 이름으로 발표된 포고령 10호에 의거해 18일
새벽부터 정치활동이 전면 중단되었고 정치 목적의 옥내외 집회 및
시위도 금지되었다. 그리고 대학에는 휴교령이 내려졌다. 전국계엄이
발표된 지 얼마 되지 않은 18일 새벽 2시경 무장한 제33사단 병력이
국회를 점령해 사실상 헌정중단 사태가 발생했다.

또한 신군부는 후일 '김대중 내란음모사건'으로 알려진 사건의 조
작을 위해 김대중(1924~2009)을 비롯한 37명을 내란음모 혐의로 체포
했다. 계엄사의 발표문은 "김대중은 해방 직후부터 좌익활동에 가담
한 열성 공산주의자였으며 해외에서 북괴의 노선에 동조하는 반국가
단체인 '한민통(한국 민주회복 통일 촉진국민회의)'을 만들었으며 이들
불순분자들과 근래에도 접촉해왔다"고 주장했다.

계엄령 선포 후 세상은 쥐 죽은 듯 조용해졌지만 광주에서는 시위
가 계속되고 있었다. 이후 광주에선 차마 필설로 다하기 힘든 '인간
사냥'이 신군부에 의해 자행되었다. 5 · 18 광주민주항쟁이다. 신군부
의 '인간 사냥'에 대한 저항에 나선 광주 시민들은 이런저런 경로를
통해 미국이 중재에 나서줄 것을 간절히 호소했다. 그러나 미국은 광
주 시민들의 애절한 호소를 공식통로를 통해 접수된 요청이 아니라는
이유로 거부했다.

5월 27일, 미국은 "우리는 한 주요한 도시에서 전체적인 무질서와

황지우는 〈끔찍한 모더니티〉에서 회고했다. "1980년 5월, 광주의 참상은 계엄사의 보도과제로 일체 알려지지 않았습니다. 다만 공수부대가 '여학생 유방을 도려내고 임산부의 배를 갈랐다'는 오열의 악성 유언비어에 현혹되지 말라'는 계엄당국의 역선전 속에서 그 참상의 실재성을 유추할 따름이었습니다. 아, 너무나 원시적인 이 해부학적 비극이 우리의 '현대'였던 것입니다."

혼란상태가 무한정 계속되는 것이 허용될 수 없음을 인식하고 있다"
는 성명을 발표함으로써 미국이 사실상 신군부의 편에 서 있다는 점
을 분명히 했다.(박미경 1990) 한국에서 본격적인 반미주의가 태동하
게 된 첫 번째 사건이었다. 당시 광주에 있었던 미국 인류학자 린다 루
이스는 "미국 정부가 곧 적극적으로 개입할 것이라는(그리고 그래야 한
다는) 기대가 되풀이되었다"고 썼는데, 미국의 그런 성명에 많은 한국
인들이 강한 배신감을 느꼈으리라는 것은 짐작하기 어렵지 않다.
(Carpenter & Bandow 2007)

특히 1980년대 학번(이른바 386세대들)의 많은 대학생들에게 1980년
5월 광주가 전하는 의미는 실로 심대한 것이었다. 김진국·정창현
(2000)에 따르면 "1980년대를 산 청년학생은 광주의 아들이었다. 모든
사고의 기준점은 광주였다. 광주의 원흉 전두환과 조금이라도 타협하
는 사람과 생각은 용납되지 않았다. 전두환과 대립하면 할수록 그것
은 진리에 가까운 것으로 받아들여졌다. 물론 전두환의 배후로 낙인
찍힌 미국의 운명도 다를 바 없었다."

이와 관련해 미국 『워싱턴포스트』의 특파원 돈 오버도퍼(Don
Oberdorfer 2002)는 "남한에서는 미국이 군 병력을 동원한 광주 진압을
묵인 또는 사전 승인을 했다는 비난이 끊임없이 제기됐다"며 다음과
같이 말한다.

"5월 16일 계엄령이 선포되기 전 한국군 당국은 남한군 20사단 휘
하의 2개 부대를 한미 연합사령부의 작전통제권에서 제외하겠다는
방침을 사전 규정에 따라 연합사 측에 통보했다. 또한 한국군 당국은
광주를 재탈환하기 위해 20사단을 광주에 파병하기 전 위컴에게 이를

승인해달라고 요청했다. 그러나 당시 이 20사단은 이미 미군의 작전 통제권에서 벗어나 있었으므로 그런 승인은 불필요한 것이었다. 워싱턴 정가의 의사를 타진한 다음 위컴과 글라이스틴은 미군의 통제하에 놓였던 적이 없는 잔혹한 공수부대를 파견하느니 20사단을 파견하는 것이 보다 바람직하다는 결론을 내렸다. 전두환의 정치 선전기구들은 이 사실을 십분 활용해 미국이 광주항쟁의 무력 진압을 지지했다고 선전했다."

그러나 아직 의문점이 남아 있다. 이흥환(2002)에 따르면 "광주사태를 기록해놓은 미 국방부의 비밀문서들은 20년이 지난 지금까지도 비밀 분류에서 해제되지 않은 부분이 많다. 정보공개법에 따라 특정 시기, 특정 사건, 특정 부처 문서의 비밀 해제를 요청할 경우에도 광주사태 문건들은 여전히 엄밀한 비밀 해제 작업을 거쳐 검정 띠로 여기저기가 가려진 채 공개된다. 특히 광주사태 문건의 경우 펜타곤의 국방정보국(DIA) 자료는 앞뒤 문맥을 이어나갈 수 없을 만큼 '떡칠'이 되어 나온다. 광주 현장에서 첩보 활동을 했던 국방정보국 소속 보고자의 이름, 보고 날짜, 한국군 부대 이름은 물론, 국방정보국 내 접수처와 심지어 접수 날짜 및 시간조차 가려져 있는 경우가 흔하다."

한국인은 들쥐떼인가?

1980년 5월 31일 국가보위 비상대책위원회(국보위)라는 비상대책기구가 발족되었다. 전두환은 보안사령관과 중앙정보부장서리에 이어 국보위 상임위원장까지 차지했다. 국보위의 출범은 5공의 탄생을 알리는 전조였다. 국보위가 발족된 바로 그 날 미국 대통령 지미 카터는

CNN과의 인터뷰에서 다음과 같이 말했다.

"우리는 한국군과 민간 지도자들에게 가능한 한 조속히 완전한 민주정부를 수립하도록 촉구하고 있다. 그런 한편 우리가 주력하는 것은 한국의 안보다. …… 나는 지구상의 모든 나라가 민주화되기를 바란다. …… 그러나 우리는 우방과 친구, 교역 상대방과의 관계를 단절해 그들을 소련의 영향권에 넘길 수는 없다. 그리고 그들 정권이 우리의 인권 기준에 부합되지 않는다는 이유만으로 전복시킬 수도 없다." (Gleysteen 1999)

광주를 피로 물들이고 권력을 장악한 전두환은 1980년 8월 7일 스스로 육군 대장으로 진급했는데, 바로 다음 날 주한미군 사령관 존 위컴이 『로스앤젤레스타임스(Los Angeles Times)』의 샘 제임슨(Sam Jameson)과 AP통신의 테리 앤더슨(Terry A. Anderson) 기자와 한 인터뷰 내용은 많은 한국인들을 분노하게 했다.

위컴은 인터뷰에서 전두환이 곧 한국의 대통령이 될지도 모른다면서 "각계각층의 사람들이 마치 레밍(lemming; 나그네쥐) 떼처럼 그의 뒤에 줄을 서고 그를 추종하고 있다"고 말했다. 또 위컴은 만약 전두환이 합법적인 방법으로 정권을 장악해 국민적 지지기반이 있음을 증명하고 한반도의 안보상황을 유지할 수 있다면, 미국은 전두환의 대통령 취임을 지지할 것이라면서 "정치 자유화보다는 국가 안보와 내부 안정이 우선한다. 나는 한국인들이 내가 아는 대로의 민주주의를 실시할 준비가 돼 있는지 잘 모르겠다"고 말했다. 그는 "대다수의 한국인들은 기와집에 살면서 전기가 들어오고 직장이 있으며 밥상에 밥만 오른다면 아주 유순하고 복종적일 것이다"는 말도 했다.(Oberdorfer

2002, 김명섭 1999, 장을병 1986)

스칸디나비아반도에 사는 레밍은 그 수가 폭발적으로 늘면 떼 지어 바닷가 절벽으로 밀려가 뛰어내린 뒤 죽을 때까지 헤엄친다고 한다. 동물학자들은 개체 수 과잉 문제를 극단적으로 해결하는 레밍의 행태를 급격히 치열해진 생존 경쟁에서 종족 보전을 위해 일시적인 공황에 빠지기 때문이라고 설명한다. 레밍은 '들쥐' 로 번역되었는데 이 '들쥐' 라는 말이 한국인을 자극했다.

원래 이 인터뷰 기사는 위컴의 신분을 '고위급 미군장성' 이라고만 보도했지만, 전두환 덕분에 그 미군장성이 위컴이라는 사실이 널리 알려지게 되었다. 이에 대해 글라이스틴(Gleysteen 1999)은 다음과 같이 말한다.

"문제를 한층 복잡하게 만든 것은 전두환이 8월 8일 『뉴욕타임스』의 스콧-스톡스 기자와의 인터뷰에서 '미군 고위 관계자' 를 위컴이라고 밝혀 위컴 발언의 익명성을 제거한 점이다. 서울발 기사는 미국 언론에 크게 보도됐다. 그것이 한국 언론에 다시 보도되면서 기사내용은 뻔뻔스럽게 검열·왜곡돼 미국 정부가 전두환에 대해 무조건적인 지지를 보내는 것으로 둔갑해 물의를 더했다. 전두환은 환호했다. 위컴은 자신의 견해가 잘못 전해졌다는 사실에 분노하면서 당연히 워싱턴과 서울에서 일고 있는 파장에 가장 당황했다."

미 국무부는 위컴의 발언을 공식적으로는 부인했지만 그건 곧 미국 정부의 뜻이기도 했다. 위컴의 발언에 당시 미국 대통령 선거에 무소속으로 출마했던 존 앤더슨은 민주당 대통령후보로 나선 카터가 위컴의 발언을 시정하지 않고 있다고 비판했다. 그러나 카터 역시 "한국인들은 그들 스스로 판단하더라도 …… 민주주의를 할 준비가 되어 있지 않다"고 주장함으로써 미국이 전두환을 사실상 지지하고 있음을 내비쳤다.(Oberdorfer 2002, 김명섭 1999)

존 위컴의 항변

이런 상황에 자신감을 얻은 것이었을까? 1980년 9월 17일 1심 군사 재판은 이미 주어진 각본에 따라 김대중에게 사형을 구형했다. 재판이 끝난 후, 미 국무부는 공식적으로 김대중의 혐의는 "터무니없는 것"이라고 발표했다. 김대중의 목숨은 구하겠지만 신군부는 인정하겠다는 것, 이것이 미국의 정책이었다.

이로 인해 빚어진 일부 한국인들의 반미 정서에 대해 짜증을 내는 미국인들이 많다. 미국 케이토연구소의 연구원인 테드 카펜터와 더그 밴도(Carpenter & Bandow 2007)는 2004년에 출간한 『한국과 이혼하라 (The Korean Conundrum)』에서 "한국인들이 광주사태에 대해 미국을 공동 책임자로 비난하는 태도는 공정하지 못했다"며 다음과 같이 주장한다.

"사실 위컴은 시위를 진압하는 데 동원된 특수부대에 대한 작전통제권이 없었으며, 또한 미국의 반대만으로는 전두환이 권력 장악을 위해 한국 군부를 이용하는 사태를 막지는 못했을 것이다. 그러나 위컴이 전두환의 군대 동원을 반대하지 않은 것이나 한국인들은 민주주의를 할 준비가 되어 있지 않다고 공개적으로 발언한 사실은 친미 정권이라면 아무리 잔인한 정권도 맹목적으로 지지하겠다는 뜻으로 보일 수 있었다."

"호랑이 꼬리를 잡고 있다가 놓으면 모두 잡아먹힌다." 광주에서의 상황이 예상 밖으로 악화되자 몹시 당황한 전두환은 허삼수, 허화평, 허문도가 펼친 이와 같은 상황극복론에 따라 '김대중 내란음모사건'을 조작하기 시작했다.

그런 상황에서 이제 곧 이루어질 전두환의 미국 방문은 한국에서 태동된 반미주의를 무르익게 하는 결과를 초래한다. 그렇지만 위컴에게도 할 말은 있었다. 위컴(Wickham 1999)은 1999년에 출간한 회고록에서 "미국적인 생각에서 나는 한국 국민들이 자신들의 자유가 훼손된 데 대해 가시적인 분노를 나타내리라 기대했다"며 다음과 같이 말한다.

"학생 시위가 널리 확산됐고 광주의 민주항쟁이 있었지만 한국 국민들의 대체적인 수동적 태도에 나는 놀랐다. 12·12 사태 이후 한국 국민들은 정치권력의 불법적인 탈취와 비상계엄의 실시를 통한 자유의 상실을 받아들였다. 내게 있어 압제를 용인 내지는 체념하는 그들의 태도는 놀랍고 실망스러웠다. 그것은 군 지휘관으로서의 내 역할을 어렵게 했다."

그런 한국인을 어떻게 이해해야 할까? 위컴은 자신의 전임자인 존

베시 장군이 "이 책은 이 자리에 앉는 사람의 필독서다"라는 글과 함께 자신에게 준 폴 크레인(Paul S. Crane)의 『한국적 패턴(Korean Patterns)』에서 그 답을 찾으려고 했다. 위컴은 "그 책은 한국 문화에 관한 안목을 넓혀주는 것으로 처음 읽을 때 좀 더 주의를 기울였어야 했다"며 책의 한 대목을 소개한다.

"한국인들의 가장 큰 덕목 중의 하나는 고난을 이겨내는 능력이다. 한국은 생존을 위해 참고 견디는 방법을 터득한 사람들의 땅이다. 피할 수 없다면 그들은 압제와 부패, 부정 그리고 육체적 고통을 조용히 인고한다. 그들은 그 모든 것에서 해방될 그날을 꿈꾼다. 한국 문화에는 추상적인 원칙에 얽매이게 하는 도덕적·종교적 가르침의 틀이 없다. 생존을 위한 조치라면 어느 것이든 대체적으로 옳다고 여긴다."

위컴은 "일부 비평가들은 크레인이 한국 문화를 지나치게 단순화하려는 경향이 있었다거나, 그의 관찰이 현대보다는 일제의 강점기와 한국전쟁의 야만성에 편향돼 있다고 주장할 수도 있을 것이다. 경제적 번영과 자유의 신장, 향상된 삶의 동경이 국민 사이에 확산되면서 한국 사회가 변모된 것은 사실이다. 그러나 작가의 시각은 틀리지 않았다고 나는 확신한다"며 다음과 같이 말한다.

"내 관점에서 한국인들은 기꺼이 '견디려' 하는 것 같았다. 한국의 문화에 익숙한 미국 관리들은 국민이 하나가 되어 쿠데타 주동세력과 그들이 사회 전반에 펼친 억압에 대항해 일어서지 않을 것이라는 점을 예측했는지 모른다. 내가 그런 점을 좀 더 잘 알았더라면 실망도 덜했을 것이고, 미국의 정책도 초점을 달리해 한국 사회의 정치·군사적 현실에 좀 더 관용적이었을 것이다. …… 한국 국민은 국내 문제에 대한 직접적인 간섭을 비난하면서도 그들의 자유가 위축되고 인권이 침해된 데 대해 미국이 항의해줄 것을 기대했다. 그것은 한미 두 나라 사이의 이질성과 한국 주권의 수호자로서의 미국의 역할에서 비롯된 기이한 태도였다."

위컴 발언의 재평가

위와 같은 말을 액면 그대로 받아들인다면, 위컴의 '들쥐 발언'의 배경을 이해할 수 있을 것 같다. 그는 "한국은 정치적으로 미숙하고 민주주의를 받아들이기에는 준비가 덜 된 상태였다는 전두환의 주장은 허황된 날조라고 생각한다"고 말하지만, 결국엔 그도 한국인들의 침묵에 대한 실망감으로 그런 취지의 발언을 한다. 당시 위컴의 발언은 '망언'으로 간주돼 격렬히 비난받았지만 시간이 흐르면서 한국에서도 재평가가 나오기 시작한다.

조성관(2000)은 1980년 대학교 1학년생이었을 당시에는 위컴의 발언을 '망언'으로 받아들였지만, 그로부터 십수 년 후 "입장이 180도 뒤바뀌어 위컴의 발언이 정말 기가 막힐 정도로 핵심을 찌르는, 탄복을 자아내는 발언이라고까지 생각하게 되었다"고 말한다. "좀 괜찮다고 소문만 나면 뭐든지 벌떼처럼 덤비고 보는 병적인 극성, 자기 기준, 자기 판단에 따라 행동하기보다 남이 하면 나도 해야 직성이 풀리는 성미, '대세'라고 하면 우선 그 대열에 끼고 봐야 비로소 안도하는 습성이 가장 한국인다운 것으로 되어버린 지 오래다. 나는 한국인의 민족성에는 다분히 레밍과 같은 기질이 있다고 확신한다."

김현희(2001)는 위컴의 '들쥐떼론'에 대해 "세계 최강국을 자임하는 미국의 타 국가에 대한 폄하된 시선을 반영하는 것일 수 있다"고 전제하면서도 "그럼에도 나는 우리 사회에서 줄 서기와 패거리에의 충성을 강요하는 현실을 보면 정말 우리는 '눈치 보며 살 수밖에 없는 충성스러운 들쥐'가 아닌가 하는 자괴감이 든다"고 말한다. "한국인 은 어린아이·어른·정치인·학자 할 것 없이 왕따 당하는 것을 두려워해 이렇게 저렇게 줄을 선다. 중·고등학교에서 왕따가 폭력으로 이어지고 직장에서는 왕따가 실직으로 이어진다. 공존·협상·합리적 합의가 거의 불가능한 이 사회에서 우리는 더욱 줄 서지 않을 수 없다. 그래서 기회주의적인 동기가 아니라 양심적인 판단에 따라 줄 서지 않는 '양시론'과 '양비론'까지도 강하게 질책 받고 있다. 그러나 우리 사회의 문제는 오히려 양시론자와 양비론자들이 적기 때문에 나타나는 현상이 아닌가 싶다."

임춘웅(2002)은 2002년 대선을 앞두고 여기저기서 벌어지는, 전혀 아름답지 못한 줄 서기와 줄 바꾸기를 지적하면서 "요즘 우리 세상 돌아가는 모습을 보며 위컴의 '망언'을 새삼 되새기게 된다"고 말한다. "우리들의 핏속에 들쥐 떼의 어떤 특성이 흐르고 있는 게 아닌가 하는 의혹이다. …… 이런 모든 것들이 다음 정치권력과 관련된 촌극들이라는 데 심각성이 있다. 양심도 최소한의 명분도 팽개치고 권력을 향해 돌진하는 들쥐 떼의 모습인 것이다. 정치권력이 모든 것을 말하는 우리 사회의 적나라한 모습이다. 정치권력이 너무 크기 때문인 것이다."

김영명(2005)은 위컴의 발언에 대해 "그 말 자체는 아주 괘씸하지만 다른 한편 여기에 일말의 진실이 없다고도 할 수 없다"고 말한다. 우리가 '망언'이라고 분노했던 이면엔 '들쥐'라는 단어가 톡톡히 한 몫을 했던 것 같다. '레밍'이라는 유별난 특성을 지닌 동물로 받아들였더라면 반응은 좀 달랐을지도 모르겠다. 한국인의 그런 '레밍' 기질은 단점인 동시에 장점이기도 하니 말이다.

참고문헌 Carpenter & Bandow 2007, Gleysteen 1999, Oberdorfer 2002, Wickham 1999, 강준만 2006a, 김명섭 1999, 김영명 2005, 김진국 · 정창현 2000, 김현희 2001, 박미경 1990, 오연호 1994a, 이계성 1993, 이흥환 2002, 임춘웅 2002, 장을병 1986, 조성관 2000, 한승우 2004

1980년 대선
제40대 대통령 로널드 레이건

로널드 레이건의 등장

미국 기자들에게 선거 취재는 누가 앞섰고, 누가 뒤졌느냐에 집착하는 경마 또는 야구경기와 같다. 폴 위버(Paul H. Weaver 1976)는 기자들에게 정치는 '개인적인 출세를 목표로 하는 정치인들의 게임'으로 이해되고 있다고 주장한다. 따라서 누가 앞서고 뒤서느냐 하는 승패의 문제가 선거 쟁점 자체보다 더 중요한 의미를 지닌다. 그건 기자들이 정치인들의 옆에서 그들의 위선과 정치 자체의 허구에 많이 노출된 나머지 '숲'보다는 '나무'에 집착하는 데서 비롯된 현상인지도 모른다. 선거보도에서 승자를 사랑하는 언론은 승패를 양극화하려 드는 경향이 있는데, 일단 어느 한쪽이 승운을 잡으면 언론은 그에 가세하여 승리를 더욱 확실하게 하는 쪽으로 보도시각을 몰고 가게 마련이다.(May & Fraser 1973, Mayer 1987, Rosenstone 1983)

그런 보도 행태와 관련해 미 정계엔 "아이오와가 후보들을 체로 쳐

걸러내는 곳이라면 뉴햄프셔는 대통령을 선출하는 곳이다"라는 속설이 있다. 대선의 출발점인 아이오와 코커스(Caucus; 지방당원대회)가 전통적으로 후보들의 난립 상태를 정리하고, 경쟁범위를 2~3명으로 좁힌 뒤, 8일 후에 실시되는 뉴햄프셔 프라이머리(Primary; 예비선거)가 사실상 최종 승자를 가리는 역할을 해온 것을 지적한 속설이다.

코커스 및 프라이머리의 시기와 방식은 매년 주마다 달라지는 것은 물론이고 민주당과 공화당 간에도 차이가 있어 일률적인 설명이 불가능할 정도다. '코커스'는 북미인디언 최대의 부족인 알곤킨(Algonquin)족의 말로, 부족장들의 모임을 뜻한다. 이 어휘의 현대적 의미는 미국 대선에 있어 주별 대의원을 뽑아 이들이 대통령을 선출케 하는 제도다. 이 대의원들은 당 간부들이 주 내 지역별로 회의를 열어 선출한다. 대의원 숫자는 공화당이 1990명, 민주당 4300명이다. 이에 비해 프라이머리는 각 정당의 후보자 지명을 유권자가 직접투표를 통해 결정하는 제도다. 직접예선(Direct Primary)이라고도 불리는 이 제도에서 일반 유권자는 각 정당의 후보자 지명을 직접 결정한다.

아이오와와 뉴햄프셔가 미국 전체에서 차지하는 인구 비중은 각각 1.03퍼센트와 0.44퍼센트로 실제 후보 지명이나 대통령 선거에 미치는 영향은 지극히 미미하지만, 여기서 선전해 승리하든지 적어도 2위나 3위를 차지해야만 언론의 주목을 받고 선거자금도 모을 수 있기에 그 중요성은 절대적이다.(신상인 1996)

바로 이런 이유 때문에 아이오와 · 뉴햄프셔는 미국 언론의 치부가 자주 드러나는 곳이기도 하다. 1980년 대선의 아이오와 코커스에서 공화당의 대통령후보 자리를 놓고 싸우던 조지 H. W. 부시가 로널드 레이건을 수천 표 차이로 제압했을 때, 미국 언론이 떠들어댄 과장된 수다는 언론의 선거유세 보도의 한계를 드러낸 단적인 예로 봐도 무방하다. 그 당시 언론은 성급히 레이건의 '정치적 사망'을 선언했기 때문이다. 레이건이 아이오와 코커스에 뒤이어 벌어진 뉴햄프셔 예비선거에서 부시를 포함한 공화당의 다른 여섯 후보보다 더 많은 표를 얻어 역전승을 거두었을 때, 언론은 다시 레이건 쪽으로 크게 기울었다.(Reiter 1987)

레이건의 뉴햄프셔 승리는 텔레비전 토론회에서 벌인 명연기에 힘입은 바 컸다. 아니, 어찌 연기술 수준의 문제이랴. 마치 텔레비전은 레이건을 위해 태어난 매체 같았다. 레이건은 할리우드 배우 시절에는 큰 주목을 받지 못했다. 마크 크리스핀 밀러(Mark Crispin Miller 1982)는 매클루언의 이론을 원용해 레이건이 뭔가 희미하고 공허한 이미지로 인해 영화엔 잘 맞지 않는 배우였던 반면, 그런 특성을 선호하는 텔레비전엔 기가 막히게 잘 맞아 떨어졌다고 주장한다.

원래 토론은 선두주자인 부시와 레이건만 하기로 쌍방 간에 합의되어 있었다. 그러나 레이건은 이 약속을 일방적으로 어기고, 토론이 시작하자 다른 후보들도 모두 토론에 참석해야 한다는 엉뚱한 발언을 했다. 사회자가 토론의 규칙을 일방적으로 어긴 레이건의 마이크를 끄라고 지시하자, 레이건은 성난 음성으로 "난 이 마이크를 사용할 권리가 있다"고 외쳤다.

텔레비전으로 중계된 이 에피소드는 레이건에게 엄청나게 유리하게 작용했다. 모든 후보들의 참여를 요구하는 레이건은 민주적이고 관대한 인물로 비쳤고, 이에 비해 두 사람만의 토론을 고집한 것처럼 보이는 부시는 비민주적이고 졸렬한 인물로 비췄기 때문이다. 이 '사건'은 완벽한 각본에 따라 꾸며진 것이었다. 레이건의 선거참모 존 시어스(John P. Sears)는 부시 측에 알리지도 않고 로버트 돌 상원의원 등 다른 후보들을 일방적으로 토론장에 초청했다. 그리고 토론이 시작하기 바로 얼마 전에 부시 측에 다른 후보들도 참가토록 해주자고 이야기했다. 영문을 모르는 부시 측에서는 갑자기 예전에도 없던 일이라 거절하는 것이 아주 당연한 일이었지만, 이런 사정을 전혀 모르는 텔레비전 시청자들에겐 부시만 점수를 크게 잃고 말았다.(Cannon 1982, Leamer 1983)

뉴햄프셔에서 승운을 잡은 레이건은 34개 프라이머리 가운데 28개 그리고 16개 코커스에서 모두 이겨 1980년 7월 16일 디트로이트에서 열린 공화당 전당대회에서 공화당 대통령후보로 지명되었다. 레이건은 디트로이트의 공화당 지명대회장에 도착하면서 기자들에게 다음과 같이 이야기했다. "지난 밤 꿈을 꾸었는데 지미 카터가 나타나 왜 그의 자리를 원하는지 묻더군. 난 그래서 그의 자리를 원치 않는다고 대답했지." 레이건은 잠시 침묵한 뒤에 "나는 대통령이 되고 싶을 뿐"이라고 이야기했다. 즉 카터는 대통령감도 못 되는 대통령이라는 비아냥이었다.(Boller 1982)

'레이건-포드 티켓' 해프닝

레이건은 러닝메이트로 전직 대통령인 제럴드 포드를 심각하게 고려하고 있었다. 여기에는 에드워드 케네디(Edward M. Kennedy, 1932~2009)가 현직 대통령 카터에 도전함으로써 민주당이 자중지란(自中之亂)을 겨고 있는 점을 감안할 때, 전직 대통령인 포드를 부통령 후보로 맞이한다면 공화당의 단결을 과시하여 민주당에 비해 훨씬 유리한 고지를 점령할 수 있으리라는 계산이 깔려 있었다. 실제로 1976년 선거의 경우 공화당 내부에서 레이건이 당시 현직 대통령인 포드에게 도전해 공화당의 전력을 크게 약화시켜 민주당의 카터가 승리하는 데 일익을 담당한 바 없지 않았던 만큼, 레이건-포드팀은 확실히 그런 면에서 강점이 있었다.

미국 역사상 전직 대통령이 부통령 후보로 다시 출마한 경우는 없었다는 점을 들어 부정적 시각으로 보는 사람들도 있었지만, 미국 역사상 포드만큼 떳떳치 못하게 대통령이 된 사람도 없었다는 점을 지적하며 그럴듯한 발상이라고 보는 사람들도 있었다. 문제는 포드가 레이건에게 대통령의 권한을 똑같이 반분하자는 조건을 제시했다는 점이었다. 『뉴욕타임스』 칼럼니스트인 앤서니 루이스(Anthony Lewis)는 만약 포드의 조건이 받아들여진다면, 이는 대통령의 권한을 명시한 헌법에 대한 쿠데타일 것이라고 주장했다.(Natoli 1985)

실제로 이 문제를 거론하기 위해 포드를 대표한 헨리 키신저 전 국무장관, 앨런 그린스팬(Alan Greenspan) 전 경제자문위원회장과 레이건을 대표한 에드윈 미즈(Edwin Meese III), 윌리엄 케이시의 4자회담이 개최되었다. 미국의 전 언론이 이 흥미 있는 뉴스거리를 집중보도하기 시작하면서 언론사들 가운데 치열한 보도 경쟁이 벌어졌다.(Crotty 1983)

포드는 대통령의 권한을 반분하는 조건으로 레이건의 러닝메이트가 될 용의가 있다는 것을 공식적으로 CBS-TV의 월터 크롱카이트

(Walter L. Cronkite, Jr., 1916~2009)와의 인터뷰에서 밝혔다. 이에 깜짝 놀란 ABC-TV의 여성 앵커맨 바바라 월터스(Barbara Walters)는 공화당 지명대회장 내에 설치되어 있는 CBS-TV의 인터뷰석상으로 황급히 달려가 포드의 팔을 붙들고 늘어졌다. 눈물까지 글썽이며 애원하는 그녀의 요청에 못 이겨 포드는 하는 수없이 ABC-TV와 별개의 인터뷰를 하고 똑같은 이야기를 반복해야만 했다.(Boller 1984, Greenfield 1982)

이 당시 공화당 지명대회장 내에는 대의원수의 3배가 넘는 1만 3000여 명의 보도진이 몰려 있었으며, 3대 텔레비전 방송사만 해도 각 1000만 달러의 예산을 책정하여 각 600여 명의 보도진을 파견했다. 뉴스에 굶주려 있던 보도진이 레이건-포드 티켓의 가능성을 과장되게 보도하는 바람에 어느덧 이 사안은 확정적인 것처럼 알려지고 말았다.

언론사 간의 살인적인 경쟁으로 인해 뉴스의 초점은 대부분 포드에게 맞춰져 레이건은 포드를 택할 경우 '권한 반분'의 문제는 둘째 치고 포드의 그늘에 가리는 위험을 감수해야 할 위기에 처했다. 불안감을 느낀 레이건은 러닝메이트 발표시간을 앞당겨 예정에도 없이 저녁 늦은 시간에 지명대회장에 나타나, 부통령 후보로 부시를 지명하는 최종 선언을 함으로써, 레이건-포드 티켓에 대한 언론의 환상에 찬물을 끼얹었다.

32년 전 「듀이, 트루먼을 물리치다」라고 미국 신문 사상 최대의 오보를 내보낸 『시카고트리뷴(Chicago Tribune)』(7권 4장)의 라이벌 『시카고 선타임스』는 「레이건과 포드」라는 제하의 기사를 제1면에 대문짝만 하게 보도함으로써 시카고 신문들의 다혈질적 체질을 재확인해주었으며, 그밖에도 AP, UPI, 『월스트리트저널』 등이 레이건-포드 티켓을 확정 보도하는 오보를 저지르고 말았다.

미디어가 창조한 현실이라는 뜻으로 '미디엘리티(Mediality)'라는 용어를 만들어낸 마이클 로빈슨(Michael J. Robinson 1981)은 레이건-포드 티켓의 오보를 미디엘리티의 대표적인 경우로 지적했다. 부통령 후보의 한 사람이었던 뉴욕(New York) 주 하원의원 잭 캠프(Jack T. Camp Jr.)는 텔레비전과 언론의 광란적 보도가 레이건의 결정 번복에 영향을 미쳤다고 주장했다. 김칫국만 마시고 만 포드 역시 텔레비전과 언론이 그토록 요란만 떨지 않았더라면 자신이 부통령 후보로 지명될 수 있었다며 아쉬워했다. CBS-TV의 앵커맨인 월터 크롱카이트조차도 자신이 정당의 지명대회를 개최하는 책임자라면 텔레비전의 입장 표명을 금지하겠다고 논평했다.(Schardt 1980, Schram 1987)

에드워드 케네디의 몰락

한편 현직 대통령인 카터는 1980년 8월 뉴욕에서 개최된 민주당 전당대회에서 민주당 대통령후보로 지명되기는 했지만, 이후 민주당의 화합 조성엔 실패했다. 카터가 대통령후보로 지명된 순간의 한 장면이 이미 이를 예고하고 있었다. UPI통신 기자 헬렌 토머스(Helen Thomas 2000)의 회고에 따르면 "나는 카터가 악수를 청하러 다가가자 고개를 돌리던 케네디의 모습과 그 우울하고 치욕적인 순간을 결코 잊지 못할 것이다."

사실 한동안 민주당 내부에서는 카터를 반대하는 ABC(Anybody but Carter) 운동이 맹위를 떨쳤다. 카터는 특히 예선 초반부터 에드워드 케네디의 공격적인 도전에 시달려 많은 전력을 소모해야 했다. 케네디의 도전에 전전긍긍하고 있던 카터는 1979년 여름 민주당 의원들과의 면담자리에서 "만약 케네디가 도전한다면 엉덩이를 걷어차겠다"고 말한 적이 있었다. 카터의 보좌관들은 참석했던 의원들에게 카터의 말을 기자들에게 전해줄 것을 부탁했다. 케네디에 대한 경고로 이용할 속셈이었던 것이다.(Wayne 1984)

케네디는 1979년 11월 4일 CBS-TV 기자 로저 머드(Roger Mudd)와의 한 시간짜리 특별 인터뷰 프로그램을 이용하여 1969년 자동차 사고로 그와 동승한 젊은 여성이 사망한 소위 채퍼퀴딕 사건(Chappaquiddick incident)으로 인해 실추된 자신의 명예를 회복하려고 했다. 이 프로그램은 케네디의 참모들이 케네디가와 머드가의 두터운 친분을 이용하여 대통령 예선을 앞둔 케네디에 대해 호의적인 이미지를 형성하기 위해 계획한 것이었다.(Greenfield 1982)

그러나 쉽지 않은 일이었다. 채퍼퀴딕 사건은 도무지 납득하기 어려운 사건이었기 때문이다. 이 사건의 전말은 이렇다. 1969년 7월 18일 늦은 밤 매사추세츠(Massachusetts) 주 채퍼퀴딕 섬에서 케네디가 몰던 차가 다리 밑으로 떨어지는 사고가 일어났다. 케네디는 살아남았지만 동승했던 28세 여성 메리 조 코페크니(Mary Jo Kopechne, 1940~1969)는 익사했다. 케네디는 형 로버트 케네디(Robert F. Kennedy, 1925~1968)의 선거운동본부에서 일했던 여성 6명이 모이는 파티에 참석하기 위해 그곳에 갔는데, 코페크니는 로버트 케네디의 비서였다. 문제는 사고 후 케네디가 경찰에 구조 요청도 하지 않았고 신고도 하지 않았다는 점이다. 게다가 그는 파티 현장으로 다시 돌아가 피곤에 지쳐 다른 사람의 차 안에서 곯아 떨어졌다. 사건이 일어난 지 10시간이 지나서야 경찰 신고가 이루어졌다. 이게 도대체 말이 되는가? 도무지 납득할 수 없는 사건이어서 케네디는 이 사건으로 인해 1972년, 1976년 대선에 나서지 못하다가 1980년에서야 모습을 드러낸 것이다.(Jamieson 2002)

채퍼퀴딕 사건을 넘어서려고 한 케네디의 작전은 대실패로 돌아가 그의 결정적 패인이 되고 말았다. 텔레비전 기자들도 정치인들 못지 않게 나름의 야심과 명예욕이 있다는 것을 간과한 것이 케네디의 실수였다. 케네디의 예상을 뒤엎고 채퍼퀴딕 사건을 집요하게 물고 늘어지는 머드 앞에서 케네디는 횡설수설하는 등 자신의 치명적인 약점을 만회하기는커녕 더욱 악화하는 결과를 초래했다. 그 당시 CBS-TV 저녁뉴스 앵커맨인 월터 크롱카이트의 후계를 놓고 댄 래더와 경쟁하던 머드는 케네디가와의 긴밀한 우정이 세상에 널리 알려져 있던 터라, 케네디를 봐준다는 인상을 주지 않으려고 오히려 더 공격적인 질문을 퍼부었던 것이다.

이러한 결정적 실책 이외에도, 케네디는 샌프란시스코 유세에서 이란의 팔레비 국왕이 '역사상 최악의 독재자'였다고 주장함으로써 미국인들을 인질로 잡고 있는 호메이니 세력을 지지하는 듯한 인상을 주고 말았다. 언론은 이를 집중 비판하고 나섰다. 어디 그뿐인가. 몸이 다소 뚱뚱한 케네디는 형 존 F. 케네디와는 달리 텔레비전에 전혀 어울리지 않는다는 약점을 안고 있었다. 몸이 약했던 형 존에 비해 힘이 좋은 에드워드는 원기왕성하고 극적인 제스처와 음성을 지니고 있었는데, 오히려 그것이 약점이었다. 1980년 대통령 예선 때 그의 텔레비전 연설을 지켜본 『보스턴글로브(The Boston Globe)』의 한 기자는 「왜 그는 늘 텔레비전에서 고함을 지르는가?」라는 제하의 기사를 써,

케네디의 텔레비전 연설에 불편함을 느끼는 시청자들의 심리를 대변하기도 했다.(Meyrowitz 1985)

군중집회에서는 탁월한 연설가인 에드워드 케네디가 텔레비전에서는 고함을 지르는 어설픈 정치인으로 보일 수 있다는 사실은, 레이건이 그 모든 결함에도 불구하고 '텔레비전 이미지'라고 하는 대통령 후보로서의 가장 강력한 장점을 지녔음을 시사하는 부분이었다.

"카터는 더 이상 안 돼!"

레이건의 선거구호는 '공화당에 투표하세요―변화를 위해서'였다. 레이건은 "카터가 대통령이 된 이후로 여러분은 전보다 더 행복해졌다고 느끼십니까?'라는 질문을 수시로 던져, 예선 초부터 그를 괴롭혀 온 극우 이미지를 감추고 선거를 카터에 대한 신임투표로 몰고 가려고 애썼다. 레이건이 선거 기간 중, 민주당 대통령이었던 프랭클린 루스벨트(Franklin D. Roosevelt, 1882~1945)와 존 F. 케네디의 말을 자주 인용하여 민주당원들을 분노케 한 것도 바로 그런 전략의 일환이었다.

레이건의 선거참모인 리처드 워스린(Richard B. Wirthlin)은 레이건은 이 선거를 카터 개인에 대한 신임투표로 몰고 가기만 해도 낙승할 수 있다고 주장했다. 카터 진영도 이 점을 가장 두려워했다. 1979년 11월 4일 발생한 이란 인질사건, 1979년 12월 27일 감행된 소련의 아프카니스탄 침략 그리고 카터의 동생인 빌리 카터(Billy Carter, 1937~1988)의 로비 스캔들 등 카터는 상처를 받을 대로 받은 만신창이였기 때문이다.(Jordan 1981, Polsby & Wildavsky 1984)

이 선거에서 레이건은 민주당 예비선거 시 에드워드 케네디가 카터

1980년 10월 10일 사우스캐롤라이나 주 컬럼비아에서 유세 중인 레이건 부부.

를 공격하는 장면을 광고에 삽입하여 좋은 효과를 보았다. 케네디가 "카터는 더 이상 안 돼!"라고 외치는 장면을 삽입한 레이건의 텔레비전 선거광고는 레이건을 의젓하게 연출하는 동시에 카터에게 치명적 일격을 가할 수 있는 이점을 갖고 있었다.(O'Reilly 1987)

카터는 레이건과의 대결에서 "이번 선거는 전쟁이냐 평화냐를 선택하는 것"이라는 이분법을 구사했지만 역효과만 내고 말았다. 그럼에도 그는 10월 6일 시카고에서 열린 후원모임에서 결정적인 실수를 또한번 저질렀다. 그는 자신이 재선에 실패한다면 "미국이 흑인과 백인, 유대인과 기독교인, 남과 북, 도시와 농촌으로 분열될 것이다"라고 주장했는데, 이는 유권자들에게 야비하다는 인상을 주었다.(Jamieson 2002)

선거유세 중 카터는 레이건이 인종차별주의자이며 전쟁광이라고 신랄히 비난했다. 그간 레이건의 언행으로 미루어 그 비난은 나름대로 근거는 있었을지 몰라도 이런 정면공격으로 손해를 보는 쪽은 카터였다. 텔레비전을 지켜보는 시청자들로서는 그런 종류의 사람이라고 믿기에는 레이건의 온화한 미소와 유창한 언변이 꽤 매력적이었기 때문이다. 오히려 텔레비전에서 날카롭고 차가운 인상을 풍기는 카터가 그런 이미지에 더 어울릴지도 모르는 일이었다.(Dallek 1984)

달콤하고 낭랑한 목소리와 세련된 연설 솜씨로 레이건은 청중을 사로잡았다. 레이건의 부탁을 받아 그의 전기를 썼다는 점을 감안해야겠지만, 에드먼드 모리스(Edmund Morris 2002a)에 따르면 "레이건의 목소리는 정말 아름다웠으며, 그에게는 이것이 큰 힘이 되었다. 10대였을 때조차 그의 목소리는 비범했다. 가볍고 유려한 바리톤이었는데 빠르면서도 경쾌했다. 목소리에서 마치 복숭아 솜털처럼 부드럽고 푹신한 느낌이 묻어났다. 그의 목소리에는 또한 감각적으로 마음을 끄는 요소가 있어서, 사람들은 레이건의 말을 듣는 자체에서 즐거움을 느꼈다."

어디 그뿐인가. 자신이 잘 알지 못하는 문제에 대해서도 레이건은 확신을 가지고 이야기했으며, 연설을 듣는 청중들은 그가 모든 문제를 완벽히 파악하고 있는 듯한 인상을 받았다. 이에 비해 카터는 비교적 약한 음성과 서툰 연설 솜씨로, 잘 알고 있는 문제에 대해 이야기할 때에도 청중에게 안도감이나 확신을 심어주지 못했다.(Forest 1986)

"또 그 이야기를 하시는구려"

레이건은 카터의 2차 전략무기제한협정을 비난하는 등 군사적으로 강경 자세를 취했다. 이 협정에서 양국은 핵탄두를 장착하는 장거리 유도탄과 폭격기의 수를 각기 2250대로 제한하는 데 합의했는데, 이 협정이 소련에 유리하다는 비난이었다. 전 대통령 닉슨(Nixon 1981)도

1980년에 출간한 『진짜 전쟁(The Real War)』이라는 책을 통해 "SALT 그 자체가 중요한 게 아니라 내용이 중요하다"며 카터 행정부의 SALT 전략을 비판하고 나섰다.

전쟁광이라는 카터의 비난에 대해 레이건은 '힘에 의한 평화(peace through strength)'라는 반박을 하기도 했지만, 레이건은 특유의 우회적 어법을 즐겨 썼다. 그는 어느 연설에서 "내게는 두 아들과 손자 한 명이 있으며 이제까지 네 번의 전쟁을 경험했습니다. 여러분들과 똑같이 본인은 세계 평화만이 이 나라의 가장 중요한 목표가 되어야 한다고 믿고 있습니다"라고 감성적 호소를 했다. 레이건은 자신의 두 아들과 손자 이야기를 10월 28일에 벌어진 카터와의 텔레비전 토론에서도 이용했다.

그러나 레이건의 그런 수법을 서툴게 흉내 내던 카터는 웃음거리가 되고 말았다. 카터는 "우드로 윌슨 이래로 가장 연설을 지루하게 하는 대통령"이라는 평판까지 얻었을 정도로 말솜씨가 서툴렀는데, 그 실력으로 어찌 감히 레이건의 그 탁월한 경지를 넘볼 수 있었겠는가.(Hart 1984) 카터는 "나는 이 자리에 오기 전 내 딸 에이미(Amy)와 이야기를 나누었는데, 그 애에게 가장 큰 관심거리는 핵무기를 제한해야 한다는 것이었다"라고 말함으로써, 그는 정치문제를 어린 딸하고도 의논하는 정치인이라는 우스꽝스러운 인상을 남기고 말았다. 이 실언 이후 에이미는 신문 만평가와 코미디언들의 주요 소재로 사용되기 시작했고, 레이건 지지대회에서는 "에이미에게 물어보라!"는 카터를 경멸하는 피켓이 우후죽순처럼 등장했다.(Adams 1987)

카터와 레이건의 텔레비전 토론 도중 레이건의 보좌관 제임스 베이커(James A. Baker, III)는 레이건에게 조그마한 쪽지를 건네주었는데, 그 종이 위에는 "웃으세요!(Chuckle!)"라고 쓰여 있었다.(Meyrowitz 1984) 1억 2000만 명의 시청자가 지켜본 카터와 레이건의 텔레비전 토론을 분석한 조사 결과에 따르면, 레이건은 텔레비전 시청자들과 229초 동안 시선을 마주치는 반면, 카터가 텔레비전 화면을 정면으로 응시한 건 10여 초에 지나지 않았다.(Jurma 1983)

카터는 텔레비전 토론에 임하면서 레이건을 과소평가했다. 레이건이 지적 능력이 모자라는 '얼간이'라는 것을 논리적으로 얼마든지 입증할 수 있다고 믿었다.(Judis 1983) 그러나 레이건은 텔레비전 토론에서 카터의 비판에 대해 직접적으로 반박하기보다는 "또 그 이야기를 하시는구려(There you Go Again)"와 같은 한마디로 카터의 비난을 교묘히 묵살하고 지나갔다. 결국 이 토론에서 집요한 공세를 펼쳤던 카터는 품위 없어 보였고 미소를 함빡 머금으며 미꾸라지처럼 살살 빠져나가는 레이건은 겸손하고 도량이 넓은 사람으로 비쳤다. ABC-해리스(Harris Poll) 여론조사 결과에 따르면 '카터가 매우 도덕적인 사람은 아니다'라고 생각하는 사람이 1년 전에 비해 두 배로 늘었다.(Diamond & Bates 1984, Jordan 1982)

카터는 언론이 레이건의 정책이나 공약보다는 개인적 특성에만 매달려 그를 호의적으로 보도하고 있으며, 자신이 늘 반복할 만큼 중요한 정책에 대해서는 무관심하고 일회적인 즉흥적 발언에 대해 더 큰 관심을 갖고 있다고 불평했다. 이에 대해 기자들은 카터가 늘 똑같은 이야기만 반복할 뿐 새로운 이야기는 하지 않는다고 불평함으로써, 양측은 선거보도에 임하는 언론의 역할에 대해 커다란 견해차를 드러냈다. 어찌 됐건 언론은 카터 편이 아니었다. 이 선거에서 총 발행부수 1900만 부에 이르는 444개의 미국 신문이 레이건을 공개적으로 지지했으며, 780만 부에 불과한 129개 신문이 카터를 지지했다.(Radolf 1984a)

'뉴딜의 종언'

카터는 투표 전 일주일간 15개 주 26개 도시를 방문해 1만 5000여 마일의 여로를 기록하며 마지막 유세에 안간힘을 다했다. 투표 하루 전인 월요일 하루에만도 6645마일에 걸쳐 6개 주요 주를 순방하며, 카터는 "저는 여러분이 필요합니다. 저는 여러분이 필요합니다. 우리를 도와주십시오"라고 거의 애원에 가까운 호소를 했다. 이와는 대조적으로 같은 날 캘리포니아 샌디에고에서 열린 선거 마지막 군중유세에서 레이건은 남녀평등을 외치는 민주당 지지자들의 야유에 "입 닥쳐!"라고 외치는 여유를 보였다.(Church 1980)

카터가 워싱턴(Washington) 주 시애틀(Seattle)에서 마지막 유세를 끝내고 투표를 위해 자신의 고향인 조지아 주 플레인즈로 돌아 왔을 때, 그는 충격적인 소식에 접했다. 그의 여론조사가인 팻 캐들(Patrick H. Caddell)의 48시간에 걸친 조사에 따르면 레이건의 우세가 거의 확실시된다는 것이었다. 카터는 다음 날 투표를 끝낸 후 수백 명의 지지자들 앞에서 즉석연설을 하는 가운데 자신의 패배를 직감하고 있다는 인상을 풍겼다. 선거유세의 피로로 음성은 이미 갈라져 있었고 너무 많은 악수 공세로 손은 벌겋게 부어 있었다. "나는 지난 1976년 대통령에 당선된 이래로 선거공약을 이행하는 데에 최선을 다해왔

고⋯⋯." 결국 카터는 울음을 터뜨리고야 말았다.(Mayer 1980)

카터는 순순히 패배를 시인하는 미덕을 보이기 위해 미 서부지역에서 투표가 완전히 끝나기 1시간 15분 전 서둘러 패배를 선언함으로써 많은 민주당원들을 분노케 했다. 그의 패배선언이 투표에 영향을 미칠 수 있기 때문이었다. 그건 자신의 당락에만 집착하는 카터 개인을 위해서는 바람직한 일일지 몰라도, 대통령 선거와 동시에 실시되는 일부 의원 및 주지사 선거도 무시할 수 없는 민주당 전체를 위해서는 결코 현명하지 못한 처사였다. 카터의 이러한 성급한 패배 선언은 소위 '조지아 마피아' 로 불리는 조지아 주지사 시절의 참모들을 중심으로 지난 4년간 대통령직을 수행해온 그의 정치적 고립을 말해주는 것이기도 했다. 실제로 자신의 소속당이 상하원에서 다수당 위치를 점하고 있는 좋은 조건에도 카터는 의회와 계속 불편한 관계를 유지해왔다.(Boller 1984, Thomas 2000)

11월 4일의 선거는 레이건의 압승으로 끝났다. 레이건은 총 투표수의 50.7퍼센트를 얻어 44개 주에서 489개의 선거인단을 획득하는 실적을 기록했으나, 카터의 득표율은 41퍼센트로, 6개 주(조지아, 미네소타, 메릴랜드, 웨스트버지니아, 로드아일랜드, 하와이)와 워싱턴에서 획득한 49개의 선거인단으로 그치고 말았다. 남북전쟁(1861-1865) 이래로 민주당을 계속 지지해왔던 남부도 카터에게 등을 돌려 카터는 자신의 출신 주인 조지아 주를 제외하고는 남부의 단 한 주에서도 승리를 거두지 못했다. 독자적으로 출마한 공화당 출신의 존 앤더슨은 7퍼센트를 확보하는 데에 그쳤다.

선거 수일 전 실시된 여론조사에선 CBS-『뉴욕타임스』 조사의 경우 레이건이 1퍼센트, ABC-해리스에서는 레이건이 5퍼센트, 갤럽(Gallup)에서는 레이건이 3퍼센트 우세한 것으로 밝혀졌으나, 실제 결과는 무려 10퍼센트로 벌어지고 말았다. 이는 유동표가 불과 선거 하루 이틀을 앞두고 레이건 쪽으로 몰렸다는 점을 말해주고 있었다. 카터는 평소 민주당을 지지한 이들로부터도 67퍼센트의 득표율을 얻는 데서 그쳤다.(Iyenger & Kinder 1987)

선거 결과 56세의 카터는 1932년 허버트 후버(Herbert C. Hoover, 1874~1964) 이래 선거를 통해 선출된 현직 대통령으로서는 최초로 재선에 실패한 대통령이 되었으며, 레이건은 미국 역사상 최고령(69세)으로 대통령에 오른 기록을 수립했다. 선거 다음 날 뉴욕증권거래소는 7900만 주의 거래실적을 올려 미 증권 거래 역사상 두 번째로 바쁜 날을 기록했으며 다우존스 주가지수는 16퍼센트 포인트 상승을 기록했다.

정치적인 면에서건 경제적인 면에서건 레이건의 승리는 레이건에 대한 지지이기에 앞서 카터에 대한 반발의 결과였다. 선거 당일 실시된 출구조사(exit poll)에 따르면 레이건에게 투표한 응답자 중, 레이건에게 투표한 이유로 '카터에 대한 환멸'을 든 사람이 다섯 명 중 네 명 꼴로 나타났다. CBS-『뉴욕타임스』의 출구조사에 따르면, 레이건이 보수적이기 때문에 그를 뽑았다고 말한 사람은 11퍼센트인데 비해 38퍼센트는 그가 지미 카터가 아니기 때문에 표를 주었다고 했다. (Alpern 1980, Jeffords 2002)

대통령 선거와 동시에 실시된 일부의원 및 주지사 선거에서도 레이건의 공화당은 승리를 거두었다. 공화당은 상원에서 12석을 추가해

53석에 도달함으로써 26년 만에 처음으로 상원의 다수당으로 등장했으며, 하원에서는 33개 의석을, 주지사는 4명을 추가했다. 따라서 민주 대 공화의 하원 및 주지사의 점유비율은 각각 243대 192, 27대 23으로 좁혀졌다.

더욱 놀라운 것은 우익종교 및 보수단체들의 조직적 선거운동 때문에 조지 맥거번(George S. McGovern), 프랭크 처치(Frank F. Church III, 1924~1984), 워렌 맥누선(Warren G. Magnuson, 1905~1989), 버치 베이(Birch E. Bayh II) 등과 같은 진보적 색채가 강한 민주당의 고참 상원의원들이 대거 낙선의 고배를 마셨다는 점이다. 매사추세츠 주 민주당 상원의원인 폴 송거스(Paul E. Tsongas, 1941~1997)는 "이 선거로 프랭클린 루스벨트의 뉴딜(New Deal)의 종언이 도래했다"고 탄식했다.

55.1퍼센트의 투표율과 보수 싱크탱크

1980년 선거는 전체 유권자의 55.1퍼센트만이 투표에 참여함으로써 레이건은 전체 유권자의 불과 28퍼센트의 지지만 얻고서 대통령에 당선된 셈이었다. 미국의 대통령 선거 투표율은 1840년에 80퍼센트로 제일 높았고 1890년대엔 70퍼센트 선을 유지했으나 1912년 60퍼센트로 하락을 기록했다. 이후 1952년부터 1962년까지의 평균 투표율은 63.6퍼센트였다. 미국 유권자의 투표참여율은 1960년 이래로 계속 하락세를 보여왔는데, 실제로 미국은 세계에서 가장 낮은 투표 참여율을 기록하고 있는 나라 중의 하나가 되었다.(Teixeira 1987)

1960년부터 1978년간 평균 투표 참여율을 각 나라별로 보면 다음과 같다.

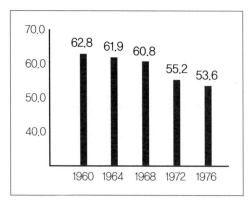

〈역대 미 대선 투표율〉 (단위:%)

투표율 저하의 이유로는 •통치권력이 분립된 연방체제라 다른 나라보다 선거가 잦다는 점 •투표자등록법에 따라 등록한 유권자만 투표할 수 있다는 점 •평일로 정해진 선거일 •최다득표 승자 제도 등이 꼽힌다.

이탈리아 94퍼센트, 오스트리아 89퍼센트, 노르웨이 87퍼센트, 스웨덴 86퍼센트, 그리스 85퍼센트, 서독 84퍼센트, 핀란드 84퍼센트, 뉴질랜드 81퍼센트, 이스라엘 81퍼센트, 베네수엘라 80퍼센트, 필리핀 77퍼센트, 우루과이 71퍼센트, 일본 71퍼센트, 칠레 71퍼센트, 캐나다 71퍼센트, 프랑스 70퍼센트, 터키 62퍼센트, 자마이카 61퍼센트, 인도 60퍼센트, 미국 59퍼센트, 레바논 56퍼센트, 스위스 53퍼센트.(Powell 1980)

미국 민주주의의 위기로까지 불린 투표율 저조의 이유에 대해서는 의견이 분분했다. 일부 학자들은 세계에서 가장 발달된 미국의 텔레비전과, 선거자금을 국고로 보조해주고 유료 선거 광고를 허용하는 텔레비전 선거 제도를 그 주요 이유로 꼽기도 했다. 선거자금 국고 보조는 후보들의 정당 의존도를 약화시켜 정당 정치의 쇠락을 촉진하고, 정치의 지나친 텔레비전 노출은 정치를 오락으로 전락시킬 뿐 아니라 유권자들이 정치 자체에 대해 식상하게 느껴, 투표권 행사를 민주 시민으로서의 권리와 의무로 여기기보다는 그저 번거롭고 귀찮은 일 정도로 여기게 할 수 있다는 것이다.

각종 전당대회 및 지지대회의 텔레비전 중계는 그간 일반인들에게 가려져왔던 정치의 어두운 면을 그대로 보여주기도 했다. 장터나 축제를 연상케 하는 무질서하고 요란한 모습은 물론 복도에서 귓속말을 주고받는 정치 뒷거래의 장면까지 텔레비전을 통해 안방으로 고스란히 전달했다. 텔레비전을 통해 이런 유쾌하지 못한 장면들과 틀에 박힌 정치인들의 상투적 문구에 노출된 시청자들이 환멸을 느껴 '정치로부터의 도피'를 꾀한다는 게 많은 전문가들의 주장이었다.(Agree 1984, Burnham 1982, Hadley 1978, Kessel 1980, Teixeira 1987)

투표율은 하락하는 반면, 싱크탱크(think tank; 두뇌집단)의 영향력은 점점 더 커졌다. 싱크탱크란 무엇인가? 1908년도판 『미국의 속어 및 신조어 사전』은 '싱크탱크'를 "사람의 머리, 싱크 박스, 브레인 등과 동의어로 약간 특이한 사람의 두뇌라는 의미로 사용됨"이라고 정의했다. 그 후 의미가 점차 달라져 케네디·존슨 행정부 시절에 이르러야 오늘날의 의미를 갖게 되었다. 마치 큰 수영장처럼 보이는 방(tank)에 들어가 생각을 한다는 의미로 두뇌집단을 뜻하는 말이 된 것이다. 한동안 브레인뱅크(brain bank), 싱크팩토리(think factory) 등과 비슷한 의미로 혼용되다가 1970~1980년대를 거치며 싱크탱크로 통일되었다.

레이건의 승리는 곧 '싱크탱크의 승리'라는 말이 나올 정도로 보수 싱크탱크는 1980년 대선에 큰 영향을 미쳤다. 레이건의 승리에 기여한 대표적인 싱크탱크는 헤리티지 재단이었다. 헤리티지 재단은 1973년 보수주의자인 에드윈 풀너(Edwin J. Feulner, Jr)와 폴 웨이리치(Paul M. Weyrich, 1942~2008)가 창설했다. 예산의 3분의 1은 걸프(Gulf), 체이스 맨해튼, 리더스 다이제스트(Readers Digest) 등의 다국적 기업으로부터, 또 3분의 1은 조지프 쿠어스(Joseph Coors, Sr., 1917~2003)와 같은 영향력 있는 보수주의자들로부터 그리고 마지막 3분의 1은 13만 명에 이르는 회원들로부터 지원을 받았다.(Price 1985, Smith 1996)

헤리티지 재단은 레이건이 대통령에 취임하자마자 250명의 학자들을 동원해 레이건 대통령 개인의 통치교본이라 할 수 있는 『리더십 강령(Mandate for Leadership)』(1980)이라는 책을 발간했다. 이 책은 곧 시중의 베스트셀러 목록에 올랐으며 레이건 역시 매우 유익한 책이라고 칭찬했다. 헤리티지 재단의 이사장인 에드윈 풀너는 레이건 집권 1년 만에 그 책의 61퍼센트가 실제 정책으로 채택되었다고 주장한다. 그의 주장은 레이건이 헤리티지 재단을 대하는 태도로 미루어 볼 때 꽤 설득력이 있다. 1983년 헤리티지 재단의 창설 10주년 기념식에 참석한 레이건은 연설을 통해 "20세기 후반에 일어난 일들의 진정한 의미를 캐고자 하는 역사가들은 바로 오늘과 같은 이러한 모임에 눈을 돌려야 할 것이다"라고 주장한다.(Rosenthal 1985)

레이건의 주장은 허세가 아니었다. 데이비드 솅크(David Shenk 2000)의 지적대로 "1970년대 말 이래로 싱크탱크의 분야는 거의 전적으로 기업의 돈과 보수적인 정치철학에 지배되어왔기" 때문이다. 이후 미국뿐 아니라 전 세계적으로, 대중의 참여를 진작하기보다는 좀 더 나은 싱크탱크를 갖추려는 노력이 정치와 민주주의의 근간을 형성한다.

참고문헌 Adams 1987, Agree 1984, Alpern 1980, Boller 1982 · 1984, Burnham 1982, Cannon 1982, Church 1980, Crotty 1983, Dallek 1984, Diamond & Bates 1984, Dugger 1980, Forest 1986, Greenfield 1982, Hadley 1978, Hart 1984, Iyenger & Kinder 1987, Jamieson 2002, Jeffords 2002, Jordan 1981 · 1982, Judis 1983, Jurma 1983, Kessel 1980, Lacayo 2009, Leamer 1983, Lovell 1985, May & Fraser 1973, Mayer 1980, Mayer 1987, Meyrowitz 1984 · 1985, Miller 1982, Morris 2002a, Natoli 1985, Nixon 1981, O'Reilly 1987, Polsby & Wildavsky 1984, Powell 1980, Price 1985, Radolf 1984a, Reiter 1987, Robinson 1981, Rosenstone 1983, Rosenthal 1985, Schardt 1980, Schram 1987, Shenk 2000, Smith 1996, Teixeira 1987, Thomas 2000, Wayne 1984, Weaver 1976, 박인휘 2005, 손세호 2007, 신상인 1996, 이보형 2005, 이준구 2010, 정서환 1997

'강력한 미국'
레이건의 대통령 취임

'미국의 갱생'

"처음에 카터는 자신을 남자다운 인물로 국민에 소개했다. 해군사관학교 출신, 잠수함 승무원, 핵 엔지니어, 농부, 홀로 있는 사람, 강인한 주지사. 그러나 일단 대통령이 되자 그는 서슴없이 자신의 여성적 기질을 과시했다. 그는 팔을 비틀지 않으려 했다. 위협이나 면박 주기도 좋아하지 않았다. …… 우리는 이러한 태도가 워싱턴과 세계라는 정글에서 그를 어떤 모습으로 만들었는지 보아왔다. 그래서 어떤 의미에서 우리는 이미 지미 카터라는 '여성' 대통령을 맞이했는지도 모른다."(Jeffords 2002)

존 미할릭(John Mihalik)의 주장이다. 자기 성찰은 여성적이라는 걸까? 이 주장에 동의할 수 없다 하더라도 많은 미국인들이 그렇게 생각했다는 건 분명하다. 시사만평에서 카터는 땅콩처럼 왜소한데다 갈길을 몰라 헤매는 모습으로 그려졌다. 카터의 대변인 조디 파월

(Joseph L. Powell, Jr., 1943~2009)은 "언론이란 아주 비열해서 워싱턴에 비만 와도 대통령을 비난한다"고 했지만, 무명의 인물이었던 카터가 대통령이 될 수 있었던 이유는 언론의 축복 때문이 아니었던가. 축복과 저주를 번갈아 가면서 하사하는 변덕, 그것이 언론의 속성이니 어떡하겠는가. 그 이유가 무엇이건, 카터의 대통령 임기 만료 직전의 여론조사에선 카터의 지지도가 13퍼센트까지 떨어져 워터게이트 사건으로 물러난 닉슨보다 더 낮은 지지율을 기록했으니, 미국인들의 카터에 대한 환멸이 어느 정도였는지 알 만하다.(Gergen 2002, Lovell 1985, Miller 2002)

이런 민심에 화답하겠다는 듯 1981년 1월 20일 제40대 대통령 로널드 레이건은 취임연설을 통해 미국의 '갱생(renewal)'을 선언하고 군사력 증강을 통해 '강력한 미국(Strong America)'을 세우리라고 천명했다. '성찰하는 미국'에서 성찰을 끝내지도 않은 채 '강력한 미국'으로 돌아선 셈이다. 때맞춰 444일간 이란에 억류되어 있던 미국인 52명이 풀려남으로써 레이건의 취임식은 축제 분위기에 휩싸였다.

1월 20일 오후 12시 30분, 레이건이 대통령직을 인계받은 지 정확히 30분 후에 테헤란의 메라바드 공항에서는 미국 인질을 실은 두 대의 비행기가 이륙하고 있었다. 알제리의 중재로 카터 행정부가 미국 내 이란 재산 동결 해제, 인질사건에 대한 이란 측 손해배상 의무 면제, 팔레비왕의 미국 내 재산을 환수코자 하는 이란 정부에 협력할 것과 차후 이란 내정에 간섭하지 말 것 등 이란 측 조건에 합의함으로써 인질 석방은 성사되었다. 1차로 22억 달러 상당의 금괴와 현금이 이란에 전달되었다.

(위)취임식 중 레이건 부부.
(아래)본국으로 귀환한 이란 억류 미국인들.

레이건의 취임식은 미국 역사상 최초로 조지 워싱턴, 토머스 제퍼슨, 에이브러햄 링컨 등의 기념비들이 늘어서 있는 의사당 서편 광장에서 열려, 레이건의 시대가 이란 인질사건과 같은 치욕의 과거를 씻고 미국의 옛 영광을 되찾을 것이라고 상징적으로 웅변했다. 이런 상징성에 걸맞게 취임식도 화려했다. 1976년 카터의 취임식 비용은 300만 달러였는데 레이건의 취임식 비용은 1100만 달러였다.(Barber 1985, Cannon 1982, Leamer 1983)

카터가 그의 주지사 시절 참모들을 대부분 백악관 요직에 앉혔듯, 레이건은 캘리포니아 주지사 시절의 참모들을 대거 기용해 이른바 '캘리포니아 마피아'를 탄생시켰다. 캘리포니아 마피아는 자신들이 미국 신보수주의 운동의 선봉임을 자처하며, 미 연방정부 인사에 전권을 행사하기 시작했다.

이들 수뇌참모들은 연방정부 임명직 후보에 대한 자격 기준을 4등급으로 분류했다. 1등급은 1964년 이전부터 레이건을 위해 일한 사람, 2등급은 1967~1975년까지 레이건의 캘리포니아 주지사 시절에 일한 사람, 3등급은 1976년 레이건의 공화당 대통령후보 도전 때부터 일한 사람, 4등급은 1980년 선거 시절부터 일한 사람이었다.(Davis 1987)

이러한 기준에 맞춰 레이건 행정부의 요직은 레이건의 선거유세에 참여한 레이건의 추종자였거나, 적어도 레이건의 보수주의에 대해 진정한 신념을 지닌 인물들로 채워졌다. 신념이 강한 인물들이 많다 보니 이런 일도 있었다. 1981년 국방부 서열 4위인 전략전술핵담당 부차관인 토머스 존스(Thomas Johnes)는 『로스앤젤레스타임스』와의 회견에서 "미국이 설령 소련과 전면 핵전쟁을 벌이더라도 2~4년이면 피해

를 완전히 복구할 수 있다"고 말함으로써 많은 사람들을 경악시켰다.(변창섭 2003)

정치학자 제임스 벤즈(James J. Benze, Jr. 1987)는 레이건이야말로 임명을 통해 전면적인 정책 변화를 꾀한 미국 최초의 대통령이라고 말한다. 레이건의 전임 대통령들은 충성도라는 기준을 고위관료들의 임명 시에만 적용했으나, 레이건의 경우 이 기준을 중간 간부들의 임명 시에도 철저히 적용했기 때문이다.(Nathan 1983)

'캘리포니아 마피아'

레이건의 통치 특성과 더불어 캘리포니아 마피아의 위력을 말해주는 한 일화가 있다. 대통령 선거에 당선된 직후 차를 타고 떠나려 하는 레이건에게 ABC-TV 기자 샘 도널드슨(Sam Donaldson 1987)이 언제 내각 발표를 할 것이냐는 질문을 던졌는데, 그때 레이건은 "모르겠다. 아직 내 보좌관들로부터 아무런 말을 못 들었다"는 놀라운 발언을 했다. 도널드슨의 놀란 표정에서 자신이 실언했음을 깨달은 레이건은 몇 시간 후인 그날 저녁 한 파티장에서 도널드슨을 일부러 찾아서 "내각 임명은 보좌관들이 결정하는 것이 아니라 바로 내가 결정하는 것"이라고 자못 엄숙한 표정으로 답변을 정정하는 촌극을 연출했다.

캘리포니아 마피아의 손에 선발된 고위관료 100명 중 적어도 4분의 1은 억만장자였다. 레이건의 보수주의는 '아메리칸 드림'이라는 신화를 이룩한 부유층이 가장 신봉하는, 부유층을 위한 이데올로기였기 때문이다. 가령 민권위원회 위원장으로 임명된 클래런스 펜들턴 (Clarence M. Pendleton, Jr.)은 "가난한 사람을 돕는 최상의 방법은 가난하게 살지 않는 것이다"라는 발언을 했는가 하면, 연방무역위원 회장으로 임명된 제임스 밀러(James C. Miller III)는 "결함이 있는 상품도 유통이 되어야 한다. 소비자들이 결함이 있는 상품을 피하는 취향의 정도가 각기 다르기 때문이다"라고 말했으며, 공보처장으로 임명된 찰스 위크(Charles Z. Wick, 1917~2008)는 레이건의 아내 낸시(Nancy D. Reagan)의 사치를 옹호하면서 "부유층의 향락은 가난한 사람들에게 좋은 눈요깃감이 되어 바람직하다"고 이야기하는 등 숱한 명언(?)을 남겼다.(Leamer 1983, Osborne 1982, Safire 1988)

후일 국가안보담당 보좌관으로 발탁된 윌리엄 클라크(William P. Clark, Jr.)는 충성을 위주로 한 인사정책의 본보기였다. 캘리포니아 토박이로, 레이건의 캘리포니아 주지사 선거 때 크게 기여한 클라크는 국무차관에 임명되었다. 클라크는 의회인준 청문회에서 남아프리카 공화국과 짐바브웨의 국가원수의 이름은커녕, 영국 노동당에 어떤 일이 일어나고 있는지, 심지어는 미국 핵미사일의 유럽배치에 대한 유럽 국가들의 반응이 어떠한지조차 모르는 무식을 드러냈다.

그럼에도 불구하고 1981년 말 대통령 국가안보담당 보좌관 리처드 앨런이 수뢰 혐의로 사임하자 클라크는 그 자리를 맡게 되었다. 닉슨 행정부 시절 헨리 키신저와 카터 행정부 시절 즈비그뉴 브레진스키의 경우가 잘 말해주듯, 대통령 국가안보담당 보좌관은 국무장관보다도 훨씬 막강한 권력을 행사하는 미국 대외정책의 총사령탑이다. 워싱턴 정가에서 '캘리포니아의 카우보이'로 통하던 클라크가 그러한 요직을 맡았다는 것은 미국의 대외정책이 냉철한 정보 분석보다는 대담하고 충동적인 카우보이 기질에 따라 움직일 수도 있다는 의미였다.

'충성'은 레이건 행정부를 움직이는 주요 동력이었으며, 레이건은 부하들이 충성하는 한 그들의 무능과 부정부패를 눈감아주고 오히려 개인적 인간관계를 통해 그들의 충성을 강화하려고 노력했다. 실제로 레이건은 대통령이 된 후에도 주지사 시절의 부하나 친구들을 이전과 다름없이 대했다. 레이건의 부하들도 그를 대통령보다는 주지사라고 부르는 편이 더 자연스럽게 느껴질 것 같다고 고백했다.

　주지사 시절부터 보좌관이었던 린 노프지거(Lyn Nofziger, 1924~2006)는 레이건 대통령을 얼떨결에 주지사라고 부르고 나서 곧장 사과한 적이 있었는데, 레이건은 손을 내저으며 '주지사'라고 하는 호칭이 더 좋다고 밝힌 후, 그게 정 어색하면 "일주일에 한 번 나를 그 누구든지 주지사라고 부를 수 있는 날을 정해 우리가 어디에서 왔는가를 기억하자"고 제안하기도 했다.

　물론 레이건의 이러한 특성은 개인적인 매력일 수는 있지만, 공사를 구별하지 못한 채 개인적 친분을 국사(國事)에까지 연장하여 권력을 공고히 하는 데에만 주력하는 특성이기도 했으니 바로 그게 문제였다.(Cannon 1982)

레이건 저격사건

레이건의 대통령 취임 1개월간 미국 언론은 오락기사에서 1840년 이래 0으로 끝난 해에 당선된 대통령 가운데 4년 임기를 마친 대통령이 단 한 명도 없다는 징크스를 부지런히 떠벌렸다. 이러한 징크스를 소재로 하여 부통령인 조지 H. W. 부시를, 존 F. 케네디를 승계했던 린든 존슨에 비유한 '1984년에 부시를 재선시키자'는 자동차 범퍼 스티커가 전국적으로 유행하기도 했다.

미국인들의 이런 터무니없는 환상은 1981년 3월 30일 레이건을 저격한 존 힝클리(John W. Hinckley, Jr.)를 통해 실제로 구현되는 듯싶었다. 힝클리는 마틴 스콜세지(Martin C. Scorsese) 감독의 영화 〈택시 드라이버(Taxi Driver)〉(1976)를 열다섯 번이나 보면서 여배우 조디 포스터(Jodie Foster)에게 매료됐고 그녀에게 인정받고 싶어 레이건을 저격했다고 주장했으니, 참으로 황당한 일이었다. 재판에서 배심원들은 이 영화를 보았고, 결국 힝클리는 정신병자라는 이유로 방면되었다.(Thompson & Christie 1994)

더욱 황당한 건 레이건의 암살미수사건이 미국의 초등학생 및 중학생들에게 열렬히 환호받았다는 점이다. 어느 학교에서는 수업 시간 도중 발표된 레이건 저격사건을 접하고 학생 열여섯 명 중 열 명이 손뼉을 쳤으며, 레이건이 목숨을 건졌다는 데 대해 애석해하는 학생도 있었다고 한다.

표현 방법에 있어 차이가 있었을 뿐, 일부 성인들도 레이건 암살미수사건을 내심 즐기기는 마찬가지였다. 레이건이 만약 사망했더라면 0으로 끝난 해에 당선된 대통령 가운데 임기 도중 사망한 여덟 번째 대통령이 되었을 거라는 점을 포착하여 『뉴욕포스트』와 같은 신문은 아예 「레이건 대통령, 아슬아슬하게 여덟 번째 징크스 희생 모면」이라는 표제하에 사건을 보도하기도 했다. 다른 신문들도 저격은 이미 예상된 일이며 언제인가 하는 타이밍만이 문제였다고 쓰기도 했으며, 대통령 취임 후 불과 70여 일 만에 죽는 건 '너무 빠르다'고 평한 기사도 있었다.(Demouse 1984)

레이건의 저격 소식이 알려진 직후 백악관에서는 레이건의 옆에 있다가 총격을 받아 중상을 입은 백악관 대변인 제임스 브래디(James S. Brady) 대신 부대변인 래리 스피크스(Larry M. Speakes)가 기자들의 질문에 답하고 있었다. 대통령이 수술을 받기 위해 마취 상태에 들어갈 경우, 그동안 누가 대통령직을 대행하느냐는 기자들의 질문에 스피크스는 "현재로서는 그 질문에 답할 수 없다"고 대답했다.

백악관 상황실에서 텔레비전을 통해 이 장면을 지켜보며 스피크스의 처신을 답답하게 생각하던 국무장관 알렉산더 헤이그(Alexander M. Haig, Jr., 1924~2010)는 곧장 기자회견장으로 달려가, 부통령 부시가 백악관에 도착할 때까지 "지금 현재로서는 내가 여기 백악관을 장악하고 있다"는 실언을 하고 말았다. 헌법에 따르면 국무장관은 대통령 유고 시 상원의장인 부통령, 하원의장, 상원부의장에 이어 대통령 승계 순위가 4위에 지나지 않을 뿐 아니라, 레이건이 입은 상처의 정도가 정확히 알려지기도 전에 얼굴에 구슬땀을 흘리며 흥분한 목소리로 떠들었다는 것은 매우 경솔한 행동이었다.(Rusher 1982, Speakes 1988)

국가안보담당 보좌관을 지낸 리처드 앨런이 월간 『애틀랜틱(Atlantic Monthly)』 2001년 4월호에 공개한 회고에 따르면, 헤이그가 자신의 백악관 지휘권을 주장하면서 "군 경계태세 강화는 없을 것"이라고 단언할 때에 그의 팔·다리는 후들거리고 있었다. 상황실로 돌아온 후 캐스퍼 와인버거(Caspar W. Weinberger, Jr.) 국방장관이 전략공군사령부(SAC)에 비상령을 내렸다는 소식에 헤이그는 불만을 터뜨렸다. "평상시보다 많은 소련 잠수함들이 본토 동해안에 근접해 있다"고 설명했지만 막무가내였다. 바로 직전 군 경계 강화는 없다고 발표했는데 자신을 "거짓말쟁이로 만들어버렸다"며 화를 냈다. 와인버거는 "군 지휘권은 국방장관인 나에게 있다"고 말했으나 '백악관 지휘권'을 이어받았다고 생각한 헤이그는 "헌법을 다시 읽어보라"고 맞받아쳤다. 앨런은 자신도 중상을 입은 짐 브래디 공보 보좌관이 사망했다고 잘못 발표했을 정도로 당시 상황이 워낙 혼란스러웠다고 강조했다.(윤희영 2001)

「철의 사나이 레이건!」

미국 언론에는 신임 대통령의 취임 100일간은 새로운 환경에 잘 적응하라는 의미에서 정부에 대한 비판을 자제하는 전통을 고수하고 있었다. 이러한 밀월 기간 중 일어난 레이건의 저격으로 바짝 긴장했던 언론은 레이건이 대통령 임무 수행을 하는 데 전혀 지장이 없다는 사실이 확인되자, 이번에는 레이건을 영웅으로 만들려고 분주했다.

「철의 사나이 레이건!」따위의 표제가 대거 등장했으며, 왼쪽 허파에 총탄이 박힌 채로 병원에 걸어들어 갔다던가, 자신을 치료할 의사들에게 "당신들 모두 공화당 지지자겠지?"라고 여유 있는 농담을 던졌다는 것 그리고 레이건이 병상에서 낸시에게, 과거 권투 헤비급 챔피언 잭 뎀프시(Jack Dempsey, 1895~1983)가 타이틀을 빼앗긴 후 아내에게 했다는 유명한 유머를 인용하여 "허니, 잠깐 덕(duck; 상대방의 가격을 피하기 위해 몸을 숙이는 것) 하는 걸 잊었어"라고 여유를 보였다는 일화 등이 화제로 오르내렸다.(Demouse 1984)

이러한 레이건의 용기와 여유는 상당 부분 언론을 의식해 꾸며낸 것이었다. 평소 노령에 시달리던 레이건이 텔레비전 카메라 앞에서는

저격사건 후 레이건은 여론의 지지를 바탕으로 연방정부예산 삭감법안을 밀어붙일 수 있었다.

갑자기 경쾌하게 걷는 연기를 보여주곤 했듯이 말이다. 레이건은 퇴원 후 백악관에서 제대로 걸을 수도 없는 상태였으며, 보좌관들과의 회의 도중 산소호흡기를 착용해야 할 만큼 중병 상태였다. 창백한 얼굴 그리고 때론 정신나간 모습을 하고 있는 레이건은 한 시간 이상 일에 집중할 수 없을 만큼 최악의 상태였음에도, 텔레비전과 언론을 통해 알려진 레이건은 오직 '철의 사나이'라는 이미지의 주인공이었다.(Woodward 1987)

자신의 건강 상태를 속여 가며 눈물겨운 연기를 펼친 레이건의 노력에는 그만한 보답이 있었다. 저격사건 이후 레이건의 인기도는 62퍼센트에서 73퍼센트로 11퍼센트나 상승했기 때문이다. 이 인기 상승을 '정치적 자본'이라 생각한 레이건의 보좌관들은 그 자본을 레이건의 경제정책 추진에 투자하기로 결정했다. 레이건의 경제정책, 즉 레이거노믹스(Reaganomics)를 살펴보기 전에 한국에선 어떤 일이 일어나고 있었는지, 잠시 한국으로 건너가보자.

참고문헌 Barber 1985, Benze 1987, Blumenthal 1981, Cannon 1982, Davis 1987, Demouse 1984, Donaldson 1987, Gergen 2002, Jeffords 2002, Leamer 1983, Lovell 1985, Miller 2002, Nathan 1983, Osborne 1982, Rusher 1982, Safire 1988, Schoenbrun 1984, Speakes 1988, Thompson & Christie 1994, Woodward 1987, 변창섭 2003, 윤희영 2001

"신은 나를 버렸구나"
전두환의 미국 방문

전두환의 환호, 김대중의 눈물

앞서 지적했듯이, 12·12 사태 이후, 전두환은 끊임없이 워싱턴을 방문하기 위해 노력했다. 전두환의 입장에서 미국 대통령과의 회동은 자신의 정치적 성공과 밀접한 관련을 맺고 있는 것이었다. 집요한 시도에도 카터 행정부와의 물밑 접촉이 여의치 않자, 전두환은 1980년 미국 대통령 선거 기간 중에 카터 행정부와의 접촉을 중단하는 대신 공화당 후보 로널드 레이건과 선을 대기 위해 노력했다. 레이건이 11·4 대선에서 승리하자 전두환은 좋아서 무릎을 쳤고 신군부 인사들도 환호했다. 『뉴욕타임스』 1981년 1월 10일자는 다음과 같이 묘사했다.

"한국 정부는 인권 문제로 한국 정부 지도자들을 괴롭혀온 카터가 낙선하고 레이건이 압승하자 환호하고 있다. 득의에 찬 한국 정부는 이를 계기로 광주사태 배후조정 혐의로 체포한 김대중 씨에 대한 처형을 서두를 것이다."(정진석 1999)

반면 김대중은 눈물을 흘렸다. 김대중(1999)의 회고다. "제2심에서도 사형선고가 내려지던 그다음 날, 또 하나의 좋지 않은 소식이 들려왔다. 민주당의 지미 카터 현 대통령이 공화당의 로널드 레이건 후보에게 패했다는 뉴스였다. '인권외교'를 기치로 내건 카터 씨가 재선된다면, 내 신변에도 변화가 있을지 모른다는 한 가닥 기대를 갖고 있었다. 그러나 그것이 빗나간 것이다. 새로 뽑힌 레이건 씨는 보수파였기 때문에 기대를 걸 만한 인물로는 보이지 않았다. '드디어 사형이란 말인가? 신은 나를 버렸구나' 하고 생각하니 사내 대장부지만 눈물이 흘러내렸다. 그 정도로 나는 카터 씨의 재선을 학수고대했던 것이다."

김대중의 우려는 결코 기우는 아니었다. 미국 대선 결과와 관련해 글라이스틴(Gleysteen 1999)은 이렇게 말한다. "전두환이 가장 신임하는 최측근자들을 포함해 한국의 젊은 군장교들 사이에 반김대중 정서가 다소 늘어나고 있다는 것을 알게 되면서 선거 결과를 한국인들이 어떻게 받아들일 것인가에 대한 내 우려는 증폭됐다. 영향력 있는 위치에 있던 인사들 중 놀랄 만큼 많은 사람들이 김대중 처형을 강력하게 요구하고 있었다. 일부에서는 그가 처형되지 않으면 정치 무대에 다시 등장해 자신들의 '구국' 노력은 허사가 될 것이며 그의 처형에 대한 외국인들의 비난도 시간이 지나면 사라질 것이라면서 공공연히 그의 처형을 주장했다."

김대중의 목숨으로 흥정한 방미(訪美)

1980년 12월 9일 밤, 광주의 미문화원에서 불이 나는 사건이 벌어졌다. 임종수(당시 전남대학 상대 3학년), 정순철, 김동혁, 박시형, 윤종형

등 광주의 청년 학생들이 결행한 이른바 '광주 미문화원 방화사건' 이
다. 이들은 광주민중항쟁 과정에서 나타난 계엄군 만행의 책임이 단
지 전두환 군사독재 정권에 한정된 것이 아니라 이를 방관하는 데 그
치지 않고 4개 대대의 병력 사용에 동의한 미국에까지 확장된다고 보
았다. 그래서 마침 미 국방장관 브라운의 방한 일정에 맞추어 반민
주·반민중적인 전두환 군사 정권을 지원하는 미국의 그릇된 대외정
책에 경종을 울리기 위해 방화를 한 것이었다.

이들은 자신들이 행위가 올바른 한미 관계의 형성을 위한 충정에서
비롯되었다며, 미문화원 방화는 '반미' 가 아닌 '친미' 이며 '방화' 가
아니라 '봉화' 라고 말했다. 그러나 신군부는 광주 미문화원 방화사건
이 사회적인 이슈로 부각될 것을 우려하여 방화가 아닌 단순한 전기
누전이었다고 발표해 사건의 본질을 은폐했다.(김명섭 1999, 김성보
1990)

1980년 12월 13일 국방장관 브라운은 한국을 방문해 전두환과 만나
김대중의 처형이 한국의 안보와 경제에 미칠 영향을 거론했는데, 이
때 전두환은 "법원의 결정은 존중돼야 한다. 대법원이 사형선고를 확
정하면 그대로 집행돼야 한다"고 강경하게 말했다.

1980년 12월 9일과 18일 그리고 1981년 1월 2일까지 세 차례에 걸쳐
레이건의 국가안보 보좌관 리처드 앨런은 당시 중앙정보부 공사였던
손장래의 주선으로 남한 관리들과 회동해 김대중 문제를 의논했다.
앨런은 12·12의 주역이자 광주학살을 현장에서 지휘한 정호용과도
만났는데, 당시 정호용은 김대중은 남한의 국가 안보를 위협하는 "가
장 위험한 인물" 이므로 "법에 따라 반드시 처형해야 한다"고 단호하

게 말했다. 이에 대해 앨런은 만일 "김대중을 처형한다면 한미 정부 사이의 거북한 관계를 청산할 절호의 기회를 놓치게 될 것"이라고 말했다. 또 앨런은 만약 김대중을 처형하면 "벼락이 당신들을 치는 듯한" 미국의 반발이 있을 것이라고 말했다.

상황이 이렇게 전개되자, 정호용은 로널드 레이건의 대통령 취임식 행사에 전두환을 공식 초청할 것을 요청했고, 이에 앨런은 김대중에 대한 선고가 대폭 감형되어야 한다는 조건 아래 레이건의 취임 후, 전두환의 방미를 제안했다.(Gleysteen 1999, Oberdorfer 2002)

자주국방 및 핵개발 포기 약속

1981년 1월 21일 미국 백악관은 레이건 대통령의 취임식이 거행된 다음 날 전두환의 방미가 이루어질 것이라고 발표했다. 전두환의 미국 방문은 레이건 정부가 들어선 후 열린 세 차례의 비밀 회동으로부터 태동한 것이었다. 김대중을 살려주는 대신 전두환은 레이건의 취임 이후 미국의 전통적인 우방 지도자들보다 먼저 미국을 방문하는 영광 (?)을 얻어낸 것이다. 글라이스틴이 전두환이 미국을 방문하기 열흘 전인 1월 22일 알렉산더 헤이그 미국 국무장관에게 보낸 '레이건-전두환 회담을 위한 의제 제안'도 이를 잘 말해주고 있다.

김대중 문제 이외에도, 전두환은 미국 방문을 위해 미국과 뒷거래를 했는데, 주로 안보와 경제 문제였다. 정상회담을 위해 전두환은 핵개발 포기를 약속했고, F-16 전투기 구입과 쌀 수입 등도 약속했다. 이에 레이건 정부는 카터 시절 거론됐던 주한미군 철수 문제를 백지화하기로 약속했다.(이흥환 2002)

전두환의 방미 교섭이 한창 진행 중이던 1980년 12월 19일, 박정희 시절 핵개발을 주도했던 원자력연구소와 한국핵연료개발공단이 갑자기 통폐합되었다. '원자력'이라는 말을 아예 빼버리고 '에너지 연구소'라는 새 이름을 달았다. 이는 1980년 초 1차 숙청에 이어 1982년 12월 31일에 단행된 사상 최대 규모의 국방과학자 숙청(과학자와 연구소 직원 839명 해고)과 함께 큰 의혹을 불러일으켰다. 정진석(1999)에 따르면 "미국은 한국이 추진했던 자주국방 계획과 '핵개발'을 저지하기 위해 전두환 정권의 출발을 용인했는지도 모른다."

김대중 구명(救命)은 혹 이를 위장하려는 카드는 아니었을까? 레이건 정권이 제3세계 민주화 지도자의 목숨 알기를 우습게 아는 정권이었기에 더욱 그렇다. 후일 전문가들은 국방과학자 대숙청은 한국 국방과학기술을 10년 이상 후퇴시켰으며 자주국방 의지를 실종케 하는 결과를 낳았다고 평가했다.(오연호 1994a)

전두환은 미국을 방문하기 5일 전인 1월 23일에야 비로소 국내 언론을 통해 방미 사실을 발표했는데, 이 날 전두환의 꼭두각시였던 대법원은 김대중의 사형을 확정했다. 대법원에서 사형이 확정된 바로 그 날, 국무회의에선 사형을 무기로 감형한다는 조치가 취해졌다. 다음 날 정부 대변인인 문공부장관 이광표는 사형이 무기로 감형된 배경에 대해 이렇게 말했다.

"김대중이 1월 18일 전두환 대통령 앞으로 그간 국내외에 물의를 일으켜 국가안보에 누를 끼친 데 대하여 책임을 통감하며, 국민 앞에 미안하게 생각해 마지않는다면서 특별한 아량과 너그러운 선처를 호소해왔다."

김대중에 대한 감형은 전두환의 대통령직에 대한 미국의 인준을 얻기 위해 전두환의 미국 방문과 맞바꾼 여러 거래 조건의 하나였지만, 신군부는 그런 거짓말을 천연덕스럽게 해댔다. 신군부는 김대중에 대한 감형 조치를 취하고 나서 다음 날 계엄령을 해제했다. 비상계엄이 선포된 지 456일 만의 일이었다. 그리고 전두환이 미국으로 떠난 지 3일 후에 김대중을 비롯해 이문영, 고은, 문익환(1918~1994) 등 '김대중 내란음모사건'과 관련된 민주인사 15명은 전국 교도소에 분산 수용됐다.

전두환–레이건 회담

김대중의 목숨도 살려주고 자주국방 및 핵개발 포기 카드까지 미국에게 넘겨준 전두환에게 이제 남은 일은 미국 내 여론을 살피는 것이었다. 이렇다 할 끈이 없었던 5공화국은 전두환 지지 공작을 위해 통일교 신문인 『뉴스월드(NewsWorld)』를 활용했다.(통일교의 『워싱턴타임스(The Washington Times)』는 1982년 3월 1일에 창간된다.) 『뉴스월드』는 1980년 대통령 선거 당일 아침에 '뉴스월드 예언'이라는 단서를 조그맣게 달아 「레이건의 파격적 대승리」라는 제목을 주먹만 한 활자로 박아 1면 톱으로 싣는 등 레이건 지지 활동을 맹렬하게 했기에 레이건 행정부엔 어느 정도의 영향력을 갖고 있었다.(김용삼 2001)

손충무의 증언에 따르면 "전두환 대통령이 방미를 앞두고 있는데 그때까지도 미국 언론들이 전 대통령을 좋게 써주질 않아요. 그래서 통일교가 운영하는 신문이라도 활용해야겠다 싶어 박보희 씨와 통일교 신문 『뉴스월드』의 기자를 데리고 전두환 대통령을 찾아가 세 시간

1981년 2월, 미국 순방에 오르는 전두환·이순자 부부.

동안 인터뷰를 시킨 거지요. 그 신문이 타블로이드판 일간지였는데 2쪽씩 3일에 걸쳐 대대적으로 보도했습니다. 통일교도들은 그 신문을 수십만 부씩 찍어 전 미국에 돌렸습니다. 그게 아마 영어로 전 대통령을 대대적으로 알리는 최초의 신문이었을 겁니다."(오연호 1994a)

그런 준비 작업을 마친 전두환은 1월 28일부터 2월 7일까지 미국을 방문했다. 2월 2일 레이건과 회담한 전두환은 외국 원수로는 처음으로 레이건 정부의 백악관 방문자가 되는 '영예'를 누리게 되었지만, 본토 한국인들보다 광주학살의 진상에 대해 더 잘 알고 있었던 재미 한인들의 반응은 냉담했다.

전두환의 방미 환영행사에 참여한 한인들은 '동원된 사람들'이었으며, 동원된 사람들은 대부분 영사관 관계자들, 상사 직원들 그리고 통일교도들이었다. 통일교도의 동원은 부작용을 낳았다. 손충무는 이렇게 말한다. "전 대통령이 미국 공항에 내릴 때 박보희를 위시한 통일교도들이 나와 열렬히 환영했습니다. 그런데 통일교 측에서 텔레비전 카메라맨들과 신문 사진기자들을 어떻게 공작했는지 한국 뉴스 시간에 통일교 사람들이 전 대통령의 방미를 성사시켜준 것 같이 주요 장면들이 처리됐습니다. 그러자 국내외에서 신군부가 통일교와 유착됐다는 소리가 들렸습니다. 이래서는 안 되겠다 싶어 방미 3개월 후쯤 관계 단절 작업에 나선 것입니다. 일화 인삼차에 대한 세무조사를 하고 통일교대학설립 허가를 취소하고 여의도 63빌딩을 통일교에서 짓겠다는 것도 말렸는데, 일련의 조치들이 신군부가 통일교와 관련이 없다는 것을 국민들에게 보여주기 위한 것이었습니다."(오연호 1994a)

전두환이 참석한 행사장마다 시위대가 출몰하자 전두환은 행사를 취소하거나 급히 겉치레 사진 찍기만 하고 행사장을 떠나곤 했다. 『로스엔젤레스타임스』는 "우정의 종각에서의 기념 식수식은 세계에서 유례를 찾아보기 힘든, 30초 만에 끝난 행사였다"고 평했다.(장태한 1999)

2월 2일 레이건은 백악관 외교사절 출입구까지 나가 팡파르가 울리는 가운데 밝게 웃는 얼굴로 국무부에서 조언한 절제된 인사말을 무시하고 백악관에 들어서는 전두환을 따뜻한 포옹으로 맞이했다. 레이건은 백악관 오찬에서 이렇게 말했다. "남한과 미국은 자유의 가치를 공유하고 있다. 본인이 오늘 이 자리에서 한국인에게 전하고 싶은 메시지가 하나 있다면 그것은 자유와 우의에 기초한 한미 양국의 특별한 유대관계는 30년 전이나 지금이나 변함없이 돈독하다는 사실이다."(Oberdorfer 2002)

전두환은 미국에 대해 핵개발 포기, F-16 전투기 구입, 쌀 수입, 자주국방 계획 포기 등을
약속하고 대통령직에 올랐다.

미국의 든든한 후원을 업은 이상 이제 전두환에게 남은 건 새로운
헌법에 근거한 대통령 취임이었다. 미국에서 돌아온 전두환은 2월 25
일 대통령 선거인단의 간접 선거로 치러지는 대통령 선거에 임했다.
짜인 각본에 따라 총 선거인 5277명 중 5271명이 투표에 참가한 가운
데 전두환은 4755표를 얻어 90.2퍼센트의 득표율로 대통령에 당선되
었다. 전두환은 한 편의 코미디를 방불케 하는 이런 '체육관 선거'를
통해 12대 대통령으로 선출되어 3월 3일 대통령에 취임했다.

이로부터 1년 후인 1982년 3월 18일 '부산 미문화원 방화사건'이 발생하면서 5월 광주에 대한 미국의 책임이 본격 부각되기 시작한다. 어디 그뿐인가. 훗날의 역사가 말해주지만, 김대중이 "신은 나를 버렸구나"라고 한탄하기엔 아직 이른 시점이었다.

참고문헌 Gleysteen 1999, Oberdorfer 2002, 강준만 2002-2006, 김대중 1999, 김명섭 1999, 김성보 1990, 김용삼 2001, 오연호 1994a, 이흥환 2002, 장태한 1999, 정진석 1999, 황석영 1985

'반미 투쟁의 횃불'
부산 미문화원 방화사건

광주학살이 준 충격

1980년에 벌어진 광주학살은 부산 고려신학대학교(현 고신대학)에 다니던 학생 문부식의 인생을 바꾸는 전환점이 되었다. 그 잔인한 학살극에 감당하기 어려운 충격과 고통을 받았다. 1981년 가을 광주민주항쟁으로 인해 도피 생활을 하고 있던 김현장을 만나 막연한 소문으로만 알고 있던 '5 · 18 광주'의 진상을 제대로 알게 되었고, 미국의 역할에 분노하게 되었다. 이것이 바로 문부식이 고신대 학생 김은숙, 이미옥, 김지희, 최인순, 류승렬, 박원식, 최충언 등과 함께 이른바 '부산 미문화원 방화사건(부미방사건)'의 범인이 된 배경이다.

1982년 3월 18일 오후 2시 문부식은 같은 대학 동료 김은숙 · 이미옥과 함께 부산 대청동에 있는 미문화원에 들어가 기름을 뿌린 뒤 불을 지르고 달아났다. 강풍 때문에 미문화원에 붙은 불은 쉬 잡히지 않았고, 한 시간이나 탔다. 이 사건으로 미문화원 도서관 내에서 책을 보던 동아대학 학생 한 명이 숨졌다. 비슷한 시각 국도극장과 유나백화점 앞에서는 「미국은 더 이상 한국을 속국으로 만들지 말고 이 땅에서 물러가라」라는 제목의 성명이 담긴 전단이 수백 장 살포됐다.

"우리의 역사를 돌이켜보건대, 해방 후 지금까지 한국에 대한 미국의 정책은 경제수탈을 위한 것으로 일관되어왔음을 알 수 있다. 소위 우방이라는 명목하에 국내 독점자본과 결탁하여 매판문화를 형성함으로써, 우리 민족으로 하여금 그들의 지배논리에 순응하도록 강요해왔다. 우리 민중의 염원인 민주화, 사회개혁, 통일을 실질적으로 거부하는 파쇼 군부정권을 지원하여 민족분단을 고정화했다. 이제 우리 민족의 장래는 우리 스스로 결단해야 한다는 신념을 가지고, 이 땅에 판치는 미국 세력의 완전한 배제를 위한 반미 투쟁을 끊임없이 전개하자. 먼저 미국 문화의 상징인 부산 미국 문화원을 불태움으로써 반미 투쟁의 횃불을 들어, 부산 시민에게 민족적 자각을 호소한다." (김삼웅 1997)

'잊힌 광주'에 대한 충격

『조선일보』 1982년 3월 21일자 사설 「누구를 위한 방화인가: 미문화원 소실과 민족적 수치」는 당시 범인이 밝혀지지도 않은 상태에서 "그 어느 때보다도 양국 간의 안보협력체제는 공고하고 긴밀한 형편이다. 이런 까닭으로 해서 더욱더 한미관계를 이간하려 했을는지 모른다. 그러나 계란으로 바위를 깨려는 망상과 다름없다"고 비난했다. 『중앙일보』도 「반공(反共)과 친미(親美)는 헌법 이상의 국민적 합의」라는 제목의 사설을 통해 방화를 비난했다. (김기영 2001)

사건 발생 14일 만인 4월 1일, 문부식·김은숙이 함세웅 신부를 통해 자수했다. 이어서 이미옥, 김지희, 유승렬, 최인순, 박원식, 최충언, 최기식, 김화석, 허진수, 박정미, 김영애, 문길환, 이창복 등이 방화와 전단지 살포 혐의로 구속됐다. 4월 15일에는 광주민주화운동과 관련해 수배 중이던 김현장이 부산 미문화원 방화사건의 배후조종 혐의로 가톨릭 원주교육원에서 체포되었다. 또 당시 원주교육원장 신부 최기식도 국가보안법 위반 및 범인은닉 혐의로 체포되었다.

후일 문부식은 언론은 말할 것도 없고 자신들의 방화사건에서 '광주'를 읽어내지 못하는, 아니 아예 읽지 않으려 하는 태도를 보인 세상 사람들에게 충격을 받았다. 문부식(2002)은 다음과 같이 말했다.

"신문과 방송은 일반 시민들이 자발적으로 '반상회'를 열어서 범인을 조속히 검거하는 일에 앞장서고 있다고 보도했다. 말 그대로 전국민적 범인 색출 작전이 연일 벌어지고 있었던 것이다. 우리의 목에 걸린 현상금은 3000만 원.(당시의 한국 화폐가치로 정원이 있는 이층집을 구입할 수 있는 금액) 결국 우리는 시민의 신고로 검거되었다. 수사기관에서의 조사 과정 또한 우리의 예측을 벗어나는 것이었다. 나는 최소한 그들이 나에게 왜 미문화원에 불을 질렀는지에 대해 물어보리라 생각하고 있었다. 그러나 나를 포함하여 사건 관련자 어느 누구도 그와 비슷한 질문조차 받지 못했다. 광주학살에 대한 미국의 책임을 묻기 위해 방화했다는 말은 그들에게 전혀 '필요 없는' 말이었고, 그건 '너희들의 사정'일 뿐인 것이었다. 우리를 기소한 이유를 밝힌 공소장 어디에도 '광주'라는 단어는 없었다."

'부역의 대열에서 이탈하고 싶었다'

'광주'를 거론한 건 오히려 미국의 언론이었다. 1982년 7월 6일자 『뉴욕타임스』의 사설은 부미방사건의 의미를 다음과 같이 풀이했다.

"지난 3월, 한국의 반체제 학생들은 부산 미문화원에 불을 지르고, 전 대통령을 지지하는 미국의 역할과 1980년 5월 광주에 대한 탄압을 지원한 미국의 역할을 비난했다. …… 위컴 장군은 그의 지휘하에 있는 한국 군대를 광주작전을 위해 출동시켰으며 미국대사관은 사태의 중재를 요청하는 반체제 인사들을 거절했고, 그 이후로 미국은 전 대통령을 완전히 지지해왔다. …… 그러나 양 국민에 있어 가장 큰 손실은 미국이 민주주의의 씨를 양육시킬 것이라는 희망에 종지부를 찍었다는 점이다. 이제는 악의 보답만이 남아 있을 뿐이다."(김명섭 1999)

그랬다. 광주민주화운동 유혈진압과 전두환 독재정권 비호에 대한 미국의 책임을 물었던 이들의 부산 미문화원 방화사건은 미국을 우방으로 철석 같이 믿고 있던 국민에게 적잖은 자극을 주었을 것이다. 그동안 광주만의 지역적 문제로 인식되었던 광주 문제가 지역적 장벽을 넘어 전국적인 이슈로 제기되는 계기를 마련했던 부산 미문화원 방화사건은 '반미 운동'의 물꼬를 튼 사건으로 평가받게 되었다. 후일 문부식(1999)은 이 사건에 대해 다음과 같이 말했다.

"'부미방' 사건은 영웅적 행위인가, 아니면 불순 좌경분자들에 의해 저질러진 무모한 반역행위인가? 나의 대답은 이 둘 다 '아니다!' 이다. '부미방' 사건은 허위의 역사를 지탱해나가는 부역의 대열에서 이탈하려 했던 1980년대 젊은이들의 몸부림 가운데 하나였을 뿐이다. '아니다!' 라고 말하고 싶었을 뿐이다. …… 우리는 '반미주의자'여서 미국 문화원에 불을 지른 것이 아니다. 우리는 '부미방'을 통해 미국이 자국의 국가적 이익을 위해 이 땅의 군사독재 정권을 지원하고, 특수하고 종속적인 한미 관계를 지속하려는 한 미국은 진정한 의미에서 우리의 '우방'이 아니라고 말하고 싶었다. 아닐 뿐 아니라 한국 현대사의 가장 큰 비극인 광주학살에 대한 미국과 신군부의 공모행위에 대한 역사적 책임이 분명히 밝혀져야 한다고 주장하고 싶었다."

옳은 말이다. 다만 광주학살에 대해 신군부와 미국의 책임을 묻는다고 해서 그 이후에 벌어진 일들에 대해서까지 한국인들이 면책될수 있는 건 아니라는 점은 분명히 해둘 필요가 있겠다. 앞서 주한미군 사령관 존 위컴이 지적한 바 있는, 신군부의 쿠데타와 광주학살에 대한 한국인들의 '수동적인 태도'는 오랜 독재체제를 감안컨대 이해할수 있는 일이라 하더라도, 이후 나타난 '광주'의 한(恨)에 대한 한국인들의 무감각과 이해 부족 그리고 그에 따른 호남 차별적 지역주의는 이해하기 어려운 일이었다. '한국의 반미주의엔 스스로 해결할 수 없는 내부의 치부마저 미국에 책임을 떠넘기는 측면이 있다'고 한다면 이에 대해 어떤 반론이 가능할까? 한국인들은 친미든 반미든, 한국에서의 미국의 위상과 역할에 대한 생각만큼은 똑같이 공유하고 있는 건 아닐까?

참고문헌 강준만 2002-2006, 김기영 2001, 김명섭 1999, 김삼웅 1997, 문부식 1999 · 2002, 손제민 2010

제4장

CNN과 MTV의 탄생

'제3의 물결'
CNN의 탄생

존 레넌의 죽음

1980년대는 정녕 새로운 시대인가? 1960년대, 꿈을 키우고 전파하는 데에 앞장섰던 이들은 사라지거나 전혀 다른 모습으로 나타나기 시작했다. 존 레넌(John Lennon, 1940~1980)과 제인 폰다(Jane S. Fonda)의 경우를 살펴보자.

5년 동안 어떠한 정치활동도, 음악활동도 하지 않았던 존 레넌은 1980년 8월 전업주부로서의 생활을 마감하고 새로운 앨범을 만들겠다고 선언했다. 몇 개월 뒤 그의 가정생활을 그린 앨범 〈이중환상곡(Double Fantasy)〉이 발표되었다. 이 앨범에 그는 가정생활의 행복과 갈등을 그려냈고, 자연스럽게 로큰롤의 남성 중심 전통에서 벗어났다. 나아가 〈이중환상곡〉은 그가 일생을 두고 추구한 개인생활과 사회생활을 서로 연결한다는 이상(理想)의 연장선상에 있는 작품이었다.

또한 레넌의 새 출발은 음악 영역에만 머무르지 않았다. 그는 샌프란시스코의 일본인 기업 노조 파업에 대해 지원을 계획하는 등 정치 활동에도 기지개를 폈다. 1980년 12월 8일, 한 주가 시작되는 월요일에 한 인터뷰에서 레넌은 앞으로의 계획을 밝히면서 이렇게 말했다.

"1960년대가 이룬 일은 우리의 가능성과 책임감을 보여주었다. 그러나 그것은 해답은 아니었다. 가능성의 희미한 빛을 보여주었을 뿐이다. 1970년대에는 모두 'NO, NO, NO' 라고 말했고 1980년대에는 많은 사람들이 'OK, 인생의 긍정적인 면을 확실히 제시하자' 라고 말한다."(신현준 1993) 이렇듯 레넌은 새로운 희망에 부풀어 있었고 그 어느 때보다도 원기왕성했다.

이것이 그의 마지막 공식 발언이었다. 그날 밤, 일을 마치고 자신의 아파트로 들어가던 중 레넌은 그의 '광팬'으로 알려진 마크 채프먼 (Mark D. Chapman)이 쏜 총에 맞고 피를 토하며 쓰러졌다.

레이 코널리(Ray Connolly 1993)에 따르면 "몇 분도 안 걸려 경찰이 도착했다. 채프먼은 체포되기를 기다리고 있었다. 『호밀밭의 파수꾼 (The Catcher in the Rye)』을 읽으면서. …… 채프먼은 다른 수십만 명의 사람들과 마찬가지로 레넌과 자신을 동일시했다. 채프먼의 행위는 궁극적으로 팬 마니아의 광기였다. 그는 두 차례나 자살하려 했으나 성공하지 못했다. 그러자 그는 숭배하는 대상을, 자기가 되고자 원하는 그 사람을, 때로는 자기 자신이라고 생각하던 사람을 죽인 것이다."

레넌은 급히 병원으로 후송되었지만, 과다출혈로 곧 숨을 거두고 말았다. 그의 죽음을 알리는 뉴스에 전 세계 사람들은 경악했고, 많은 사람들의 눈물과 애도 속에서 그의 파란만장했던 생애는 허무하게 마감되었다. 레넌의 죽음에 대해 지미 카터 대통령은 "그의 정신, 비틀스의 정신은 가벼우면서도 진지하고 냉소적이며 동시에 이상주의적인 그 세대의 정신이 되었다”고 애도 성명을 발표했다.

이 정도로는 만족할 수 없었던 걸까? 레넌의 아내 오노 요코(Ono Yoko)는 살해된 자신의 남편을 위해 10분 동안 묵념을 해야 한다고 전 세계를 향해 외침으로써 사람들의 빈축을 샀다. 영국 저널리스트 제임스 우달(James Woodall 2001)의 회고에 따르면 “나의 아버지는 그녀의 제안이 매우 무례하다고 여겼다. 10분, 세계대전에서 목숨을 잃은 영국 전몰 장병들을 위한 묵념 시간보다 무려 다섯 배나 긴 시간이다. 나도 아버지의 견해를 어느 정도 수긍할 수 있었다.”

오노 요코의 제안은 무례했을망정 ‘1960년대의 마력’을 상징했던 존 레넌의 죽음은 단지 개인의 죽음이 아니라 ‘1960년대의 꿈의 종언’을 상징하는 사건으로 기록되었다. 그런 상징성 때문인지, 영국의 저명한 범죄학자며 변호사인 펜턴 브레슬러(Fenton Bresler)는 『존 레넌의 살해(The Murder of John Lennon)』(1990)에서 “레넌이 정치적 음모에 의해 암살당했을 수도 있다”고 주장했다.(Connolly 1993, 신현준 1993)

제인 폰다와 브룩 쉴즈

제인 폰다는 영화 제작을 통해 벌어들인 수익으로 1979년 비벌리힐스에 여성들의 몸매관리와 관련된 ‘워크아웃(군살 빼기)’ 스튜디오를 세웠다. 다이어트도 운동은 운동이지만, 예전의 반전운동과는 전혀 다른 성격의 운동이 아닌가. 폰다의 다이어트 사업은 성공을 거두어 샌프란시스코와 로스앤젤레스 등에도 스튜디오가 설립되었고, 몸매 관리에 관한 교본인 『제인 폰다의 워크아웃 북(Jane Fonda’s Workout

Book)』은 1981년에 출간되어 그 후 2년간 베스트셀러에 올랐다. 이 책은 1986년까지 200만 부 이상의 판매고를 기록한다.

『제인 폰다의 워크아웃 북』 이후 여러 권의 다이어트관련 책을 펴낸 폰다는 몸매 관리 비법을 비디오로도 출시하여 200만 개를 판매하는 놀라운 기록을 세웠다. 폰다는 이 몸매관리 사업을 통해 매년 3500만 달러 이상의 돈을 벌어들였다. 이러한 사업을 통해 벌어들인 수익의 상당량은 남편인 톰 헤이든(Tom Hayden)의 정치자금으로 썼으며, 1989년 헤이든과 결별했을 때에도 1000만 달러 정도의 재산을 그에게 떼어줄 수 있었다. 그녀는 1991년 54세의 나이로 CNN의 설립자 테드 터너(Ted Turner)와 세 번째 결혼식을 올린다.

1980년대가 열리면서 제인 폰다를 교체한 건 15세의 여배우 브룩 쉴즈(Brooke C. Shields)였다. 평소 "진은 섹스에 관한 것이다"라고 주장해온 디자이너이자 의류업체 기업가인 캘빈 클라인(Calvin R. Klein)은 브룩 쉴즈를 모델로 내세운 텔레비전 광고를 통해 진의 이미지를 섹스와 결합했다. 이름하여 '브룩 쉴즈의 노팬티 광고'다.

그 광고에서 브룩 쉴즈는 "나와 캘빈 클라인 사이에는 아무것도 없어요!(You know what comes between me and my Calvins? Nothing!)"라고 말한다. 엉덩이를 뒤로 빼면서 셔츠의 단추를 잠그는 것인지 푸는 것인지 알 길이 없는 그녀의 포즈는 "정말 아무것도 없다니까요"라고 화끈하게 확인하는 듯 보였다. 쉴즈의 한마디는 미국의 젊은이들을 열광시켰다. 이 광고가 나가고 나서 클라인 진은 90일 만에 판매고가 300퍼센트나 증가했다. 일부 보수적인 지역의 방송국들은 광고 방영을 중단했다. 그러나 이 광고에 대한 논쟁이 일수록 클라인 진의 인기

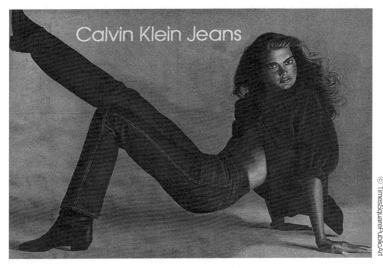

브룩 쉴즈의 관능미가 기폭제가 되어 캘빈 클라인은 디자이너 진으로서의 명성을 높였다.

는 더욱 높아 갔다. 언론보도가 광고를 대신하는 셈이 되니 말이다. (Davis 1984)

여기서 넌센스 퀴즈 하나. "브룩 쉴즈와 그녀가 입은 청바지 사이에 아무것도 없었던 이유는? 답은 간단하다. 그때까지는 캘빈 클라인 언더웨어가 존재하지 않았기 때문이다." 캘빈 클라인은 1982년부터 속옷 판매에 나선다.(Marsh 2003)

앨빈 토플러의 『제3의 물결』

'1960년대의 꿈의 종언'을 상징하는 사건은 레넌의 죽음, 폰다의 변신, '브룩 쉴즈의 노팬티 광고'만은 아니었다. 테크놀로지의 눈부신 발전도 그러한 종언을 상징하는 동시에 부추겼다. 1980년 미래학자 앨빈 토플러(Alvin Toffler)의 『제3의 물결(The Third Wave)』이 세계 30개국에서 1000만 부 이상 팔리면서 하나의 사회적 신드롬이 된 것은 테크놀로지가 인간 사이의 갈등에 심대한 영향을 미칠 수 있다는 사실을 시사했다.

『제3의 물결』은 약 1만 년 전부터 시작된 농업 문명을 '제1의 물결', 약 300년 전의 산업혁명에서 시작돼 규격화·동시화·중앙집권화로 대별되는 산업적 대량생산 문명을 '제2의 물결'로 규정 지은 다음, 오늘날엔 정보사회의 지적 물결로 대표되는 '제3의 물결'이 도래했음을 선언했다. 토플러(Toffler 1981)는 "왜 이와 같은 현상이 일어나고 있는 것일까? 왜 낡은 제2의 물결이 갑자기 제 기능을 다하지 못하게 됐을까? 왜 이 새로운 문명의 조류가 낡은 문명의 파도와 충돌하게된 것일까?"라는 질문을 던진 뒤 다음과 같이 답했다.

"아무도 그 이유를 알지 못한다. 산업혁명으로부터 300년이 지난지금에도 역사학자는 산업혁명을 일으킨 '원인'을 분명히 파악하지못하고 있다. …… 분명한 것은 수십, 수백의 변화의 흐름이 하나로 합류되고 그것들이 상호간에 관계를 유지하면서 제3의 물결의 원인을형성하고 있다는 것이다. …… 또한 이 격심한 변동의 시대에는 일리야 프리고진(Ilya Prigogine) 등의 과학자가 말하는 '도약현상'과 흡사한 현상도 보인다. …… 사실상 특정의 원인을 알아내고자 하는 것은다분히 그릇된 발상인지도 모른다. 결국, 이러한 질문 자체가 빗나간것인지도 모른다. 제3의 물결의 원인은 무엇이냐고 묻는 자체가 모두'제2의 물결' 식 발상에 사로잡힌 증거라 말해도 좋을 것이다."

토플러의 『제3의 물결』에서 미디어의 발달과 관련해 주목할 만한주장은 다음 다섯 가지를 들 수 있다.

"매스미디어는 지금 대공세를 받고 있다. 새롭고 세분화된 미디어가 세포분열처럼 증식하여 제2물결의 사회 전체를 완전히 지배하던 매스미디어에 도전하여 그 권좌를 빼앗으려 하고 있는 것이다."

"매스미디어가 탈획일화 함과 동시에 우리의 정신은 세분화된다. 제2물결 시대에는 매스미디어가 규격화된 이미지를 쉬지 않고 우리에게 쏟아넣어 비평가가 말하는 '대중심리' 라는 것을 만들어냈다. 오늘날에는 대중이 모두 같은 메시지를 받는 일이 없어지고 대신에 더 소규모의 그룹으로 세분화된 사람들이 자기들이 만들어낸 엄청난 양의 이미지를 서로 교환하고 있다."

"여론의 일치를 얻을 수 있는 상황은 사라졌다. 우리 한 사람, 한 사람이 서로 모순되고 관련이 없는 단편적인 이미지군(群)에 포위되고 전격적인 공격을 받아 이제까지 품어오던 낡은 사고방식이 뒤흔들리고 있다. 이미지의 단편은 레이더의 스크린 위에 물체의 위치를 나타내는 발광점과 같이 명멸하는 그림자의 모양으로 우리에게 방사된다. 사실 우리는 '순간정보문화(blip culture)' 에서 생활하고 있는 것이다."

"이미지가 무너지고 순식간에 나타났다가는 사라져 가는 새로운 형태의 문화 속에서 제2의 물결 미디어를 사용하는 사람들과 제3의 물결 미디어를 이용하는 사람들 사이에 균열이 확대되고 있음을 우리는 명확히 인식하기 시작하고 있다."

"사회의 시스템이 시종일관 기능하기 위해 필요한 대량의 정보와 정보교환의 신속화에 제2의 물결 정보체계는 이에 대처하지 못하고 그 중압에 짓눌릴 처지에 있다. 제3의 물결은 이 시대에 낙후된 구조를 타파하고 이에 대신할 새로운 체제를 구축하려는 것이다."

테드 터너의 CNN 탄생

토플러가 역설하는 '제3의 물결'을 입증하겠다는 듯, 1980년 6월 1일 24시간 뉴스를 내보내는 케이블 텔레비전 CNN(Cable News Network)이 출현했다. 애틀랜타에 본부를 둔 CNN은 이미 1976년에 WTBS로 전국적 명성을 얻은 테드 터너의 작품이었다. 터너가 조지아 출신이고 CNN의 본부가 애틀랜타라는 사실에 주목할 필요가 있다. 그는 뉴욕에 본부를 둔 기존 네트워크 방송사들에 강한 반감을 갖고 있었다. 나중엔 주변의 간곡한 만류로 자제하지만, 터너는 처음엔 "우린 텔레비전 업계의 문제점을 낱낱이 들춰내겠다. 우리 역시 네트워크를 지향하지만, 그 속에 감춰진 악의 씨앗을 반드시 캐낼 것이다"라고 선언했다.(Lowe 2004)

CNN의 탄생에 대해 정당한 평가를 내리기 위해선 그 당시 상황에서 터너가 얼마나 무모한 결단을 내렸는지 이야기하지 않을 수 없다. 당시 미국의 케이블 텔레비전 보급률은 겨우 14퍼센트에 지나지 않았다. 거의 모든 사람들이 CNN 설립을 미친 짓이라고 비웃을 만한 상황이었다.

터너는 CNN을 만들면서 "크리스토퍼 콜럼버스처럼 시작했다. 아무도 안 해본 일을 할 때엔 어디로 가는지도 모른다. 가고자 했던 곳에 가더라도 무엇을 발견할 수 있을지 알 수 없다. 그러나 어디론가 가긴 갈 게 아니냐"고 했다. 『뉴스위크』는 "터너는 날이 갈수록 안전제일주의로 소심해져 가는 미국의 기업가 정신에 신선한 충격을 안겨주었다"고 평가했다.(Waters 1980)

허나 '신선한 충격' 이상은 아니었다. CNN에 대해 가장 호평한 CBS

뉴스의 전 사장 프레드 프렌들리(Fred W. Friendly, 1915~1998)마저 "터너가 텔레비전의 미래를 예언하기는 했지만 결국 실패할 것이다. 그는 바닷가에 도착한 최초의 사람이지만, 불행히도 첫 번째로 도착한 사람이 식민지를 건설하는 법은 거의 없다"고 말했을 정도였다.(Whittemore 1990)

CNN 본부라고 하는 곳도 1910년에 지어진 뒤 한때 유곽으로 사용되었다 내버려진 형편없이 낡아빠진 2층 목조건물이었다. 비가 새고 삐끄덕거리며 수시로 전기가 잘 나갔다. 새로 입사한 기자들이 물어 물어 찾아와 그 건물을 보고 혼비백산했다는 일화가 지금까지 전설처럼 전해 내려오고 있다.

CNN이 초창기에 기존의 네트워크 텔레비전들과 취재원들로부터 당한 박대도 이만저만 심한 것이 아니었다. 기존 방송사들은 비웃음으로 'Chicken Noodle News(닭고기국수 뉴스)'라고 조롱했다. 백악관 기자단에도 끼지 못하는 서러움을 겪어야 했고, 뉴스 취재원들도 CNN이 도대체 무얼 하는 회사냐고 묻기 일쑤였다. 에드워드 케네디는 CNN과 인터뷰 약속을 해놓고도 NBC-TV에서 〈투데이 쇼(Today Show)〉에 출연해달라고 하자 CNN 인터뷰를 일방적으로 취소했고 다급해진 CNN 기자들이 궁여지책으로 마련한 기내 인터뷰마저 도중에 일방적으로 끝낸 적도 있었다.

그러나 토플러는 터너에게 자신의 저서 『제3의 물결』을 보내면서 "당신이 바로 제3의 물결"이라는 찬사를 바쳤다. 시간이 흐르면서 토플러의 판단이 옳았다는 게 입증되기 시작했다. 온갖 어려움과 서러움에도 불구하고 다른 네트워크 텔레비전 뉴스와는 달리 하루 24시간

내내 뉴스를 내보내야 하기 때문에 언제 어디서 일어나는 사건이든 항시 게걸스럽게 카메라를 들이대고 있다는 게 바로 CNN의 강점이었다. CNN의 초대사장 리즈 숀펠드(Reese Schonfeld)는 "우리의 철학은 생(生), 생(生), 더 많은 생방송이다"라고 선언했다.(Whittemore 1990)

미리 말하자면, 그간 CNN의 명성을 드높인 사건들의 대부분이 사고, 분쟁, 위기와 관련 있다는 건 결코 우연한 일이 아니다. 1985년 TWA 여객기 납치사건, 1986년 우주선 챌린저호 참사, 1989년 샌프란시스코 지진과 중국의 천안문사태 및 미국의 파나마 침공, 동구의 민주화 시위 현장 그리고 1991년 걸프전쟁(Persian Gulf War)에 이르기까지— 모두 위성 생중계와 무한한 방송 시간을 요하는 것들이었다. CNN을 흔히 '위기 뉴스 네트워크(Crisis News Network)'라고 부르는 것도 바로 CNN의 그러한 특성에서 연유한다.

한편 최초로 현대적 의미의 유료 케이블 서비스를 미국에 도입한 HBO(Home Box Office)도 1980년대 초에 눈부시게 성장했다. 1972년 11월 3일 펜실베이니아에서 365가구의 가입자들에게 첫 방송을 내보낸 HBO는 1970년대 중반 위성기술과 케이블 시스템을 결합함으로써 일대 도약을 하게 되었다. 그러한 결합작업은 1975년 9월 마닐라에서 무하마드 알리(Muhammad Ali)와 조 프레이저(Joseph W. Frazier)의 권투시합을 중계방송 하면서 처음 이루어졌으며, 이는 HBO의 사세를 확장하는 결정적 계기가 되었다.

HBO의 성공에 자극 받아 영화와 스포츠 프로그램을 주로 제공하는 두 개의 케이블 서비스, 바이어컴(Viacom)의 쇼 타임(1978년)과 워너스의 무비 채널(1979년)이 새로 생겨났다. 또 네트워크들도 비록 대부분 실패로 끝났지만 자사의 유료케이블 서비스를 개시했다. 1980년대 초까지 HBO는 다른 유료케이블 경쟁사에 비해 거의 3배 규모로 성장했으며 프로덕션에서 제작하는 영화와 텔레비전 특집 프로그램의 제작비 전액 또는 일부를 부담하기까지 했다.

CNN의 세계화

CNN은 터너의 비상한 사업적 수완에 힘입어 1982년부터 네트워크 텔레비전 뉴스에 위협적인 존재로 서서히 부각되기 시작했다. CNN이 네트워크 뉴스에 미친 영향은 즉각적으로 뉴스 시간의 확대로 나타났다. 특히 CBS는 1982년부터 새벽 2~5시까지 뉴스 방영을 실시했고, 1983년부터 공항으로 뉴스를 배달하여 비행기 내에서 CBS 뉴스를 시청할 수 있게끔 아메리칸 항공사와 독점계약을 체결하는 등 새로운 시장 개척을 위한 모든 방법을 동원했다. 1983년 모든 네트워크의 텔레비전 뉴스 시간은 1981년에 비해 2배 가까이 늘어났다. ABC는 1주에 18시간에서 26시간으로, NBC는 15시간에서 23시간으로, CBS는 14시간에서 40시간으로 늘렸다.(O' Donnell 1983)

CNN의 영향력이 커지면서 네트워크 텔레비전들은 아침뉴스에도 신경을 쓰기 시작했다. 아침뉴스의 시청률 역시 앵커에 따라 크게 좌우된다는 사실을 본능적으로 알고 있는 네트워크 텔레비전들은 아침 시간대에 어울리는 성적 매력의 소유자를 앵커로 기용했다. 아침뉴스의 선두주자였던 CBS는 그 도가 지나쳤다. 1984년 CBS는 미스 아메리카 출신인 필리스 조지(Phyllis A. George)에게 아침뉴스의 앵커를 맡기는 만용을 부렸다. CBS 뉴스의 사장을 역임했던 리처드 샐런트

(Richard S. Salant, 1914~1993)는 필리스의 앵커 기용을 가리켜 "우리 비즈니스를 타락시키는 것"이라며 "비애를 느낀다"고 말했다.

간판 앵커 체제로 움직이는 3대 네트워크들과는 달리, CNN은 간판 앵커 없이 20여 명의 앵커가 돌아가면서 진행하는 방식을 취했다. 24시간 내내 뉴스를 하는 CNN은 간판 앵커를 선보이기 어려운 구조를 지니고 있기도 했지만, 유명 앵커의 높은 연봉을 감당하기 어려워 공동 앵커 체제를 고수했다. 이는 CNN의 약점으로 작용했지만, CNN은 3대 네트워크들이 앵커들에게 수백만 달러의 연봉을 주면서 그들을 스타로 만들고 있다고 비판하면서 이를 자사 홍보의 기회로 이용했다. (Zuckerman 1988)

CNN의 명성과 신뢰도가 점차 높아져 감에 따라 광고 수입(전체의 60퍼센트)도 늘어났다. 또 케이블 텔레비전의 보급률이 증가함에 따라 수신료 수입(전체의 40퍼센트)도 늘어났다. CNN이 흑자로 돌아서는 데에는 5년이라는 세월이 걸렸다. 1985년 첫 흑자로 돌아서기까지 그간 누적된 적자만도 7700만 달러에 이르렀지만, 1980년대 후반에는 모든 사람들이 불가능하다고 한 예측을 또 한번 빗나가게 한 '터너의 전성시대'가 열린다. CNN이 전 세계에 뉴스를 보급하기 시작한 시기도 바로 1985년부터였다.

터너는 글로벌 사고방식을 강조하면서 CNN에선 'foreign'이라는 말을 쓰지 말 것을 요구했다. 그의 주장에 따르면 "'외국의(foreign)'라는 말은 E.T.처럼 '지구 밖의(alien)'라는 뜻을 갖고 있다. CNN에서는 다른 나라 또는 다른 나라 사람에 관해 이야기할 때 'foreign'이란 말을 쓰면 얼마간의 벌금을 내야 한다. …… 외국의 사건(foreign affairs)

대신 '국제적 사건(international affairs)'이라고 해야 한다. 'foreign'이라는 말은 '다른 어떤 곳(somewhere else)'이라는 나쁜 뜻을 담고 있기 때문이다."(Küng-shankleman 2001)

터너는 1985년 4월 미국 제1 텔레비전 네트워크인 CBS를 54억 달러에 사겠다고 정식 인수 의사를 밝혀 온 미국을 떠들썩하게 만들었다. 처음엔 모든 사람들이 웃었다. 그도 그럴 것이 1984년의 매출액을 기준으로 따지더라도 CBS는 터너의 방송 그룹인 WTBS의 매출액 2억 8200만 달러의 17배가 넘는 49억 달러를 자랑하는 거대기업이었기 때문이다. 사람들은 "송사리가 고래를 잡아먹을 수 있을까"라며 터너의 제의를 비웃었지만 상황은 의외로 심각하게 돌아갔다. 터너는 현금 단 한 푼도 없이 차용증서와 각종 증권들을 내놓고 CBS를 사들이겠다고 했지만, 미국의 자본주의라는 게 묘한 것이어서 날이 갈수록 터너의 CBS 매입 가능성은 높아져 갔다.

위기를 느낀 CBS는 연방통신위원회(FCC; Federal Communications Commission)에 제소하고 각종 압력단체를 내세워 터너를 '인종 차별주의자'라고 흑색선전을 하는 등 별별 수단을 다 동원했다. 결국 CBS는 주식 21퍼센트를 10억 달러에 다시 사들이는 고육지책을 동원해 터너의 공격을 간신히 물리치지만, 그 후유증으로 다음 해 로페스 그룹(Lopez Group)에 경영권을 넘겨주는 비운을 겪어야 했다.(Hirschorn 1985, Pauly 1985, Schmidt 1985)

터너는 곧 눈을 할리우드로 돌려 1986년 3월 MGM/UA사를 17억 달러에 사들였다. 매주 40편, 연간 1800편의 영화를 편성한 WTBS의 영화 공급을 위해서였다. 그는 〈카사블랑카(Casablanca)〉(1942)와 같은 흑백영화를 컴퓨터 착색기를 이용해 칼라영화로 만들어 많은 영화 예술인들의 반발을 사기도 했다.

1987년 12월, CNN은 3대 텔레비전 네트워크들과 어깨를 나란히 한다는 가시적이고 상징적인 성과를 거두었다. 당시 소련의 공산당 서기장 미하일 고르바초프(Mikhail S. Gorbachev)가 백악관을 방문한 날 저녁, 레이건의 인터뷰에 3대 네트워크 텔레비전과 함께 CNN이 초청받은 것이다. CNN은 정녕 '제3의 물결' 인가? 그렇다면, 누구를 위한 '제3의 물결' 이냐고 물을 수밖에 없으리라. 이제 곧 그런 물음이 제기되는 시대가 열린다.

참고문헌 Connolly 1993, Davis 1984, Hirschorn 1985, Küng-shankleman 2001, Landrum 1997, Lowe 2004, Marsh 2003, O'Donnell 1983, Pauly 1985, Schmidt 1985, Toffler 1981, Waters 1980, Whittemore 1990, Woodall 2001, Zuckerman 1988, 강준만 1994, 신현준 1993, 유인경 1991

"오 하나님, 우리는 어찌 합니까?"
월터 크롱카이트의 은퇴

텔레비전 뉴스의 9배 장사

1981년 1월 20일 이란에 인질로 억류돼 있던 미국인들이 풀려나던 날, 이런 일이 있었다. CBS-TV는 저녁뉴스 시간에 한 미국인 인질의 아내를 출연시켰다. 앵커맨 댄 래더(Dan Rather)와 대화를 나누면서 그 여인은 "우리는 행복하지만, 실패로 끝난 구조계획 도중 사망한 여덟 명의 미국인도 기억하면 좋겠다"고 말했다. 카메라가 여인을 비추는 동안, 래더는 스텝에게 그 여덟 명의 명단을 가져오라고 했다. 채 1분도 걸리지 않아 여덟 명의 이름이 래더에게 전달되었다. 래더는 처음부터 알고 있었다는 듯 자연스럽게 그들의 이름은 물론 소속 부대와 계급까지 대면서 그들을 잊지 말자고 말했다. 참으로 감동적인 방송이었지만, 이 과정을 지켜본 여인은 충격을 받았다. "아, 내가 평소 그토록 우러러 보던 앵커맨이 이런 방식으로 전지전능하게 보였단 말인가!" 하는 깨달음 때문이었다.(Klaidman & Beauchamp 1987)

ENG(electronic news gathering)의 도입과 더불어 텔레비전 뉴스의 앵커 시스템은 1980년대 초반 들어서도 비약적인 발전을 거듭했다. 날이 갈수록 텔레비전 뉴스는 전통적인 저널리즘에서는 멀어지고 있었지만 시청자들의 의존도는 높아만 갔다. 1964년 텔레비전 뉴스가 미국민의 주요 정보원천으로 등장한 이후 텔레비전 뉴스가 신문을 압도하는 정도는 1980년대에 들어서 더욱 커졌다. 1981년의 로퍼조사에 따르면 텔레비전에서만 정보를 얻는 사람은 응답자 전체의 39퍼센트, 신문에서만 정보를 얻는 사람은 22퍼센트 그리고 텔레비전 뉴스와 신문에서 동시에 정보를 얻는 사람은 20퍼센트로 나타났다.(Lichty 1982)

당연히 네트워크 텔레비전들이 뉴스로부터 벌어들이는 수입도 커져 갔다. 1981년 3대 네트워크의 뉴스 프로그램에 매달린 광고주는 무려 200여 업체에 이르렀다. CBS에서는 저녁뉴스와 〈식스티 미니츠(Sixty Minutes)〉가 모든 연예 프로그램을 통틀어 가장 큰 수입원으로 등장했다. CBS 저녁뉴스는 매일 5분 광고로 40만 달러를 벌어들였는데 이는 인기 드라마 〈댈러스〉나 〈매시(M * A * S * H)〉의 광고 수입료를 능가하는 것이었다. 저녁뉴스의 1년 예산은 1200만 달러였는데 수입은 그 9배에 이르는 1억 달러였다. NBC도 전체 광고 수입 60억 달러 가운데 10퍼센트를 뉴스 프로그램에서 벌어들이는 호황을 누렸다.(Smith 1981)

미국 텔레비전 뉴스의 앵커 시스템이 미국 사회 전반에 얼마만큼 뿌리 내렸는가 하는 것은 1981년 3월 9일 CBS 앵커맨 월터 크롱카이트의 은퇴로 드러났다. 퇴임 직전 카터 대통령이 크롱카이트에게 '자유의 훈장'을 수여한 것을 위시하여 온 미국이 큰 몸살을 앓았다. "오

미국 최초로 '앵커맨'이란 수식을 단 크롱카이트는 텔레비전 매체의 유아기부터 베트남전, 아폴로호의 달 착륙 등 역사적 순간을 함께하면서도 공정성을 유지하며 방송에 임했다.

하나님, 월터 크롱카이트 없이 우리는 어찌 합니까?' 이는 당시 널리 판매된 티셔츠에 찍힌 문구였다.

CBS는 크롱카이트가 행여 다른 네트워크로 옮기는 사태를 염려하여 그가 은퇴한 이후에도 1988년까지 매년 100만 달러를 그리고 1989년 부터 15만 달러를 지급하는 내용의 계약을 체결했다. 크롱카이트의 뒤를 이어 CBS의 간판 앵커맨을 맡게 된 래더는 매년 250만 달러의 연봉을 받기로 했다. 보통 기자들의 연봉에 50배에 해당되는 액수였다.

'스타'를 숭배하는 할리우드 가치가 텔레비전 뉴스까지 지배한 셈이다. 이런 스타 숭배 신드롬은 1981년 7월 29일 다이애나(Diana Spencer, 1961~1997) 황태자비와 찰스(Charles Windsor) 황태자의 결혼식

때 미국 3대 텔레비전 네트워크가 모두 간판 앵커맨을 파견한 데에서 잘 드러났다. '다이애나의 발이 크군요.' NBC-TV의 앵커맨 톰 브로코 (Thomas J. Brokaw)가 중계방송을 하면서 한 말이었다. 다이애나의 결혼식은 세계적인 미디어 이벤트였다. 이탈리아의 기호학자 움베르토 에코(Umberto Eco)는 이 결혼식의 텔레비전 중계와 특히 기수들의 행렬을 언급하면서 몇몇 텔레비전 뉴스 프로그램 연출자에 있어 연출에 대한 강박관념이 어느 정도까지였는가를 다음과 같이 설명했다.

"텔레비전을 시청했던 사람들은 행렬하는 말의 똥이 거무틱틱하지도 않았고 갈색이거나 불규칙하지도 않았으며, 늘 그리고 어디서나 베이지색과 노란색 중간의 아주 빛나는 파스텔 색조이면서도 사람들의 시선을 끌지 않으면서 여성복의 부드러운 색과 조화를 이루도록 나타나고 있다는 것을 알아차렸다. 손쉽게 상상할 수 있듯이 왕실의 말들은 일주일간 똥이 텔레비전 카메라에 잘 받는 색깔을 띠도록 특수알약을 먹였음을 보도를 통해 알게 되었다. 어떤 것도 우연에 맡겨져서는 안 되었으며 모든 것은 중계방송이 지배했다."(Ramonet 2000)

앵커맨의 '우상화'

앵커맨의 '우상화'는 크롱카이트의 은퇴에 뒤이어 1983년 ABC 앵커맨 프랭크 레이놀즈(Frank Reynolds, 1923~1983)의 사망을 통해 다시 드러났다. ABC는 레이놀즈에 관한 특집 프로그램을 방영했는데 그 도가 지나쳐 전통적인 언론인들의 따가운 비판을 받았다. 『타임』의 언론비평가 휴 시디(Hugh Sidey 1983)는 앵커맨이 아무리 시청자들의 사랑을 받는다 해도 대통령, 수상, 교황 들 같은 위치에 설 수는 없는 법이라며 ABC 뉴스의 편협한 동료애를 나무랐다. 그는 과거 존슨 대통령이 교황을 방문해 플라스틱으로 만든 자기 흉상을 선물하는 광경을 현장에서 보고 기겁했던 레이놀즈의 일화를 떠올리면서, 레이놀즈도 공중의 재산인 텔레비전이 자신을 위한 특집을 만들었다고 하면 저승에서도 결코 탐탁지 않게 여길 것이라고 했다.

저널리스트 헨리 페어리(Henry J. Fairlie 1983)는 ABC 뉴스를 비롯한 네트워크 텔레비전 뉴스들이 레이놀즈의 사망을 국가의 현직 대통령이 사망한 이상으로 크게 보도하자 다음과 같은 우스개소리를 했다. 거기에는 결코 웃을 수만은 없는 진실이 있었다.

"(CBS 뉴스의 보도내용) 우리는 월터 크롱카이트의 서거를 깊은 애도로 알려드리기 위해 월드 시리즈 중계방송을 잠깐 중단합니다. 월드 시리즈 중계방송은 물론 모든 예정된 프로그램은 취소될 것입니다. 금일 내내 모든 CBS 가맹사들은 경건한 음악만 방송할 것입니다. 내일부터 CBS는 그간 월터 크롱카이트의 뉴스 프로그램을 연대순으로 재방송해드립니다. 몇 분 전 백악관 브리핑에서는 대통령이 곧 캘리포니아에서 백악관으로 돌아올 예정이라고 발표했습니다. 레이건 대통령은 그에 앞서, 모든 미국인에게 이 커다란 국가적 손실에 직면하여 자숙할 것을 요청했습니다. 미국 야구협회장도 금년에는 월드 시리즈 경기를 개최하지 않을 거라고 선언했습니다. …… 고(故) 월터 크롱카이트의 장례식은 국장이 될 것입니다. 이는 오늘 오후 백악관에 돌아온 레이건 대통령이 발표한 내용입니다. 대통령은 기자회견에서 다음과 같이 말했습니다. 나는 그간 위대한 커뮤니케이터로 불려왔지만 이 칭호는 크롱카이트에게 돌아가야 마땅할 것입니다. 크롱카이트는 선거를 거치지 않은 미국의 대통령이었습니다. 지금은 국가적 손실뿐 아니라 국가적 위기 순간입니다. …… 본인은 카리브해 연안의 병력을 강화하기 위해 항공모함 세 척, 전함 다섯 척, 구축함 일곱 척, 핵잠수함 다섯 척의 파견을 명령했습니다. 우리는 그 어떤 나라도 이 시점에서 우리의 국가적 위험을 악용하는 시도를 용납하지 말아야 하며, 우리가 이 불행으로 국토방위의 의지가 약화되지 않음을 그들에게 분명히 보여주어야 하겠습니다. …… 그래서 본인은 댄 래더 씨가 이 비상사태 기간에 본인과 백악관과 모든 행정부처의 대변인으로 일해줄 것을 요청했습니다.”

이건 지나친 우스갯소리였을까? 꼭 그렇지만은 않다. 할리우드 스타와 다를 바 없는 기준을 통해 선발되고 계발되는 텔레비전 뉴스의 앵커맨이 세상 돌아가는 일을 전달하고 해설하는 일을 맡고 또 그 권위로 인해 신뢰받고 추앙될 때 나타날 수 있는 위험은 꽤 심각한 것이라는 경고로 이해하자.

크롱카이트 사망

2009년 7월 17일 크롱카이트가 92세를 일기로 사망했다. 크롱카이트의 비서는 그가 이날 뉴욕 자택에서 가족들이 지켜보는 가운데 숨을 거뒀다면서 사인은 뇌혈관 질환이라고 밝혔다. 크롱카이트의 아들 칩은 사인에 대해 “노인성 치매로 인한 합병증”이라고 설명했다. 버락 오바마(Barack H. Obama) 대통령은 성명을 통해 “크롱카이트는 불확실한 세계에서 확신을 주는 목소리였다”면서 “이 나라는 ‘아이콘’과 친애하는 벗을 잃었다”고 애도했다.

『뉴욕타임스』는 "그는 뉴스 그 자체였고, 대중이 쉽게 다가갈 수 있는 권위(정부)였다"며 "앵커로서 그가 미국인들에게 행사한 영향력은 전례(前例)가 없고 앞으로도 없을 것"이라고 했다. 또 이 신문은 "크롱카이트는 자신에게 헌정된 CBS의 프로그램 '크롱카이트의 회고'에 출연해 내가 한 일은 대부분 최초라는 수식어가 붙었다고 말했다"며 "대중의 신뢰를 받은 인물은 어쩌면 그가 마지막일 것"이라고 평했다.

언론은 크롱카이트의 죽음을 애도하면서 그와 관련된 각종 일화를 게재했다. 크롱카이트는 "That's the way it is"라는 말로 뉴스를 마친 것으로도 유명했다. '그게 현실입니다' '세상이 원래 그렇습니다' '세상일이란 다 그렇고 그런 것입니다' 등 다양하게 해석되는 이 표현은 크롱카이트의 트레이드마크가 됐다. CNN 방송은, 원래 크롱카이트가 클로징 멘트(closing ment)로 "더 자세한 내용은 내일 조간신문을 참조하십시오"라고 말했다가 당시 CBS 사장이 이를 문제 삼자 다시 만든 멘트라고 전했다.(원정환 2009)

숨지기 3년 전 크롱카이트는 블로그 '허핑턴 포스트(Huffington Post)'에 이 마무리 문장에 대해 이렇게 설명했다. "나에게 있어 이 클로징 코멘트는 결과나 추후에 발생할 수 있는 논쟁에 상관없이 자신이 본 대로 사실을 보도한다는 기자 최고의 이상을 요약한다"는 것이었다. 이 원칙에 따라 그는 뉴스 보도에 자신의 의견이나 논평을 덧붙여 끝내는 밤에는 예외적으로 이 코멘트를 쓰지 않았다고 한다.

크롱카이트는 미국 최초의 앵커로, '월터 아저씨'로, 가장 신뢰받는 사람으로 불렸다. 스웨덴에선 한때 앵커맨을 '크롱카이터'라고 부를 정도였다. 그리 된 데는 투철한 프로 정신이 큰 몫을 했다. 그는 시청자들이 쉽게 알아듣게 하려고 분당 124단어 속도로 말하는 훈련을 했다. 보통 미국인들이 분당 165~200단어를 쏟아낸다는 점과 비교된다.(김철웅 2009)

서울대학 사회학과 교수 송호근(2009)은 「우리에겐 왜 월터 크롱카이트가 없나」라는 제목의 신문 칼럼에서 "'뉴스의 전설' 월터 크롱카이트, '불확실한 시대에 확신의 목소리'를 들려준 그가 타계했다는 소식이 아수라장 국회와 겹쳐진 요즘, 시청자의 신뢰를 듬뿍 받는 믿음직한 앵커가 없는 한국 방송계의 초라한 현실이 더 아쉽다"며 다음과 같이 주장했다.

"1960, 1970년대 미국인들은 크롱카이트가 전하는 '30분간의 진실'을 듣기 위해 저녁 밥상에 모여 앉았다. 그가 전하는 뉴스로부터 현실을 깨닫고 그의 말투와 표정에서 해석의 실마리를 얻어냈다. 그를 통하지 않으면 뉴스가 되지 않았다. 보도국 기자들이 써대는 각종 기사들은 그의 손을 거쳐 '진짜 뉴스'로 만들어졌고, 그의 목소리에 실리면 장안의 화제가 되었다. 앵커란 '해무(海霧) 속의 등대'와도 같은 존재다. 그런데 우리에겐 그런 존재가 없다. 우리의 앵커는 '뉴스를 읽어주는 사람'이거나 기껏해야 방송사의 대변인에 불과하다. 더욱 거세지는 방송사의 조직문화에 갇혔기 때문이다."

그렇게 볼 수도 있겠지만, 굳이 양자택일을 하라면 앵커의 '우상화'가 이뤄지는 미국 시스템보다는 뉴스의 한계를 스스로 드러내는 한국 시스템이 더 나은 게 아닌가 하는 생각도 든다. 뉴스를 무조건 믿지 않고 끊임없이 의심하는 한국인들의 왕성한 회의력은 불신사회를 만드는 이유이기도 하지만, 불신이야말로 건강한 민주주의의 동력이 아닐까?

자넷 쿠크 사건

1981년 미국 언론계에 일어난 또 다른 주요 사건으로 '자넷 쿠크 사건'을 빼놓을 수 없겠다. 여덟 살 난 아편(헤로인) 중독자인 지미(Jimmy)를 취재한 『워싱턴포스트』의 자넷 쿠크(Janet L. Cooke) 기자는 이 기사로 퓰리처상까지 받았지만, 후일 기사는 완전히 조작된 것으로 밝혀져 미국 언론계를 발칵 뒤집어놓았다.

"여덟 살 된 지미는 3대째 헤로인 중독자로, 그의 가냘픈 팔목은 주사바늘 자국투성이다." 지미는 엄마의 남자친구로부터 헤로인을 공급받았으며 언젠가 마약을 팔면 벌어들일 돈을 세기 위해 산수를 배우러 학교에 다닌다고 했다. 쿠크가 1980년 9월 28일자에 쓴 「지미의 세계(Jimmy's World)」 기사 내용이다. 이런 내용에 사람들이 어찌 충격받지 않을 수 있었겠는가. 경찰은 지미를 찾기 위해 17일 동안이나 수색 작전을 벌였지만 찾지 못했다. 『워싱턴포스트』는 취재원 보호의 원칙을 내세워 경찰에 협조하지 않았다.(Cose 1992)

26세인 쿠크는 명문 배서대학을 우등으로 졸업했고, 톨레도대학에서 석사학위를 땄으며, 프랑스 소르본대학에서 유학했고, 4개 국어에 능통한 흑인 미녀였다. 이제는 기자로서 1981년 4월 13일 퓰리처상까지 받았다. 그런데 이게 웬일인가. 신문사의 자체 조사 결과 수상기사가 조작되었다고 밝혀진 것이다. 아니 그녀의 인생 자체가 조작이었다. 그녀는 배서대학을 1년간 청강했을 뿐, 이력서의 대부분이 거짓이었다. 『워싱턴포스트』는 4월 15일 퓰리처상을 반납했는데, 퓰리처상

64년 역사 중 가짜기사 때문에 상을 반납한 사례는 최초였다. 『워싱턴 포스트』와 책임자인 밥 우드워드(Bob Woodward)는 한동안 다른 언론의 공격과 조롱을 받아야 했다.(Shepard 2009)

익명의 취재원을 이용해 권력의 핵심부의 비리를 파헤친 이른바 '워터게이트 무용담'은 미국 언론계에 한동안 익명의 취재원을 유행시키는 결과를 초래했다. 그래도 이때엔 '두 명의 소식통 규칙(two-source rule)'은 지켜졌다. 한 익명의 소식통에게서 정보가 입수됐더라도 제2의 익명의 독립적인 소식통이 이를 확인하지 않으면 기사화 하지 않는다는 원칙이다.

그러나 기자가 아예 기사를 조작을 하겠다고 들면 어떻게 할 것인가? 속수무책으로 당할 수밖에 없다는 것이 자넷 쿠크 사건으로 입증된 것이다. 이 사건은 무기명 뉴스 출처를 포함해 그간 관례화된 언론의 취재 방법에 대한 근본적인 의문을 제기했다. 이에 대해 언론학자 유진 굿윈(H. Eugene Goodwin 1995)은 다음과 같이 말한다.

"『워싱턴포스트』의 벤 브래들리 편집이사는 '인용되는 어떤 취재원에 대해서도 적어도 편집자는 신원을 알고 있어야 한다'고 선언했다. '그러나 그렇다고 해서 또 다른 자넷 쿠크가 나오지 않는다고 생각한다면 오산'이라고 그는 경고했다. '필요할 경우 나는 취재원이 누구냐고 물을 것이다. 믿음이 없고서는 조직을 운영하기 어렵지만, 필요할 때면 물을 것이다. 나는 모든 기사에 대해 취재원이 누구냐고 묻지는 않겠지만, 그 따위 엉터리가 또 나온다면 반드시 출처를 확인할 것이다!' 브래들리는 또한 『워싱턴포스트』는 '인용자의 출처를 최대한으로 밝히기 위한 노력을 새롭게 시작하겠다'고 말했다."

그러나 익명 취재원의 문제는 이후로도 오랫동안 개선되지 않았다. 1998년 1~3월 미국 언론의 빌 클린턴-모니카 르윈스키 스캔들(Clinton-Lewinsky scandal) 보도에선 익명보도가 난무했다. 전 기사의 43퍼센트가 익명의 취재원을 지칭하는 '소식통'과 '소식통들'이라는 표현을 썼으며, 또 다른 16퍼센트의 보도에서는 취재원이 '수사 내용을 잘 아는 소식통들' '수사팀과 가까운 소식통' 등으로 표현되었다. 두 경우를 합치면 당시 보도의 59퍼센트가 '미지의 취재원'의 정보에 의존한 셈이다.(설원태 2005a)

어떤 취재원에 의존하건, 가장 중요한 건 독자와 시·청취자 들이 앞서 거론한 '왕성한 회의력'을 유지하는 일일 것이다. 농담일망정, 한 앵커맨의 은퇴에 대해 "오 하나님, 우리는 어찌 합니까?"라고 말할 일이 아니다.

보도와 뉴스마저 오락 중심의 대중문화로 완전히 편입된 현상, 이를 포스트모더니즘이라 불러야 하는가? MTV의 탄생을 지켜보며 생각하기로 하자.

참고문헌 Cose 1992, Fairlie 1983, Goodwin 1995, Hulteng 1985, Klaidman & Beauchamp 1987, Lichty 1982, Ramonet 2000, Shaw 1984, Shepard 2009, Sidey 1983, Smith 1981, 강준만 2001 · 2009a, 김민아 2009a, 김철웅 2009, 설원태 2005a, 송호근 2009, 원정환 2009, 이영섭 2009

포스트모더니즘의 상징인가?
MTV의 탄생

'포스트모던 텔레비전'

오늘날 마흔두 개의 서로 다른 채널을 통해 166개국의 4억 가구에 방송되는 세계 최대·최고의 글로벌 음악 텔레비전 브랜드인 미국 MTV(Music Television)가 1981년 8월 1일에 탄생했다. 개국 시 나간 첫 번째 뮤직비디오의 제목이 상징적이다. '비디오가 라디오 스타를 죽였다(Video Killed the Radio Star)' (영국 2인조 그룹 Buggles). MTV는 포스트모더니즘의 상징으로 곧잘 거론되었으며 MTV도 자사의 프로그램에 '포스트모던 텔레비전' 이라는 제목을 붙였다.

포스트모더니즘(postmodernism)이란 무엇인가? 포스트모더니즘은 원래 모더니즘 건축 양식 이후에 생긴 양식이라 하여 새로운 건축미술에 붙여졌던 이름이지만, 지금은 문학, 연극, 그림, 조각, 음악, 무용, 영화 등 예술뿐 아니라 철학, 역사학, 신학 등 모든 문화·학술 분야에 걸쳐 나타나는 여러 가지 새로운 경향을 일컫는 말이 되었다. 20세기 전반의 경향을 모더니즘이라 부른다면, 그 뒤를 이은 20세기 후반의 경향이 바로 포스트모더니즘인 셈이다. 포스트모더니즘은 워낙 다양한 분야에서 다양한 형식으로 나타나고 있는데다 나라마다 그 의미를 다르게 쓰고 있기 때문에 정의를 내리기가 사실상 불가능하지만, 보편성 거부, 존재의 탈중심성, 경계의 함몰, 의미의 불확실성, 전통적 가치 거부, 깊이 없음, 주체의 죽음, 원본이 없는 복제, 역사성 상실 등의 특성을 띠고 있는 것으로 알려졌다.

MTV 탄생 배경은 1970년대부터 나타난 '열쇠 어린이'다. 초등학생들이 방과 후부터 부모가 직장에서 돌아올 때까지 집에 혼자 있는 현상을 가리키는 말이다. '열쇠 어린이'들과 그들의 부모를 겨냥한 『키즈마트(Kidsmart)』라는 잡지까지 나왔다. '열쇠 어린이'들은 주로 텔레비전을 시청했는데, 이 시장을 겨냥한 것이 바로 MTV다.(Linn 2006)

MTV의 신조는 "지나치게 진지한 태도를 버리고 스스로 즐겨라. 아이들이 요구하는 것에 초점을 맞추어라"다. 일부 비평가들은 MTV가 청소년들의 관심의 폭을 줄인다고 아우성쳤다. 미친 듯이 빠른 속도와 장면 전환이 지나치다는 지적이었다. 그러나 세상은 곧 MTV 스타일에 익숙해진다.(Redstone & Knobler 2002)

더글러스 러시코프(Douglas Rushkoff 2002)는 "MTV 스타일에 익숙하지 못한 시청자에게는 관련 없는 이미지들이 마구 뒤섞여 있는 것처럼 보이지만, 불연속적인 형태의 미디어를 접하며 자라난 사람들에게는 아주 이해하기 쉬운 것이다"라며 다음과 같이 말한다.

"MTV가 등장하기 전에는 영화 제작자들이 허용할 수 있다고 생각한 최단 편집 시간은 2초였다. 그보다 짧으면 많이 짧아서 시청자가 느낄 수 없다고 생각되었다. 그러나 오늘날의 비디오는 3분의 1초 정도의 짧은 편집 또는 심지어 10분의 1초 이하로만 지속되는 '플래시 프레임'을 일상적으로 사용한다. 초당 이미지 수가 증가하는 현상은 어린 시청자들이 모니터에서 시각적인 정보를 주워 모으는 능력이 증가하는 것과 그대로 일치한다."

MTV는 최면을 거는 듯한 시각적 현란함으로 무장한 '보는 사탕 (eye candy)'과 같았다. 앤 캐플런(E. Ann Kaplan 1996)은 "MTV 채널은 우리를 흥분된 기대 상태로 유지하는 매우 짧은 텍스트들로 구성되어 있어 무엇보다도 최면에 빠지게 한다"며 "다음 순간에 나올 비디오에서 최종적으로 만족할 것이라는 불변의 희망에 그리고 즉각적인 충족의 유혹에 이끌려 함정에 빠진다"고 말한다.

스티브 레비(Steve Levy)는 "MTV의 가장 큰 업적은 로큰롤을 비디오 영역으로 꾀어내어 보는 이로 하여금 이것이 연예물인지 판촉물인지 헷갈리게 만들었다는 사실"이라고 말한다. 존 시브룩(John Seabrook) 은 MTV가 미디어 역사에서 중요한 위치를 차지하는 이유 중 하나는 MTV로 인해 연예오락과 광고 사이의 경계가 완전히 사라졌다는 점이라고 말한다.(Barber 2003, Rifkin 2001)

그러한 경계의 소멸은 전방위적이다. 그래서 텔레비전은 재조합 (recombination)으로 흘러넘친다. 텔레비전 방송사들은 시청자들을 끌어들이기 위한 치열한 경쟁 속에서 문화상품 특유의 창의성 발휘와 대량생산이라는 상호 상충되는 목표를 달성하기 위해 이미 성공한 것들 중에서 주요 요소를 뽑아내 새롭게 구성하는 재조합 기법에 크게 의존하고 있다.

이와 관련해 기틀린(Gitlin 1989)은 "문화로서의 자본주의는 늘 새로운 것, 유행하는 것 그리고 진기한 것을 추구한다. …… 소비사회의 탁월성은 변화의 욕구를 새로운 상품에 대한 욕구로 전환하는 능력에 있다. …… 대중문화는 늘 순간적인데, 이것은 문화산업의 회전율과 고객의 유행 추구욕의 충족을 보장한다. 그러나 흥미롭게도, 새로운 것에 대한 경제적 및 문화적 압력은 항상성을 향한 압력과 공존해야만 한다. …… 그래서 옛 것을 새로운 패키지에 담아내 마력적인 결합을 추구하는 재조합 스타일이 나오는 것이다"라고 말했다.

기틀린은 포스트모더니즘의 속성이라 할 미국적 절충주의의 특징을 지적한 것이다. 병치나 재조합은 언제나 다민족문화의 요체이기 때문에 포스트모더니즘은 미국에서 태어났다는 결론이 성립할 수 있다.(정정호·이소영 1991)

MTV의 판촉전략

MTV의 등장으로 음악은 더 이상 '듣는 것'이 아니라 '보는 것'으로 바뀌었다. 이에 따라 음악산업은 두 가지 큰 변화를 겪게 되었다. 사운드만을 제작하던 전통적인 방식에서 벗어나 사운드와 영상을 결합하는 멀티미디어 시대로 진입한 것과 스타 마케팅 시스템이 비주얼을 중시하는 글로벌주의를 지향한 것이다. MTV의 등장은 필연적으로 뮤직비디오를 제작하게 만들었고, MTV의 영웅 마이클 잭슨(Michael Jackson, 1958~2009)은 세 개의 히트곡을 모두 뮤직비디오로 제작해 빅히트를 기록한다. 마돈나(Madonna), 신디 로퍼(Cyndi Lauper), 데이비드 보위(David Bowie) 등도 모두 MTV가 배출한 스타들이다.(이동연 2007)

잭슨의 '빌리 진'은 흑인 아티스트 최초로 MTV에 방영된 뮤직비디오였으며, 이어
선보인 '비트 잇', '스릴러'는 뮤직비디오 예술의 고전이 되었다. ⓒ 중앙일보

MTV를 탄생시킨 주역 중 한 명인 로버트 피트먼(Robert W. Pittman)은
"시청자는 텔레비전과 로큰롤을 들으며 자란 텔레비전 베이비들이다.
그들에게 가장 효과적인 것은 논리보다 감각에 호소하는 것이다"라고
말했다. 물론 시청자들의 구매력도 주요 고려 대상이었다. MTV가 가
장 눈독을 들인 주요 시청자는 백인 거주 도시의 10대들이었다. 그래서

초기엔 흑인 아티스트들의 음악을 방영하지 않았는데, 그건 바로 백인 10대들의 취향에 따른 것이었다. 그러나 얼마 후 백인 10대들이 흑인 랩 음악을 수용하자 그들을 집중적으로 겨냥한 마케팅을 구사했다. 랩 음악 소비자의 절반 이상이 바로 백인 10대 소년들이었다는 건 결코 우연이 아니다.(Jhally 1996, Kellner 1997, 서동진 1993)

MTV는 초기에 케이블업자들이 MTV를 방영할 수밖에 없게끔 조취를 취했다. 그 방법의 기본개념은 "MTV는 MTV를 보는 사람만의 것이라고

화려하고 양성적인 의상과 짙은 분장을 내세운 '비주얼 록', '글램 록'의 선구자 데이비드 보위. 그의 외양적 변신은 MTV 시대에 잘 부합했다. ⓒ sarasmile

생각게 하는 것"이었다. 부모님이나 선생님은 잘 이해하지 못하는 '바로 자신들만의 MTV'로 자리매김한다는 전략이었다. 그래서 믹 재거(Mick Jagger), 데이비드 보위 같은 록 스타들이 나와서 "난 나의 MTV를 원해요!(I Want My MTV!)"라고 외치는 시리즈 광고를 MTV가 방영되지 않는 지역의 주류 채널을 통해 집중적으로 내보냈다. 200만 달러의 광고공세를 퍼부은 결과, MTV를 볼 수 있게 해달라는 아이들의 전화가 미국 전역의 케이블업체에 쇄도했다. 대성공이었다. MTV를 시청하는 가구는 1989년에 4480만 가구, 2001년엔 7500만 가구로 늘었다. MTV는 1987년 유럽 진출, 1990년 아시아와 호주 진출, 1994년 라틴 아메리카 진출 등으로 세계화를 이룬다.

1980년대 초중반의 MTV 캠페인이 성공적이었다는 건 MTV 스타일을 흉내 낸 정치인들까지 나타났다는 현상으로 입증된다. 1984년 인디애나(Indiana) 주지사 로버트 오(Robert D. Orr, 1917~2004)는 주지사 선거에서 젊은 유권자를 겨냥해 MTV 뮤직비디오 스타일의 정치광고를 내보내 큰 재미를 보았다. 그는 53퍼센트 득표율로 경쟁자를 누르고 당선됐다. 로버트 피트먼은 MTV를 '무드 인핸서(mood enhancer)' 라고 했는데, 바로 그 '무드' 의 덕을 본 것인지도 모르겠다. 피트먼의 설명에 따르면 "MTV를 통해 우리가 소개하는 것은 비서사적 형식(non-narrative form)이다. 플롯과 연속성에 의존할 수 있던 전통적 텔레비전에 반해 우리는 무드와 감정에 의존한다. 우리는 시청자들에게 특별한 지식을 제공하기보다는 감정을 끌어낸다." (Romanowski 2001)

"좌파는 MTV를 배워라!"

1980년대에 좌파 문화이론가인 제시 레미시(Jesse Lemisch)는 좌파 문화가 그런 미국적 특성을 외면함으로써 미국생활의 주류와 대다수의 미국인들에게 별 흥미를 주지 못한다고 주장했다. 좌파는 교묘하고 인상적인 이미지들과 순수한 테크닉에 대해 회의적인 입장을 보이면서 '고립주의 문화' 를 향해 나아가고 있다는 것이다. 그는 "그렇게 많은 아방가르드 문화가 주류 관객들을 향해 경계를 넘어가고 있는 시기에, 좌파는 전달할 메시지가 더 많으면서도 어째서 의도적으로 그렇게 고립되어 있을까?" 하고 질문을 던졌다.

"텔레비전 광고와 MTV의 가치에 관해 우리가 원하는 것을 말해보자. 그러면 그것들의 형식이 뚜렷하게 현대적이라는 사실을 알게 될 것이며 미국의 많은 사람들도 그럴 것이다. 그것들은 신속한 움직임, 유동적인 카메라, 빠른 커팅, 흥분, 압축된 표현, 위트, 코미디 그리고 매혹적인 색을 우리에게 보여준다. 내용에 관한 한 유보 조건이 많긴 하지만, 미국 사람들과 이야기하고 싶다면—좌파 또한 예외일 수 없다— 필히 이 언어를 이해해야 할 것이다."(Angus & Jhally 1989 · 1996)

레미시는 좌파에게 좌파적 내용을 유포하는 데 있어 MTV와 같은 최첨단 커뮤니케이션 형식과 기법을 받아들이라고 촉구했다. 어디 그 것뿐이겠는가. MTV의 홍보 전략도 벤치마킹의 대상이 되어야 할 것이다. 셧 잘리(Sut Jhally 1996)는 "MTV를 설립하는 데 기본 전제가 된 것은 중요한 시장 요소인 14세부터 34세까지의 음악 열광자들이 광고주가 도달하기 매우 어려운 대상이었다는 점"이었다고 지적하면서 이렇게 말한다.

"월터 톰슨 광고회사의 미디어 감독인 론 카츠는 '사람들이 사는 음반에 광고를 수록할 수도 없고, 이들은 정규 텔레비전 프로그램도 많이 보지 않는다'라고까지 말했다. MTV의 목표는 이런 독특한 시장을 광고주를 위해 포착하고자 했던 것이다. 이런 목적을 위해 모든 수준에서 광범위하고 방대한 시장 조사를 행했다. 14세부터 34세까지의 인구 가운데 600명을 대상으로, 록 비디오만 방영하는 채널에 대한 흥미 여부를 인터뷰 했다. 놀랍게도 85퍼센트가 긍정적인 대답을 했다. 또한 어떤 아티스트가 나와야 하는지, 잠재적 MTV 시청자들의 라이프스타일, 태도 등을 조사하여 어떤 배경과 복장과 인물이 이를 잘 반영할지 결정하고자 했다."

'맥페이퍼' 『USA투데이』 창간

비디오가 라디오 스타를 죽였다면 신문이 어찌 온전할 수 있었겠는가. 1982년 9월 15일 텔레비전을 흉내 낸 『USA투데이(USA Today)』가 창간되었다. 88개 일간지를 발행하는 대신문그룹 가넷(Gannett)의 회장인 앨런 뉴하스(Allen H. Neuharth)가 미국 역사상 최초의 전국지로 창간한 신문이었다. 1960년대 초에 『뉴욕타임스』가 로스앤젤레스를 거점으로 전국지를 꾀하려다 실패한 적이 있었는데(9권 5장), 20여 년 만에 재시도된 전국지 사업이었다. 이 신문은 인공위성을 통한 기사 전송으로 전국 32개 인쇄소에서 동시에 같은 신문을 인쇄할 수 있었다.

뉴하스는 창간호에서 "미국 독자들에게는 명확함과 즐거움을, 지도자들에게는 필요한 정보제공과 추진력을, 기자들에게는 도전과 경쟁을, 광고주들에게는 참신함과 보상을 제공"한다면서, "『USA투데이』는 USA가 진정 하나의 민족이기 위한 이해와 화합의 장이고자 한다"고 말했다.

이 신문은 뉴스, 경제, 스포츠, 생활 등 네 개 분야의 각 머리기사를 1면에 소개했으며, 컬러로 흘러넘쳤고, 기사는 간결했다. 컬러 인쇄된 사진, 그림, 차트, 그래픽 등은 이 신문이 종이로 만든 텔레비전임을 실감케 했다. 특히 전국의 날씨 지도가 그러했으며 심지어 가판용으로 만든 신문 판매기마저 텔레비전 세트를 그대로 빼다박았다. (Postman 1985)

에다가와 코이치(1995)의 경험담에 따르면 "투입구에 동전을 넣은 다음 상자를 열고 신문을 꺼내는 기분은 지금까지의 판매기와는 다르다. 기름때가 묻은 기계가 검은색 일렉트로닉 기기로 바뀐 느낌이고 매끈매끈한 감촉이 믿기지 않는다. 정말 신문인가 하고 불안이 달음 질쳤다. 상자 안에서 나온 것은 분명히 신문이었지만 컬러텔레비전의 활자판 같기도 했다."

창간호 머리기사의 제목은 「그레이스 왕비 모나코에서 죽다」였다. 부제는 '기적, 327명 생존에 55명 사망' 이었고, 비행기 잔해를 담은 컬러 사진이 3단 크기로 제호 바로 밑에 게재되었다. 창간호 15만 5000부는 금방 팔려 나갔지만, 신문의 전통에 충실한 사람들은 비판을 퍼부었다. 그레이스 켈리(Grace P. Kelly, 1929~1982) 왕비가 비행기 사고로 죽던 날 레바논 대통령 당선자인 바시르 게마엘(Bachir Gemayel, 1947~1982)이 폭탄공격으로 암살되었는데, 과연 어떤 사건이 더 중요하느냐는 문제 제기였다. 이 암살사건은 9면에 틀어박혀 있었다.

그들은 이 신문을 '신문 비즈니스의 패스트푸드', '패스트푸드 저널리즘(Fast-food journalism)', '정크푸드 저널리즘(Junk-food journalism)' 이라고 비판했다. '맛은 있지만 알맹이는 없는 쓰레기 신문' 이라고 욕하는 사람들도 있었다. 피터 프리처드(Peter Prichard 1992)는 "매일 밤 아이들을 패스트푸드점에 데리고 가고 냉장고에는 아이스크림을 가득 채워넣는 부모들처럼 『USA투데이』는 독자들이 원하는 것만 제공한다"고 말한다. 신문의 맥도널드라는 뜻으로 '맥페이퍼(McPaper)' 라 불린 『USA투데이』는 그런 비난 공세에도 미국 최대의 발행부수를 자랑하는 신문으로 우뚝 선다.(Cose 1992, Prichard 1992, Ritzer 1999)

'루카스-스필버그 신드롬'

1981년과 1982년 미국 사회를 강타한 〈레이더스(Raiders)〉 신드롬과

〈E.T.(The Extra-Terrestrial)〉 신드롬도 아이들의 감각과 정서를 존중하는 문화상품만이 시장에서 성공할 수 있다고 말하는 듯했다. '제작 조지 루카스, 감독 스티븐 스필버그(Steven A. Spielberg)' 라고 하는 환상의 콤비는 이른바 '루카스-스필버그 신드롬' 이란 말까지 낳았는데, 이는 유아기로 퇴행하고자 하는 욕구를 충족시키는 영화라는 의미였다.(Wood 1994)

루카스-스필버그 콤비가 만들어낸 첫 번째 작품이 바로 1981년작 〈레이더스〉다. 스필버그는 루카스에 대해 다음과 같이 말했다. "조지는 가장 적은 예산으로 스크린에서 최대의 투자 효과를 발휘하는 방법을 알고 있는 사람이다. 그는 내가 빠듯한 예산으로 영화를 만들 수 있도록 최선을 다해 도와주었다. 〈레이더스〉를 준비하고 있을 때, 그는 내게 '예산이 1000만 달러 정도일지라도 자네한텐 5000만 달러의 상상력이 있으니 걱정할 것 없네' 라고 말하곤 했다. …… 조지야말로 진정한 제작자이고 감독이다. 그는 내게 창조력을 발휘하는 방법과 장대하면서도 멋진 볼거리를 관객에게 선사하는 비결 등을 알려주었다." (Sanello 1997)

실제로 스필버그는 〈레이더스〉를 2000만 달러 이하의 예산으로 완성했는데, 이는 2000만 달러를 갖고 3000만 달러로 보이는 영화를 만들어보라는 루카스의 노골적인 주문에 부응한 결과였다. 스필버그는 이 영화에서 예산 절감을 위해 엑스트라 인원을 2000명에서 700명으로 낮추고 광각 렌즈를 이용해 2000명 이상의 효과를 냈으며, 어떤 장면에선 미니어처 엑스트라들까지 배치했다.

스필버그는 이 영화의 성공으로 할리우드 최고의 흥행사 중 한 명으로그 위치를 탄탄히 굳혔다. 그러나 그러면 그럴수록 스필버그의 다른 한쪽이 무너졌다. 조셉 맥브라이드(Joseph McBride 1998)에 따르면 "스필버그가 '재주'를 발휘해 제작한 〈레이더스〉는 흥미 있고 오락성이 높기는 하지만, 혼이 깃들지 않은 다소 뒤떨어진 영화였다. 대중영화의 감독으로 다시 인정받는다는 것, 할리우드와 대중으로부터 열광적 사랑을 받는다는 것, 그것은 예술적으로 한 걸음 후퇴했음을 의미하고 있었다. 전 세계적으로 3억 6000만 달러의 수익을 올린 이 영화는 파라마운트 영화사가 생긴 이래 최고의 흥행을 기록했다. 〈레이더스〉로 스필버그는 〈죠스(Jaws)〉(1975)에 이어 두 번째로 오스카상 감독부문 후보로 지명되었다. 그러나 여기서도 스필버그는 감독상을 수상하지 못했다. 〈레이더스〉는 기술 부문에서 모두 다섯 개의 상을 거머쥐었다."

〈죠스〉로 인해 받은 상처 때문이었을까? 스필버그는 〈레이더스〉가 공개되었을 때 오히려 자신의 작품이 진지하게 받아들여지는 것 자체를 거부하면서 다음과 같이 느긋한 여유를 보이기도 했다. "〈레이더스〉는 팝콘이다. 팝콘은 아무리 먹어도 배가 부르지 않는다. 게다가 소화도 잘 되고 입 안에서 부드럽게 녹는다. 결국 〈레이더스〉는 그저 가벼운 마음으로 몇 번이나 반복해서 볼 수 있는 종류의 영화인 것이다."(Sanello 1997)

이어 1982년에 나온 〈E.T.〉는 스필버그에게 엄청난 부를 안겨주었을 뿐 아니라 그의 인생이 수많은 신문과 잡지에서 다루어지고 신비화되는 계기가 되었다. 스필버그에 관한 책들이 쏟아져나왔고 그의 어머니 레아까지 유명인사가 되었다. 그러나 〈E.T.〉의 상업적 이용은 부메랑이 되어 스필버그에게로 날아갔다. MCA와 유니버설은 200개 이상의 상품에 〈E.T.〉 사용 허가권을 팔아넘겼는데, 이에 대해 『LA 위클리(LA Weekly)』의 기자 마이클 벤추는 다음과 같이 말했다.

"〈E.T.〉 관련 상표권을 소유한 스필버그는 영화를 장난감 공장으로 바꾸었고, 영화의 본래 이미지는 완전히 훼손되었다. …… 〈E.T.〉가 관객들이 경험했던 감동을 더 이상 불러 일으킬 수 없을 정도로 스필버그는 상품판매에 열중한다. 그렇게 되면 〈E.T.〉는 수많은 인형들, 범퍼 스티커, 마이클 잭슨의 음반들, 게임 그리고 캔디바와 같은 이미지만을 불러일으킬 것이다. 스필버그는 자신이 창조한 이미지를 스스로 믿지 않으려는 듯 보인다." (McBride 1998)

또 소설가이자 시나리오 작가인 데이비드 머로(David Murrow)는 스필버그의 돈 버는 솜씨를 다음과 같이 조롱했다. "스필버그의 어린이용 영화를 볼 때마다 이번에는 어떤 배우가 장난감으로 둔갑할까, 또 어떤 배우가 봉제 인형에 어울리고, 누구의 얼굴이 도시락통 뚜껑에 박힐까 하고 생각하곤 한다. 그처럼 눈 가리고 아웅 하는 식의 어린이용 영화를 보고 있을 때는 그렇게라도 하지 않으면 따분할 것이다."

물론 오스카상은 이번에도 스필버그를 비켜 갔다. 〈E.T.〉는 그해의 최우수작품 〈간디(Gandhi)〉만큼이나 여러 부문에 후보작으로 오르긴 했지만 한두 가지의 기술 부문에서만 상을 받는 데 그쳤고, 스필버그는 기자에게 "미국에서만도 흥행 수입이 5000만 달러를 넘은 영화인 만큼 반발을 사는 게 당연하다"고 말했다.

〈레이더스〉의 속편으로 1984년에 만들어진 〈인디애나 존스(Indiana Jones and the Temple of Doom)〉는 흥행엔 성공했지만 바로 그 이유 때문에 일부 비평가들로부터 "아무런 감동도 없는 속편을 만들어 관객의 주머니로부터 돈을 털어 갔다"고 비판을 받았다. 이와 같은 비판에 대해 스필버그는 다음과 같이 반박했다.

"어차피 영화는 관객의 돈을 목적으로 만들어지는 것이다. 영화뿐 아니라 모든 것이 주말을 즐기려는 소비자로부터 돈을 착취하고 있다. 영화는 그 자체가 하나의 거대한 사업이다. 그런 의미에서도 모든 영화는 돈을 목적으로 한다. 〈콰이강의 다리(The Bridge on the River Kwai)〉도 마찬가지다. 메시지를 전달하거나 관객과 감동을 나누는 것뿐 아니라 돈을 벌기 위해서도 그런 영화를 만들고, 또 공개하는 것이다. 물론 노골적으로 착취하는 영화도 있다. 그렇지만 그것은 어디까지나 형편없는 캐스팅에 성의 없이 만들어진 영화 그리고 완성도가 낮은 조야한 속편이라든지 교묘하게 리메이크된 것과 같은 작품들이나 그럴 뿐이다."

스필버그의 1989년작 〈인디애나 존스 3 - 최후의 성전(ndiana Jones and the Last Crusade)〉은 흥행에선 성공을 거두었지만, 일부 비평가들은 루카스와 스필버그의 합작을 비꼬아 '루카스버거(Lukas-burger)'라고 조롱한다. 이 영화가 스필버그 특유의 '팝콘' 같은 이류 취향임을 꼬집은 것이었다. 그러나 관객은 루카스버거를 선택했고, 이에 고무된 스필버그는 그런 조롱에 대해 다음과 같이 말했다.

"〈인디애나 존스〉의 모험은 관객이 감정적인 에너지를 발산하게 할 만큼의 가치를 지니고 있다. 이 영화는 집단적 체험의 장이다. 이 것은 가정 내의 텔레비전 앞에 앉은 서너 사람을 위한 것이 아니라 영화관에 모인 수많은 관객을 위한 영화다. 관객의 박수와 탄성 그리고 비명 등을 직접 접하지 않고는 인디애나 존스 시리즈의 전체적인 효

과를 파악할 수 없다." (Sanello 1997)

스필버그의 돈 버는 솜씨가 어찌나 뛰어났던지 일부 비평가들은 스필버그가 장난감을 팔아 돈을 벌기 위해 영화를 만들고 있다고 비판했다. 그러나 스필버그만 돈을 번 게 아니었다. 1980년대 말까지 미국 영화사상 최고 흥행작 10편 가운데 8편이 루카스-스필버그 콤비의 손에서 나왔다는 건 영화관들도 큰 재미를 보았다는 사실을 시사한다. 다른 나라에선 영화관 수가 줄어드는 데 반해 미국에선 오히려 늘어났다. 1974년 1만여 개였던 영화관 수는 멀티플렉스들의 개관에 힘입어 1990년엔 2만 2750개로 늘어난다. 영화관 수입액도 1975년 20억 달러에서 1980년 27억 5000만 달러, 1990년 50억 달러로 늘어난다.(허문영 1998)

미국 영화산업을 살린 일등공신이 스필버그라는 데엔 이론의 여지가 없다. 그러나 사람이 어찌 돈만으로 살 수 있겠는가? 후일 스필버그는 아카데미상과 비평가들의 호평을 염두에 둔 진지한 작품들을 제작하는 데에 몰두하지만, 적어도 1980년대 초반을 지배한 미국의 문화적 분위기는 '팝콘'과 같은 것이었음은 분명하다.

사실 바로 그런 '팝콘 정신'이 할리우드의 전반적인 제작 정신임을 어찌 부인할 수 있으랴. 재미있는 건 미국 영화관의 주 수입원 중 하나도 바로 팝콘 판매라는 사실이다. 1990년대 말에 이르면, 미국 영화관의 매출액 가운데 입장료 수입은 전체의 60~70퍼센트에 지나지 않는다. 나머지는 팝콘이나 핫도그, 주스 등 스낵 판매 부문이 차지한다. 영화 구매 원가는 입장료의 반 이상이나 되지만 스낵 원가는 매출액의 20퍼센트 정도에 불과해 이익의 폭이 크기 때문이다. 에드워드 시

네마(Edward Cinema)의 사장 짐 에드워드(Jim Edward)는 1996년 멀티플렉스 영화관 붐에 대해 "수익 면을 보면 우리는 거대한 팝콘 스토어를 만들어놓은 데 불과하다"고 말한다. 미국 영화관들이 관객이 밖에서 스낵을 사 들고 들어오는 걸 극력 막는 이유도 그것이 기업의 사활이 걸린 문제이기 때문이다. 대중문화의 팝콘화 현상이야말로 MTV의 탄생을 능가하는 포스트모더니즘의 상징인지도 모르겠다.

참고문헌 Angus & Jhally 1989 · 1996, Barber 2003, Cose 1992, Current Biography 2000 · 2003 · 2005, Gitlin 1989, Grossberg 1989, Guilbert 2004, Jhally 1996, Kaplan 1996, Kellner 1997, Linn 2006, McBride 1998, Postman 1985, Prichard 1992, Redstone & Knobler 2002, Rifkin 2001, Ritzer 1999, Romanowski 2001, Rushkoff 2002, Sanello 1997, Shenk 2000, Stephens 1999, Tungate 2007, Wood 1994, 강준만 2005 · 2005a, 다키야마 스스무 2001, 서동진 1993, 에다가와 코이치 1995, 이동연 2007, 정정호 · 이소영 1991, 허문영 1998

'우익의 프랭클린 루스벨트'
'레이거노믹스'의 정치학

'미국경제의 혁명'

로널드 레이건(Ronald Reagan 2007)은 대통령 취임연설에서 "오늘날 우리가 처한 위기에서 정부가 문제 해결을 할 수 있는 것이 아니라 바로 정부 자체가 문제다"라며, '작은 정부'를 통해 미국이 처한 경제난국을 타개할 것을 선언했다.

이런 철학하에 '레이거노믹스(Reagonomics)'로 명명된 레이건의 경제정책은 공급사이드 경제 이론에 기초한 것으로, 사회복지 비용을 대폭 삭감하고 세율을 인하시켜 투자를 촉발함으로써 실업을 줄이고, 따라서 더 많은 세금을 거두어 국방비를 늘리는 동시에 연방정부의 적자폭을 메꾸어 나가겠다는 경제 청사진이었다.

레이거노믹스는 경제정책이라기보다는 정치정책으로서의 성격이 더 강했다. 부통령이 되고 나서는 입을 다물었지만, 1980년 대통령 예선에서 부시는 레이거노믹스를 '주술 경제학(Voodoo Econo-mics)'이

감세 등을 적절히 동원해 생산을 부추기면 경제성장을 이룰 수 있다는 거시경제 이론인 '공급중시 경제학'. 레이건은 이 이론을 빌려와 레이거노믹스라는 친근한 이름으로 홍보했다.

라고 혹평한 적이 있었다. 주술할 때처럼 현혹적인 연기만 피어오를 뿐 알맹이가 전혀 없다는 뜻에서였다.(TerHorst 1987)

1981년 2월 18일자 『뉴욕타임스』 보도에 따르면, 백악관은 미 역사상 가장 거대한 홍보활동을 벌이기 시작했는데, 그것은 레이건의 각료들과 보좌관들이 텔레비전에 대거 출연해 레이건의 뜻을 설명하고 언론인들과의 개별접촉 및 각종 브리핑을 통해 우선 언론의 환심을 사는 것부터 시작되었다.

2월 18일 레이건은 그의 국정연설의 대부분을 레이거노믹스에 집중했다. 이 연설에서 레이건은 1982년 연방정부예산을 414억 달러나 삭감하겠다는 충격적인 발표를 했다. 언론은 이러한 대폭적 예산삭감이 미국 경제의 '혁명'이라고 대서특필했으며, 언론인 딕 커쉬텐(Dick

Kirschten 1981)은 레이건의 연방예산삭감 노력을 연합군의 노르망디 상륙작전 이래 가장 잘 계획된 공격이라고 말했다.

레이건의 국정연설 후 실시된 『워싱턴포스트』-ABC 뉴스의 여론조사에 따르면 2대 1의 비율로 레이건의 제안이 지지를 받는 것으로 나타났다. 레이건은 CBS-TV 앵커맨 월터 크롱카이트와의 인터뷰에서 백악관에 자신을 지지하는 편지와 전보가 10만 통이나 답지했다며 강한 자신감을 나타냈다.

레이거노믹스에 대해 '카우보이 자본주의(Cowboy Capitalism)' 라는 비판이 쏟아졌지만, 유권자들은 일관성을 잃고 있었다. 1980년 선거 때에도 다수의 유권자들은 연방정부가 교육, 건강, 환경, 범죄 등 공공비용에 대한 지출을 늘려야 한다고 생각했으면서도 '작은 정부' 라는 기치 아래 정부의 횡포로부터 국민을 해방시키겠다는 레이건의 주장에는 호감을 보였다.(Green 1981, Wills 1987)

여론조사의 문제점도 지적되었다. 1980년 5월 한 여론조사가 '올해엔 누가 대통령으로 당선될 것 같습니까?' 라는 질문을 던졌을 때, '모르겠다' 가 25퍼센트로 제일 많았고, 카터와 레이건을 지명한 사람이 24퍼센트, 앤더슨이 5퍼센트, 기타 후보들이 22퍼센트였다. 일주일 후 똑같은 사람들에게 '만약 지금 투표하신다면 레이건과 카터와 앤더슨 중 누구를 택하시겠습니까?' 라는 질문을 던졌을 때 결과는 판이하게 달랐다. 레이건이 39퍼센트, 카터가 34퍼센트, 앤더슨이 24퍼센트였고, '모르겠다' 는 불과 3퍼센트에 지나지 않았다.

또한 '낙태를 금지하는 헌법개정을 찬성하십니까?' 라는 질문을 던졌을 때 찬성한 사람은 29퍼센트에 지나지 않았다. 그러나 똑같은 사람들에게 '태아의 생명을 보호하는 헌법 개정을 찬성하십니까?' 라고 바꾸어 질문했을 때 찬성율은 50퍼센트로 올라갔다. 레이건의 연설은 이런 여론조사 설문의 조작 기법을 원용한 것이 아니냐는 의문이 제기되었다. (Cross 1983)

레이거노믹스 홍보술

레이건은 숫자 개념에 약하면서도 연설할 때에는 통계수치를 드라마틱하게 활용하는 재능이 있었다. 레이건은 경제정책 실현을 위해 실무 총사령탑인 연방예산국장에 34세의 젊은 데이비드 스토크먼(David A. Stockman)을 임명했는데, 스토크먼도 레이건이 전혀 아무것도 모르면서 통계수치를 이용하려 든다고 혀를 끌끌 찰 정도였다.(Stockman 1986)

레이건은 취임 직후 어느 한 연설에서 연방정부가 지고 있는 빚의 심각성을 국민에게 알리기 위해 1조 달러를 한 줄로 쌓아놓으면 67마일에 이른다는 표현을 쓴 적이 있다. 칼럼니스트들은 즉각 그 길이는 63마일에 불과하다고 반박했다. 후일 이에 대한 기자들의 질문에 레이건은 웃으면서 "그건 내가 직접 계산한 것이었는데 재무부의 전문 견해에 따르면, 새 지폐가 아닌 헌 지폐의 경우 그 길이가 67마일에 이를 수도 있다는 통보를 받았다"고 대답했다.(Donaldson 1987)

어느 나라를 막론하고 정부와 지도자는 자신들에게 유리한 쪽으로 '통계 조작' 을 하게 마련이다. 레이건이 즐겨 쓴 통계조작의 하나는 수치를 늘릴 필요가 있을 때에는 물가상승률을 고려하지 않고, 수치를 줄일 필요가 있을 때에는 물가상승률을 감안하는 것이다.

레이건은 물가상승률을 고려하지도 않은 채 지난 10년간 연방예산이 300퍼센트 이상 증가했다고 주장했으며, 예산적자 규모의 기준을 GNP(국민총생산)로 삼아 예산적자는 GNP의 5퍼센트에 '불과' 하다고 이야기한다든가, 국방예산은 물가상승률을 최대한 감안한 이후 '실질적으로' 10퍼센트 증가에 '불과' 하다는 등의 어법을 사용했다. 시간에 쫓기거나 게으른 기자들은 레이건이 인용하는 통계수치를 확인 또는 점검하지도 않은 채 그대로 인용·보도하곤 했다.(Green 1983)

언론은 레이건이 의회와의 대결에서 이기느냐 지느냐 하는 데 보도의 초점을 맞추었을 뿐, 레이건의 정책이 그 어떤 영향을 가져올 것인가 하는 보다 근본적인 문제에 대해서는 관심을 두지 않았다. 언론이 레이건 행정부의 선전공세에 눌려 레이거노믹스의 어두운 면을 보도하는 데에 인색했지만 일부에서는 레이거노믹스를 비난하는 소리가 일고 있었다.(Bennett 1988)

경제학자 로버트 레카크먼(Robert Lekachman, 1920~1989)은 『네이션(Nation)』에 기고한 글을 통해 레이거노믹스로 득을 볼 사람은 대주주, 대기업 간부들을 중심으로 한 부유층일 것이며, 손해를 볼 사람은 실업자와 빈민층의 대부분을 점하는 흑인 및 아시아 등의 소수민족계 미국인이 될 것이라고 주장했다.

노동조합, 민권단체, 사회복지단체 들도 레이거노믹스에 대해 우려를 표명하기 시작했다. 레이건 저격사건이 일어난 것은 바로 이 시점이었으며 이 사건은 레이거노믹스에 대한 반대를 무력화하는 결과를 가져왔다.

연방예산국장 스토크먼(Stockman 1986)은 후일 그의 회고록에서 이

때를 회상하며, 백악관은 예산안의 의회통과를 위해 레이건 저격사건 후 급상승한 레이건의 인기를 이용하여, 문제의 초점을 '레이건에 찬성이냐 반대냐?' 하는 흑백논리로 몰고 갔다고 말했다. 1982년 중간선거에서 재선을 노리는 의원들에게, 국민의 강력한 지지를 받고 있는 대통령을 반대한다는 것은 별로 현명치 못한 일이기 때문이다. 또한 스토크먼은 예산안의 의회통과를 위해 4월 내내 숫자를 조작하는 일을 했으며, 나중에는 자신조차도 이해하지 못할 정도의 계수조작을 저질렀다고 고백했다.

레이건은 의회에 1982년 예산안을 414억 달러 삭감할 것과 향후 3년에 걸쳐 세율을 30퍼센트 인하할 것을 요청했다. 1981년 5월, 레이건의 예산안은 의회표결 결과 하원 253대 176, 상원 78대 20으로 통과되었다. 7월 말 세율인하안도 인하 폭만 25퍼센트로 조정된 채 하원 238대 195, 상원 89대 11로 통과되었다.

'우익의 프랭클린 루스벨트'

레이건의 예산안과 세법안이 의회를 통과한 것은 레이건의 인기뿐만이 아니라 의회정치의 '천재'로 일컬어지는 전 대통령 린든 존슨을 방불케 하는 뒷거래에도 힘입은 바 컸다. 레이건은 자신의 경제정책에 반대하는 의원들을 은밀히 백악관으로 불러들여 그들의 지역구에 연방예산으로 무엇을 제공할지를 간접적으로 시사했는가 하면, 이미 추진 중인 연방정부 투자계획을 취소할 수도 있다는 등의 회유와 협박을 교묘히 사용했던 것으로 밝혀졌다. 실제로 의회표결이 끝난 후 레이건의 측근인 네바다(Nevada) 주 상원의원 폴 록살트는 만약 상원

1981년 7월, 텔레비전 연설을 통해 감세법안 관련 도표를 설명하는 레이건.

표결이 비밀투표였다면 레이건의 예산 및 세법안에 대한 지지표는 12표도 안 나왔을 것이라고 시인했다.(Barrett 1983, Reiter 1987, Weisman 1982)

레이건은 또한 세법안을 통과시키기 위해 전국에 중계된 텔레비전 연설을 통해 자신이 제대로 이해하지도 못하는 경제도표를 직접 설명해 가며 열변을 토하기까지 했다. 그는 시청자들에게 자신의 세법안을 지지하는 편지를 각 지역 상원의원과 하원의원 앞으로 보내줄 것을 간곡히 호소했다.

『타임』은 레이건의 예산안과 세법안의 의회통과를 가리켜 "프랭클린 루스벨트 이후 레이건만큼 미국의 전반적 경제기조를 뒤바꾼 대통령은 없었다"고 논평했다. 미국 역대 대통령 가운데 민주당 대통령 프랭클린 루스벨트가 개인의 복리를 위해 정부가 할 수 있는 일의 상한

선을 기록한 인물이라면, 레이건은 그 하한선을 기록한 인물이라는 의미에서, 흔히 '우익의 프랭클린 루스벨트'로 불려졌다.(Dallek 1984)

실제로 뉴딜과 아이젠하워 시기 및 1960년대 초의 평등주의 시대가 지난 후 이기심과 탐욕과 소비가 부활한 것은 레이건 시대였다. 레이건은 "다른 무엇보다도 나는 미국이 누군가는 부자가 될 수 있는 나라로 남아 있기를 바란다"고 말했다. 재무장관 도널드 리건(Donald T. Regan, 1918~2003)은 그들의 희망이 1920년대의 재현이라는 것을 인정했다.

이런 분위기를 타고 『회사』, 『벤처』, 『백만장자』, 『기업가』, 『성공』 같은 제호를 내세운 신간 잡지들이 경제적 야망을 자극했으며, 애덤 스미스(Adam Smith, 1723~1790)의 옆모습을 문양에 넣은 넥타이가 워싱턴의 보수주의자들 사이에 유행했다.(Phillips 2004)

'우익의 루스벨트'는 '부유층의 허수아비'라는 비난에 직면했다. 레이건의 전기를 쓴 저널리스트 루 캐넌(Lou Cannon)은 레이거노믹스의 법안들이 "그 어떠한 경제 이론에도 근거하지 않은 채 오직 탐욕으로 만들어진 특별조항들로 얼룩져 있다"고 혹평했다.

실제로 그 법안은 석유 및 금융 등 대기업들의 이익만을 배려했거나 부동산, 주식, 상속 등 불로소득에 대한 파격적 감세조항들을 포함하여, 레이거노믹스가 가난한 사람들의 희생하에 부유층을 살찌우는 '부자의 경제학'이라는 비난을 야기할 근거를 제공했다.(Cannon 1982, Dallek 1984)

빈민층을 대변하는 단체들이 일제히 레이거노믹스 법안의 의회통과를 비난하고 나섰다. 그들은 레이거노믹스를 '부자를 위한 복지정책'이라고 불렀다.

고 마틴 루서 킹(Martin Luther King, Jr., 1929~1968) 목사의 부인인 코레타 킹(Coretta S. King, 1927~2006)은 레이거노믹스가 "군비증강을 위해 가난한 아이들로부터 점심도시락을 빼앗아 갔다"고 비난했다. 흑인단체들은 레이거노믹스가 빈민층의 대부분을 점하고 있는 흑인 및 다른 소수민족계 미국인들에게 '곤경, 파멸, 좌절, 고통과 궁핍'을 가져올 것이라고 주장했다.

흑인들의 강한 반발에 직면한 레이건은 7월 흑인지위향상연맹(NAACP)의 정기총회에서 행한 연설을 통해 레이거노믹스의 목적은 '국민을 정부의 종속으로부터 해방시키는 것'임을 강조하고, "118년 전 노예해방선언이 흑인을 자유롭게 했듯 레이거노믹스는 흑인의 경제적 해방선언"이라고 반박했다. 그러나 레이건의 변명은 연방예산국장 스토크먼에 의해 그 허구성이 곧 폭로되고 말았다.

1981년 11월 『워싱턴포스트』의 편집자인 윌리엄 그레더(William Greider 1981)는 『애틀랜틱』에 스토크먼에 대한 특집기사를 기고했다. 그레더와의 인터뷰에서 스토크먼은 레이거노믹스가 부유층과 대기업을 살찌워 그 파급효과가 빈민층에게 미치기를 기대하는 '국물 효과 이론(trickle-down theory)'을 교묘히 포장한 것에 지나지 않음을 인정했다. 또한 이 인터뷰에서 스토크먼은 레이건의 세율인하안이 부유층의 세율을 내리기 위한 '트로이의 목마'였음을 솔직히 시인했다.

레이건의 인생관

그러나 인간과 세상을 보는 근본 철학이 다른 걸 어이하랴. 레이건은 무주택자들에게 꽤나 잔인한 정책을 실시하고 있다는 비난에 대해, 그 무주택자들은 '자신들의 선택'에 따라 길거리를 잠자리로 택했는지도 모른다고 대꾸하여 세인을 놀라게 했다. 가난한 사람들의 고통에 대한 레이건의 무감각은, 빈민층의 희생을 발판으로 자신을 포함한 부자들을 더욱 부자로 만들겠다는 생각에서라기보다는 자립을 강조하는 그의 개인적 신념에서 비롯된 것이라는 분석도 나왔다.(Green 1983)

술주정뱅이 아버지 밑에서 시달린 레이건이 인간은 스스로 서야 한다는 자립 의지를 신앙처럼 떠받들며 살아왔다는 것은 이해할 만하다. 그러나 극히 예외적인 자신의 성공 사례가 모든 사람들에게 적용될 수 있고 적용되어야만 한다고 믿는 레이건의 '잔인한 순진함'은 대통령이라는 공인으로서는 비극적인 측면이었다.

같은 맥락에서 UCLA 교수인 로버트 댈럭(Robert Dallek 1984)은 "레이건에게 정치는 어린 시절부터 그를 괴롭혀온 내적 갈등을 해소하기 위한 도구다. 그에게야 그러한 사실이 별 문제가 아니지만 매우 어려운 문제들을 헤쳐 나가야 할 미국으로서는 그와 같은 이가 대통령이라는 사실이 유감이 아닐 수 없다"고 주장했다.

레이건이 세법안 통과를 위해 애쓰던 1981년 6월, 테레사(Theresa, 1910~1997) 수녀는 백악관을 방문하여 레이건의 암살미수사건에는 하나님의 깊은 뜻이 숨어 있음을 완곡하게 경고했다. "이제 대통령께서는 환난과 고통을 겪어봤기 때문에 이 세상의 환난과 고통을 이해하실 것입니다. 미국과 이 세계가 대통령 각하를 필요로 하고 있기에 바로 그런 불행한 일이 일어났던 것입니다." 레이건은 입이 얼어붙었고 낸시는 눈물을 흘렸다지만 '강력한 미국'을 위해 레이거노믹스는 결코 되돌릴 수 있는 것이 아니었다.(Barrett 1983)

1981년 5월 경제학자 레스터 서로(Lester C. Thurow)는 레이건 행정부의 군비지출이 베트남전쟁 당시 군비의 3배에 이르고 있다고 경고했다. 그러나 레이건 행정부의 군비증강은 반대 측을 제압할 수 있는 교묘한 홍보 전략과 함께 이루어졌기에 경고는 큰 힘을 발휘하기 어려웠다.

1982년 초 레이건은 유럽을 비핵지대로 만드는 소위 '제로옵션(zero option)'이라는 핵무기감축안을 발표했다. 이 계획에 따르면 소련이 유럽지역의 모든 중거리미사일을 제거하는 대신 미국도 퍼싱II미사일(Pershing II missile)과 크루즈미사일(cruise missile)을 유럽에 배치하는 계획을 포기하겠다는 것이었다. 꽤 그럴 듯해 보이기는 하나 문제는 미국의 제안이 이미 영국과 프랑스에 배치되어 있는 미국의 미사일을 제외한 것이었으며, 또한 제거대상이 소련이 대부분 갖고 있는 지대공미사일에만 한정되어 있다는 것이었다.

소련이 이 제안을 거부한 것은 당연한 일이었다. 레이건도 물론 소련의 거절을 예상하고 한 제의였다. 문제는 미국의 언론이었다. 그 자세한 내역이야 어찌 됐건 중요한 건 미국이 핵무기감축 제안을 했는데 소련이 그것을 거부했다는 것이고, 이 사실만이 언론에 요란스레 오르내렸다.(Parenti 1986)

레이건은 군비증강에 대한 반대를 저지하기 위해 "소련은 GNP의 12~14퍼센트를 국방비에 쓰고 있는데 이 비율은 미국의 2~3배이므로 (실제로는 2배밖에 되지 않음) 미국의 국방비는 아직도 절대적으로 모자란다"고 주장했다. 미국의 GNP는 소련 GNP의 2배이므로 GNP의 6~7퍼센트를 쓰는 미국의 국방비는 GNP의 12~14퍼센트를 쓰는 소련의 국방비와 거의 같다고 하는 지점을 시청자들이 즉각 이해하기란 어려운 일이었다.(Green and MacColl 1983)

'레이거노믹스의 사망'?

그러나 지나친 군비증강으로 인해 1982년에 들어서자 레이거노믹스는 스스로 심각한 문제점들을 드러내기 시작했으며, 레이거노믹스에 대한 언론의 호의적인 태도도 한계에 도달하고 말았다. 1982년 3월 텔레비전 방송사들은 저녁뉴스를 통해, 레이거노믹스가 빈곤층을 희생으로 한 부유층 편애정책임을 뒤늦게나마 구체적 사례를 들어 가며 일제히 보도하기 시작했다.

레이건은 이러한 보도에 대해 분노를 터뜨리며 "왜 텔레비전 방송사들이 오락물에 치중하지 않고 그따위 뉴스를 만들어내는지 모르겠다"고 불평했다. 레이건은 즉각 토요일마다 5분간 레이거노믹스를 변호하는 라디오 방송을 시작했는데, 그는 이 방송을 통해 레이거노믹스는 7월경부터 그 본격적인 효험이 나타날 것이라고 주장했다.(Dallek 1984)

레이건은 또한 기자회견 등을 통해 자신의 정책을 정당화하기 위한 열변을 토했지만, 통계조작의 냄새가 풍기는 주장들이었다. 그는 "연방예산이 320억 달러 증가했기 때문에 빈민층이 피해를 보지 않을 것"이라고 주장했으나 사실 이것은 예산의 증가분이 전적으로 국방예산에 치중하고 있음을 감안한다면 성립되지 않는 이야기였다. 또 빈민층의 식비보조책인 "무료식권발행 제도(Food-Stamp Program) 예산이 6500만 달러에서 113억 달러로 16000퍼센트 이상 증가했다"는 주장도 무료식권발행 제도가 전국의 10퍼센트에 해당되는 시범지역에서만 실시된 초기 실험 단계의 예산(1966년)과 전국적으로 확산되어 실시되고 있던(1974년 이래) 1981년의 예산을 비교한 것으로 비교 자체가 무의미한 것이었다.(Green and MacColl 1983)

레이건은 곧잘 출처 불명의 주장도 내놓곤 했다. 그는 빈민층에게 불리한 자신의 정책을 정당화하기 위하여 연소득 7만 5000달러 이상의 중간층 자녀들이 무료로 점심을 먹는다든가, 무료식권으로 보드카를 사 마시는 현실을 개탄하곤 했는데, 후일 기자들이 그 출처를 따지면 어느 파티석상에서 들었다며 더 이상의 답변을 회피했다.

1982년 4월 28일 의회 지도자들과의 간담회에서 레이건은 레이거노믹스가 빈민층에 대해 지나친 고통을 주고 있다는 민주당의 주장을 '언론과 합작해서 꾸며낸 정치선전'이라고 비난하고 "우리는 그 누구도 얼어 죽으라고 눈밭에 내동댕이친 적이 없다"고 강변했다.(Dallek 1984)

1982년 7월이 되어서도 실업률이 1941년 이래 최고인 9.5퍼센트를 기록하는 등 빈민층의 경제사정은 더욱 악화되어 갔다. 그럼에도 레이건은 1년만 더 기다려보자고 했으며, 자신에 대한 비난의 화살을 피하려고 1981년 세법안을 완화해 983억 달러의 세금인상을 포함한 균형예산수정안을 제안했다. 레이건은 자신의 실책에 대한 변명은커녕 이 수정안이 마치 자신의 일관된 경제정책의 일환인 것처럼 균형예산수정안의 밝은 미래를 부지런히 역설하기 시작했다.

민주당 하원의원 짐 라이트(James C. Wright, Jr.)는 그러한 레이건의 행위를 '할리우드에서나 통할 뻔뻔한 쇼맨십'이라고 공박했다. 칼럼니스트 로버트 새뮤얼슨(Robert J. Samuelson)은 레이건이 "정치는 가능성의 예술일 뿐 아니라 상징주의의 과학이기도 하다"는 것을 입증했다고 평했다.

8월 19일 통과된 이 수정안은 레이거노믹스의 기본원칙을 다소 일탈한 것이었지만 레이건의 공급사이드 경제 이론에 대한 신념은 여전히 요지부동이었다. (Dallek 1984, Schoenbrun 1984)

1982년 9월 경제학자 로버트 라이시(Robert B. Reich 1982)는 "1981년 이래로 미국의 빈민층은 그간 받아오던 연방정부보조금 가운데 100억 달러 이상을 박탈당해왔는데, 그 돈은 66만 1000명의 어린아이들이 의료보험 혜택을 받고, 90만 명의 학생에게 학교급식을 제공하고, 15만 가구가 정부보조의 유아원을 이용하고, 100만 명이 무료식량배급을 받을 수 있는 돈이었다"고 지적하며 레이거노믹스의 잔혹성을 통렬히 비난했다.

또한 1980년과 1981년 사이에 연방정부고용훈련법에 따라 취업을 한 빈민층은 30만 명에 이르렀으나 1년 뒤 전부 해고되고 말았다. 1982년 10월 실업률은 1941년 이래 최악인 10.1퍼센트를 기록하여 실업자 수는 1100만 명, 부양가족을 포함한 실업인구는 4000만에서 5000만 명에 이르렀다.

이러한 경제난국에 대해 경제학자 레스터 서로는 '엄청난 조세감면과 엄청난 군비증강'을 동시에 꾀하고자 했던 레이거노믹스는 애초부터 파국을 예고한 것이었다고 논평했다.

1982년 12월 로버트 새뮤얼슨은 '레이거노믹스의 사망'을 선언했다. 그에 따르면 사망의 이유는 "레이거노믹스가 실패해서가 아니라 애초에 존재하지 않았기 때문"이라는 것이다. 즉 레이거노믹스는 경제정책이 아니라 레이건의 개인적 신념을 상징화시킨 '상징적 정치' 또는 '정치의 의인화'에 불과하며, 언론이 무의미한 미사여구에 집착해 만들어낸 일종의 정치선전에 지나지 않는다는 것이다.

노벨경제학상 수상자인 조지 스티글러(George J. Stigler, 1911~1991) 또한 "레이거노믹스는 부유층을 편애하고 군비증강을 꾀하고자 하는 이데올로기를 감추기 위한 속임수이며 구호에 지나지 않는다"고 주장했다.(Dallek 1984)

레이거노믹스에 대한 이러한 집중포화의 정당성은 1982년 11월의 중간선거 결과로도 입증되었다. 상원의석은 공화당과 민주당이 54대 46으로 변함이 없었으나, 하원의석은 192대 214에서 166대 267로, 주지사는 23대 27에서 16대 34라고 하는 민주당의 압승으로 끝났기 때문이다.

투표를 끝내고 나온 사람들을 대상으로 실시된 여론조사 결과, 투표자의 70퍼센트가 이 중간선거를 레이건에 대한 찬반 선거로 간주했으며 40퍼센트가 레이거노믹스에 불만을 표시한 것으로 나타났다.(Isaacson 1982a)

그러나 '경제'가 정치의 전부는 아니다. 외교와 군사가 있지 않은가. 이제 곧 미국을 뒤덮었던 검은 구름을 걷어내는 대대적인 외교·군사 작전이 전개된다.

참고문헌 Barrett 1983, Bennett 1988, Cannon 1982, Cross 1983, Dallek 1984, Donaldson 1987, Greider 1981, Green 1981 · 1983, Green and MacColl 1983, Isaacson 1982a, Kellerman 1984, Kirschten 1981, Parenti 1986, Phillips 2004, Reagan 2007, Reich 1982, Reiter 1987, Schoenbrun 1984, Stockman 1986, TerHorst 1987, Weisman 1982, Wills 1987

제5장

레이건의 '힘에 의한 평화'

"미국을 뒤덮었던 검은 구름이 걷히고 있다"
'악의 제국' 과 '별들의 전쟁'

'위기의 제조'

1982년 5월, 로널드 레이건 대통령은 폴란드에서 자유노조 운동이 일어나자 폴란드의 공산주의 체제를 무너뜨리라는 비밀 지령을 내렸다. CIA를 통해서 수많은 자금이 레흐 바웬사(Lech Wałęsa)가 이끄는 폴란드 자유노조에 전달되었고, 로마가톨릭교회도 지원에 동참했다.(김봉중 2006) 카터 행정부의 인권외교와는 전혀 다른 방식으로, 레이건이 외친 '힘에 의한 평화' 의 변형된 형태였다. 이런 시도는 1986년 2월부터 체코슬로바키아의 지하운동 단체들에 자금을 지원하는 등의 방법으로 확대된다.

'힘의 의한 평화' 의 기운이 사회적 분위기로까지 감지되었던 걸까? 1982년 여름, 정신분석학자인 캐스퍼 슈미트(Casper Schmidt)는 매스미디어와 여론조사 결과에 숨어 있는 집단 환상을 분석한 결과, 1983년 말에 미국은 니카라과(Nicaragua)와의 전쟁 국면에 들어갈 것이라고

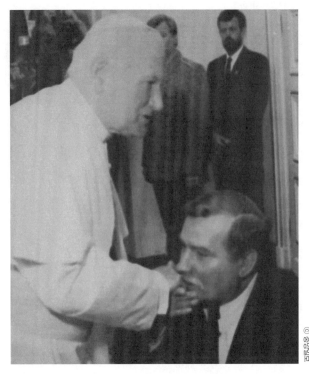

교황 요한 바오로 2세(왼쪽)는 동구권 순례를 통해 반소련 무드를 일으켰으며, 특히 조국 폴란드에서 공산국가 최초의 독립노조를 이끈 바웬사(오른쪽)를 적극 지원했다.

예언했다. 미국인들은 이미 1982년 5월 영국과 아르헨티나 사이에 벌어진 포클랜드(말비나스)전쟁(1982년 4월 2일, 아르헨티나가 자국과 가까운 포클랜드섬을 회복하겠다고 선언하며 침공한 전쟁—12권 1장)을 목격한 바 있었다. 전쟁을 선호하는 무의식적 집단 환상이 이 전쟁을 수동적으로나마 용인할 것이라는 내용이었다.

슈미트의 예언은 맞아떨어졌다. 그러나 당시 레이건이 처한 상황을 이해한다면 그리 놀랄 일도 아니었다. 레이거노믹스의 파국 등으로 1983년 1월 재임 2년을 마친 레이건의 인기도는 최하강 국면을 맞이해 전임 대통령인 카터의 재임 2년 후의 인기보다 10퍼센트나 낮은 35퍼센트로 떨어졌다.(Demouse 1984)

1982년 중간선거의 패배와 인기 하락에 충격을 받은 레이건은 이를 만회하기 위한 충격요법을 꾀하는데, 그것은 동서고금을 막론하고 정치인들이 종종 구사한 '위기의 제조'였다. 국내정치에 있어 위기는 국민 모두의 단결과 희생을 요구하는 국가존망의 문제임에 틀림없다. 그리고 그러한 진정한 의미의 국가적 위기가 있을 수도 있다. 그러나 위기는 한 국가 내의 특정세력의 이익을 위해 만들어지는 경우도 많다. '위기'를 스스로 창출해낸 사람들은 그 '위기'를 누구보다도 잘 설명할 수 있을 것이며, 또한 그 설명은 위기창출자 자신들의 이익을 옹호하는 쪽으로 이용될 것이다. 집권세력이 자신들의 위기를 국가적 위기로 위장할 경우, 언론은 여러 구조적인 제약 탓에 이에 맹종하는 경향을 보이며, 집권세력은 언론이 신빙성을 부여한 이 '위기'를 그들의 정치적 자산으로 이용하려 한다.

레이건은 이미 중간선거 전부터 '위기제조'의 수법을 사용해왔는데 그 방법은 매카시즘(McCarthyism)적 요소가 다분했다. 1982년 6월 12일 뉴욕에는 100만 명의 인파가 운집한 가운데 핵무기반대 시위가 열렸는데, 레이건은 시위를 하는 사람들이 '미국이 망하기를 원하는 사람들'이라고 단정 짓고, 이는 '소련 KGB의 사주로 일어난 것'이라고 주장했다. 증거를 요구하는 기자들에게 레이건은 국가안보기밀 보호를 위해 밝힐 수 없다고 했다.(Parenti 1986)

1983년 역사학자 아서 슐레진저 2세(Arthur M. Schlesinger, Jr. 1983)는 레이건 행정부가 수시로 소련의 군사력이 미국의 군사력을 앞지르고 있다고 발표하면서 매저키즘적(masochistic) 쾌감을 느끼고 있다고 주장했다. 실제로 그간 레이건은 국민에게 소련이 군사력에서 미국을 앞지르고 있다는 발표를 거듭해왔다. 과연 실제로 그러한가? 군사 전문가들조차 정확히 알 수 없는 매우 어려운 문제였다. 다만 레이건이 확신에 찬 어조로 소련의 절대적 군사우위를 수시로 강조하는 이면에는 미국의 군사력 증강이 절실히 요청되고 있으며, 자신의 정책에 대한 그 어떤 내부적 반대도 용납될 수 없고, 자신의 행정부는 상황을 철저히 관장하고 있다는 자신감을 나타내 보이기 위한 의도가 숨어 있는 게 아니냐는 문제 제기는 가능하리라.

레이건은 이에 그치지 않고 자신이 처한 난국을 타개하기 위한 노력의 일환으로 1983년 3월 세 개의 중요한 연설을 터뜨리는데, 3월 8일의 소위 '악(惡)의 제국' 연설, 3월 11일의 '중미(中美)' 연설, 3월 23일의 '별들의 전쟁(Star Wars)' 연설이 바로 그것이다.

"미국을 뒤덮었던 검은 구름이 걷히고 있다"

1983년 3월 8일 플로리다(Florida) 주에서 열린 기독교 복음주의자들의 모임에서 행한 연설을 통해 레이건은 소련을 '악의 제국'으로 규정짓고, "우리는 하나님의 뜻을 받들어 혼신의 힘을 다해 악과 싸워야 한다"고 주장했다.

두 번째 연설에서 레이건은 소련이 그레나다(Grenada), 쿠바, 니카라과를 미국 침략의 근거지로 사용하고 있으며, 소련의 이러한 적화야욕이 중미와 카리브해에서 일어나고 있는 여러 가지 분쟁의 원인이 되고 있다고 주장했다. 레이건 행정부는 특히 니카라과에 주목했다.

산디니스타 반정부군의 모습. 이들은 1979년 소모사의 50년 독재를 타도하고 혁명에 성공했다. 이후 사회주의 정권을 세워 10여 년간 집권한다.

1979년 니카라과의 민족주의자 아우구스토 산디노(Augusto Sandino, 1895~1934)의 이름을 딴 산디니스타(Sandinistas) 게릴라는 친미 아나스타시오 소모사(Anastacio Somoza, 1896~1956) 정권을 타도하고 산디니스타당을 세워 권력을 장악했다. 다니엘 오르테가(Daniel Ortega Saavedra)가 이끄는 산디니스트당을 좌익으로 간주한 레이건 행정부는 1981년 4월 1일 니카라과에 대한 모든 경제지원을 중단한 뒤, 온두라스(Honduras)를 거점으로 하여 산디니스트 정권 전복 작전을 전개했다.(Schlesinger 1983a, Setterberg 1987)

세 번째 연설은 그간 레이건이 펼친 연설 중 가장 많은 각광을 받은 대표 격으로 꼽히고 있는데, 그는 이 연설에서 소련을 필두로 한 '악의 제국'이 팽창하고 있음을 재삼 경고하면서 악마의 핵미사일이 미국에 닿기 전에 레이저광선을 발사해 파괴할 수 있는 새로운 우주전략계획을 발표했다.

"우리의 안보가 소련의 공격을 저지하기 위한 즉각적 보복 능력에 달려 있는 것이 아니라 그들의 전략적 탄도미사일이 우리의 땅이나 우리의 동맹국들의 땅에 떨어지기 전에 미리 파괴할 수 있다면, 그리하여 우리 자유민들이 안심하고 살 수 있다면, 그 편이 훨씬 더 나은 것 아니겠습니까?"(Eisendrath 외 2002)

전략방위계획(SDI; Strategic Defense Initiative) 또는 '별들의 전쟁'으로 불린 이 우주전략계획은 실현가능성이 없는 망상이라는 비난을 받았다. 실제로 미 군부는 이 계획에 반대하여 『워싱턴포스트』에 반대 의사를 흘림으로써 '별들의 전쟁'이 군부와는 관계없는 레이건과 그의 보좌관들의 창작물임을 분명히 했다.

일부에서는 '별들의 전쟁'이 그 계획에 참여하여 재미를 볼 수 있는 군수업체의 로비활동 결과라는 주장이 대두되었다.(Demouse 1984, Reed 1986) 문화적으로는 조지 루카스의 1977년 영화 〈별들의 전쟁〉이 사회적 신드롬으로 번지면서 전쟁 비디오 게임이 폭발적 인기를 누린 게 SDI의 배경이라는 분석도 나왔다. 또 어떤 이는 레이건이 영화배우

실제 과학과 스타워즈 사이의 괴리를 보여주어 우주전략계획의 실현
가능성이 낮음을 풍자한 카툰. ⓒ cliff1066™

시절 출연한 공상과학영화 〈공중에서의 살인(Murder in the Air)〉(1940)
가운데 '별들의 전쟁'과 유사한 것이 있어 간혹 현실세계를 영화의
세계로 착각하는 레이건의 고질병이 재발한 것은 아닌가 하는 정신분
석학적인 추측을 하기도 했다.(Boyer 1987, Vaughn 1987, Wills 1987)

어찌 됐건 적지 않은 과학자들로부터도 '미친 짓'이라는 비난이 있
었음에도 미국을 난공불락의 요새로 만들 수 있다는 레이건의 '별들
의 전쟁'이 국민에게 던진 감정적인 효과는 지대한 것이어서, 이 스타
워즈는 '강력한 미국'을 호소하는 레이건의 정치적 상징으로 두고두

고 쓰이게 된다.

위의 세 연설이 끝난 직후 레이건의 인기는 급상승하기 시작했는데, 레이건은 "미국을 뒤덮었던 검은 구름이 걷히고 있다"고 기뻐했다. 칼럼니스트 제임스 레스턴(James B. Reston, 1909~1995)은 3월 30일자 『뉴욕타임스』에 "대통령 부부가 그토록 행복해하는 모습을 본 적이 없다"고 썼다. 이즈음 『타임』의 여론조사 결과는 레이건이 호전적일수록 인기가 상승한다는 점을 보여주었다.

1983년 3월 및 그 이후 미국 신문들에 나타난 기사 제목은 언론이 호전적인 여론에 편승하거나 호전적인 여론의 생산에 적극 참여하는 면모를 잘 보여주었다. 신문들은 「레이건 비상벨을 울리다」, 「레이건 더 이상 호인이 아니다」, 「레이건 전열을 강화하다」, 「론(레이건의 애칭)의 분노」 등으로 미국의 호전 무드를 부추겼다.

실제로 중미에서 일어나고 있는 일들은 과거와 크게 다를 바가 없었는데도 레이건은 서구의 '정신적 위기'를 선언했으며, 언론이 이에 맞장구를 치는 현상이 벌어진 것이다. 그 결과 국내경제 및 복지후생 문제는 뒷전으로 밀려났고 엄청난 자금이 군사력증강에 집중되었다. 니카라과와 엘살바도르(El Salvador)의 접경지역인 온두라스에 미 군사기지, 비행장, 레이더 등이 건설되기 시작했다.(Demouse 1984)

언론의 무절제한 찬사

다른 건 몰라도 미국 정부의 대외정책 보도에 관한 한 미 언론은 행정부의 시녀에 불과하다는 주장이 있다. 고의적이라기보다는 구조적으로 그렇다는 것이다. 무엇보다도 늘 이윤을 생각해야 하는 미국의 상업언론은 해외에서 일어난 모든 일들을 취재할 뜻도 능력도 없기 때문에 정보의 대부분을 행정 관료들에게 의존할 수밖에 없다. 따라서 대부분 행정 관료들의 주장을 반영하는 데에 지나지 않는 언론의 대외정책 보도가 객관적이긴 어려운 일이었다.

예컨대 두 명의 미국 기자가 온두라스에서 미국이 설치한 지뢰를 밟아 사망한 사건이 일어났을 때, 미국 신문들은 레이건 행정부의 일방적 주장에 따라 그들이 니카라과의 포격으로 사망했다고 보도했다. 후일 미국 지뢰를 밟아 사망했다는 사실이 밝혀졌으나, 이를 보도한 신문은 거의 없었다. 시간이 지나면 뉴스가치가 없기 때문이다. (Demouse 1984)

미국에서는 언론은 '정부의 파수꾼(watchdog)' 이라는 말을 즐겨 쓴다. 적어도 레이건이 3월에 행한 일련의 연설에 대한 보도 태도에 있어서만큼은 이 말은 은유 이상의 것이었다. 미 언론은 정부를 감시하는 게 아니라 오히려 지켜주는 개에 불과했다는 주장이 제기되었기 때문이다. 전 대통령 린든 존슨은 보좌관들에게 귀찮게 구는 기자들을 향하여 "고기 한 점 던져주라"는 말을 즐겨 썼다고 하는데, 1983년 5월 『컬럼비아 저널리즘 리뷰(Columbia Journalism Review)』는 표지에 레이건이 개들에게 뼈다귀를 던져주는 만화를 싣고, 미 언론이 얼마나 레이건에 대해 무절제한 찬사를 늘어놓았는지 그 실상을 폭로하는 특집기사를 게재했다.(Hanson 1983)

레이건의 대외정책이 언론을 의식한 충격요법에 자주 의존하는 것은 그의 무분별한 인사정책과, 주요 보좌관 및 각료들 사이의 패권다툼에서 일부 원인을 찾을 수 있었다. 미국 대외정책의 삼두마차라 할 국가안보담당 보좌관-국무장관-CIA국장은 늘 주도권을 놓고 치열한 암투를 벌여왔다.

국무차관에서 국가안보담당 보좌관으로 승진한 윌리엄 클라크를 원래 백악관에 끌어들인 사람은 국무장관 알렉산더 헤이그였다. 레이건과 친한 클라크를 자신의 밑에 둠으로써 백악관 보좌관들의 대외정책 독점을 저지하여 자신의 영향력을 한껏 행사하겠다는 계산에서였다. 그러나 클라크가 헤이그의 동격 아니 때로는 상급자 노릇을 하기도 하는 국가안보담당 보좌관이 된 이상 클라크와 헤이그의 사이가 편할 리가 없었다. 클라크와 헤이그 사이의 알력은 결국 헤이그의 패배로 끝나, 1982년 6월말 헤이그는 사임했다.

레이건 저격사건 시 헤이그의 실언이 입증했듯, 헤이그는 권력에 대한 집착이 매우 강한 인물이었으며 바로 그러한 특성이 소위 캘리포니아 마피아로 불리는 클라크를 포함한 레이건의 보좌관들과 끊임없는 불화를 유발했던 것이다. 사실 헤이그는 전혀 승산이 없었는데도 1980년 대통령 예선에 출마하여 레이건으로부터 국무장관 자리를 얻어냈으며 이를 1988년 대권 도전에 이용할 생각을 늘 하고 있었다. (Sidey 1982)

헤이그의 사임은 미국 역대 행정부의 대외정책에 있어 늘 내부적 갈등을 야기한 국무장관과 국가안보담당 보좌관 사이의 불분명한 업무분쟁을 표면화시킨 것으로서, 개인 간의 권력투쟁을 떠나 보다 근본적인 조직의 문제를 제기했다. 전(前) 국무차관 메이어 라시시는 바로 이러한 조직상의 문제가 미국 대외정책의 일관성을 저해하고 있다고 지적했다. (Church 1982)

국무장관 조지 슐츠

헤이그의 후임으로는 건설 및 엔지니어링 분야에서 미국의 최대 다국적 기업인 벡텔(bechtel)사의 중역인 조지 슐츠(George P. Shultz)가 임명되었다. 슐츠는 시카고대학 경영대학장으로 있을 때 학생들의 베트남전쟁 반대시위에서 확성기 사용을 금지함으로써 물의를 빚어 사표를 낸 후, 닉슨 행정부의 노동장관 및 재무장관을 역임한 경력의 소유자였다. 슐츠가 일해온 벡텔사는 오래 전부터 조기공중경보기인 AWACS(Airborne Warning and Control System)기의 사우디아라비아 판매를 위해 로비를 벌여왔는데, 이미 캐스퍼 와인버거 국방장관이 벡텔사 부사장 출신이었던 만큼, 슐츠의 국무장관 임명 이후 레이건이 AWACS기의 대사우디아라비아 판매에 발벗고 나선 것은 우연한 일이 아니었다.

그럼에도 슐츠는 레이건 진영 내에서는 온건론자로 통해 실제로 헤리티지 재단 같은 보수 싱크탱크에서는 슐츠의 국무장관 임명을 적극 반대했다. 그러나 슐츠는 온건함은 물론 말수가 적고 참을성이 많은 인물이어서 클라크와 보조를 맞출 수 있는 인물로는 더할 나위 없이 적격이었다. 실제로 슐츠는 임명 직후 기자회견을 열기로 기자들과 약속했는데, 이 기자회견은 클라크의 의견에 따라 일방적으로 취소되었고 슐츠는 말없이 이에 따른 것으로 알려졌다.

레이건 행정부에서의 슐츠의 역할은 미국의 대외정책에 대한 국내 여론을 관리하는 것이었다. 헨리 키신저가 그의 자서전에서 "미국이 위기에 처했을 때 가장 믿을 수 있는 지도자 한 명을 꼽으라면 나는 슐츠를 지명하겠다"라고 극찬했듯이, 슐츠는 원만하고 모나지 않은 성격으로 인간관계가 뛰어난 인물이었다. 슐츠는 또한 닉슨 행정부의 재무장관 시절 닉슨의 워터게이트 은폐 음모에 가담치 않아 닉슨의 미움을 샀는데, 이것이 슐츠에게는 커다란 정치적 자산으로 작용했다. 슐츠는 국민에게 큰 인기는 없어도 신뢰할 만한 사람이라는 이미지를 심어주었다.(Isaacson 1982)

1983년 11월 ABC-TV가 제작·방영한 가상핵전쟁 영화 〈그 날 이후(The Day After)〉는 레이건 행정부를 크게 당황하게 만들었다. 핵공포를 가중해 레이건의 핵무기 유럽배치 계획에 큰 차질을 가져올 수 있기 때문이었다. 레이건의 각료들이 총동원되었다. 그들은 그간 레이건 행정부가 세계 평화를 위해 노력했다고 강조하는 대대적인 언론 플레이에 투입됐다. ABC-TV는 레이건 행정부와 보수단체들의 압력에 굴복해 예외적으로 영화가 끝난 후 슐츠 국무장관 등을 초청해 반박의 기회를 허락했다. 평소 〈나이트라인(Nightline)〉이라는 텔레비전 뉴스 프로그램에서 날카로운 대담 솜씨를 보여주던 ABC의 앵커맨 테드 코펠(Ted Koppel)도 슐츠의 온화하고 신뢰할 만한 이미지에 압도되어 레이건 행정부의 선전은 성공을 거두었다는 평가가 나왔다.(Graber 1984, Manoff 1983)

'레이건의 반소 감정은 전기세탁기'

레이건과 클라크는 서로 배짱이 잘 맞았는데 특히 소련에 관한 한 더욱 그러했다. 레이건 행정부의 한 고위관리는 레이건의 반소 감정을 전기세탁기에 비유했다. 동전을 넣으며 요란스럽게 돌아가지만 세탁이 끝나고 나면 잠잠히 있을 수도 있는 그런 유형의 반소 감정이라는 뜻이었다. 그런데 레이건이라고 하는 세탁기에 늘 동전을 집어넣어 미국의 반소 감정을 극대화하는 이가 바로 클라크였다.(Johnson 1986)

1982년과 1983년은 클라크의 전성시대였다. 1983년 8월 1일 『타임』은 클라크를 표지인물로 등장시켜 그의 중미정책에 대한 특집기사를 다루었는데, 이 기사는 슐츠 국무장관이 "지나치게 과묵해서 정책결정에 참여할 수 없다"고 지적하고 자신의 유명무실한 역할에 실망한 슐츠가 곧 사임할지도 모른다는 소문을 실었다. 실제로 1983년 7월에 단행된 니카라과 봉쇄 작전은 클라크, CIA국장 윌리엄 케이시, 국방장관 캐스퍼 와인버거 그리고 레이건이 슐츠를 완전히 제외시킨 채 결정한 것으로 밝혀졌다.

제 아무리 사람 좋은 슐츠라 해도 이쯤 되면 폭발하지 않을 수 없었다. 1983년 10월 23일자 『워싱턴포스트』에 따르면, 슐츠는 8월 4일 레이건과의 면담에서 분노를 터뜨리고 말았다. 깜짝 놀란 레이건은 클라크를 불러 슐츠를 잘 달래라고 지시했고, 수시로 슐츠와 골프를 쳐주는 등 슐츠의 상처를 어루만져야 했다. 그러나 그렇다고 해서 슐츠의 권한행사 영역에 변화가 생긴 것은 아니었다. 이와 관련해 칼럼니스트 제임스 레스턴은 1983년 8월 17일자 『뉴욕타임스』에 이렇게 썼다.

"클라크는 국가안보보다는 레이건의 정치적 안전을 더 걱정하고 있다. 그는 미국의 대외정책담당 관리들 가운데 레이건보다 대외문제에 대해 더 모르는 유일한 사람이다. 그런고로 클라크는 대통령을 돕고 있는 것이 아니라 대통령의 약점을 더욱 노출하고 있을 뿐이다. 장님이 장님을 인도하는 격이라고나 할까."(Johnson 1986)

헨리 키신저 이래 가장 강력한 국가안보담당 보좌관 역할을 해오던 클라크는 KAL기 격추사건 이후인 1983년 10월 13일 별다른 이유도 없이 그 자리를 자신의 충복 로버트 맥팔레인(Robert C. McFarlane)에게 넘겨주고 미국에서는 아주 인기 없는 부서인 내무부(Interior Department; 국토개발 업무에 주력하는 부서) 장관직으로 자진해서 물러나고 말았다.

맥팔레인은 불과 7년 전 해병중령으로 제대한 사람으로 본인 스스로 인정하듯 군대에서 더 이상 진급을 기대할 수 없을 만큼 여러모로 능력이 결여된 인물이었다. 『인터내셔널 헤럴드 트리뷴』은 맥팔레인이 어떤 조직에서든 '2인자 또는 2.5인자' 의 위치에 더 어울리는 사람이라는 한 백악관 관리의 말을 인용하여 그가 지도력에 문제가 있는 인물임을 시사했다.

맥팔레인에게 보수 성향의 강력한 지도력이 없다는 데에 불만을 느낀 보수운동계의 지도자 폴 웨이리치는 맥팔레인을 가리켜 '늘 군중 속으로 사라지기 위해 신이 창조한 인물' 이라고 혹평하기도 했다. 클라크의 자리를 차지하게 위해 암투를 벌이던 유엔대사 진 커크패트릭(Jeane J. Kirkpatrick, 1926~2006)도 "맥팔레인은 절대적으로 무능하다"고 비난했다.

그러나 맥팔레인은 열심히 일하고 복종심이 강한 사람으로 그 누구보다도 레이건과 가까운 클라크의 절대적 지지를 받고 있었기에 주변의 온갖 반대에도 불구하고 결국 대통령 국가안보담당 보좌관으로 임명될 수 있었다. 후일 맥팔레인은 "누가 적이고 누가 아군인지 구별할 수 없는 백악관 내의 암투가 총을 가지고 싸우는 전투보다 훨씬 더 힘들다"고 고백했다. 그런 '내부 전투' 중에 벌어지는 정보 누설에 대해 레이건 행정부는 강력 대응이라는 조치를 취한다.

참고문헌 Boyer 1987, Church 1982 · 1983, Demouse 1984, Eisendrath 외 2002, Farrell 1983, Graber 1984, Hanson 1983, Isaacson 1982, Johnson 1986, Magnuson 1985, Manoff 1983, Mohr 1983, Morganthau 1981, Parenti 1986, Reed 1986, Schlesinger 1983 · 1983a, Schweizer 1998, Setterberg 1987, Sidey 1982, Vaughn 1987, Weisman 1983, Wills 1987, 김봉중 2006

"정부는 위에서부터 물이 새는 유일한 배"
레이건의 정보 통제정책

'거짓말탐지기'와 '평생 검열'

1983년 미국 모토로라(Motorola)사가 세계 최초로 휴대전화 '다이나택 (Dynatac) 8000X'를 출시해 시카고 지역에서 상용 서비스를 시작함으로써 '정보통제'가 점점 더 어려워지는 세상이 열리지만, 아직 휴대 전화 대중화의 시대는 아니었다.

1983년 3월 로널드 레이건은 그의 위력적인 텔레비전 연설과 더불어 정책수행을 용이하게 할 강력한 정보 통제정책을 발표했다. 대통령 훈령을 통해 전 연방공무원에게 거짓말탐지기 조사를 강제화한 것이다. 이런 결정의 발단은 1년 전으로 거슬러 올라간다.

1982년 1월 『워싱턴포스트』는 레이건의 군비증강 5개년 계획이 공표된 것보다 7500만 달러가 더 소요된다는 폭로기사를 실었는데, 이것이 레이건을 분노케 했다. 즉각 거짓말탐지기를 동원해서라도 비밀 누설자를 색출하라는 엄명이 떨어졌고, 그 결과 존 틸슨(John Tilson)

이라는 국방성관리가 해임되었다. 『워싱턴포스트』는 그 비밀정보를 준 사람은 틸슨이 아니라고 밝혔지만 소용이 없었다. 백악관출입기자들 사이에서는 레이건이야말로 그 어떠한 경우에도 거짓말탐지기를 통과할 수 있는 사람이라는 농담이 떠돌았다. 즉 레이건에게는 사실 여부에 관계없이 자신이 한 말을 무조건 믿는 재주가 있다는 것이다.(Donaldson 1987, Ranney 1983)

1973년 최초의 휴대폰 개발에 성공한 당시를 재현하는 전 모토로라 부사장 마틴 쿠퍼 박사. ⓒ Rico Shen

강력한 정보 통제정책을 발표한 1983년 3월 레이건은 "국방예산을 비판하는 사람들은 크레믈린(소련 정부의 본거)을 즐겁게 해줄 뿐이다"라고 주장했다. 이에 대해 하원의장 팁 오닐(Thomas P. O'Neill, Jr., 1912~1994)은 '매카시즘 수법'이라고 비판했다. 오닐은 『워싱턴포스트』의 헤인즈 존슨(Haynes B. Johnson) 기자에게 "사람들은 레이건이라는 한 개인을 좋아한다. 레이건은 프랭클린 루스벨트 이래로 언론을 가장 잘 다루는 대통령이다. 존 F. 케네디도 능가하는 솜씨를 갖고 있다"고 말한 적이 있었다. 그러나 개인이 아닌 대통령으로서의 레이건은 정부기밀 보호라는 미명하에 유례없이 강력한 언론 통제정책을 실시한 것이다.(Cannon 1982, Hitchens 1984, Peterzell 1986)

1981년 ABC-TV의 추수감사절 특집방송에서 '대통령으로서 가장 실망했던 일은 무엇인가?'라는 바바라 월터스의 질문에 레이건은 워싱턴을 커다란 귀에 비유하며 정부의 비밀이 언론에 누설되는 것이라고 밝힌 적이 있다. 레이건의 실망은 1983년 들어 분노로 변해, 거짓말 탐지기에 관한 훈련 이외에도 1983년 8월 미국 역사상 유례가 없는 최초의 정보 통제정책을 연방정부 공무원들에게 적용했다. 국가비밀을 취급하는 수천 명에 달하는 관리들이 책을 쓰거나 글을 발표할 경우 반드시 정부의 검열을 거쳐야 하며 이는 평생 준수해야 한다고 하는 각서를 받아낸 것이다. 미국신문편집인협회(ASNE)는 이 조치를 가리켜 '1791년 권리장전 통과 이래 미국 역사상 유례 없는 평화 시의 검열정책'이라고 비난했다. 이는 '평생 검열(lifetime censorship)'로 불렸다.(Abrams 1983, Sanoff 1983)

레이건은 그간 행정부 관리들을 만나는 기자들에게 사전약속을 요구해 이 자료들을 컴퓨터에 입력해놓고 만약 그의 행정부에 불리한 정보가 보도되었을 경우, 그 자료들을 추적해서 누설의 경위를 캐내려고 애쓰기도 했지만, 이런 방법 역시 전혀 성과를 거둘 수 없었다.
(Edwards & Wayne 1985)

그러나 레이건의 주장과는 달리 미 연방정부의 기밀은 레이건 자신을 포함한 고위관료들이 고의적으로 누설하는 경우가 더 많았다. 포드 행정부 당시 한 백악관 보좌관은 그러한 고의적 누설이 전체 기밀 누설의 99퍼센트에 이를 것이라고 시인할 정도였다. 칼럼니스트 제임스 레스턴(James Reston, 1909~1995)은 "정부는 위에서부터 물이 새는 유일한 배다(A government is the only known vessel that leaks from the top)"라고 말했는데, 레이건 행정부 역시 예외는 아니었다. 다만 다른 행정부와 달리 큰 차이가 있다면, 레이건 행정부에서는 기밀 누설의 책임이 주로 중하위직 공무원에게 전가되었다는 점이다.(Hartman 1980, Hess 1985)

'디베이트 게이트'

레이건의 강력한 정보 통제정책은 1983년 7월에 밝혀진 소위 '디베이트 게이트(Debate-gate)'와는 대조적이었다. 1980년 10월 대선 당시 레이건과 카터의 텔레비전 토론을 위해 레이건의 참모들이 카터의 토론 연습 내용을 담은 책자를 사전에 입수했다는 것이 밝혀진 사건이다. 이 부정행위에 대해 레이건은 전혀 아는 바 없다고 극구 부인했지만 레이건과의 토론 연습에서 카터 역을 맡았던 예산국장 스토크먼이 그 책자를 사용했음을 시인함으로써 레이건이 거짓말을 했을지도 모른다는 의혹을 불러일으켰다.

CIA국장 윌리엄 케이시가 개입된 것으로 알려진 이 디베이트 게이트의 진상은 아직도 미스터리로 남아 있지만 레이건의 승리에 결정적 기여를 했던 것으로 보인다. 그 책자에는 카터가 경제문제에만 집착하지 말고 레이건의 허점을 집요하게 물고 늘어져야 한다는 전략이 들어 있었기 때문이다.(Jordan 1982)

FBI의 워싱턴 D.C. 지국장은 즉각 FBI가 이 사건을 조사하겠다고 밝혔는데, 그는 곧 아무런 이유도 없이 오리건(Oregon) 주의 포틀랜드(Portland)로 전보발령이 나 많은 사람들의 의혹을 샀다.(Demac 1984) 『워싱턴포스트』의 칼럼니스트 메리 맥그로리(Mary McGrory, 1918~ 2004)는 이 디베이트 게이트가 "민주당은 선거를 스포츠로 생각하나 공화당은 전쟁으로 생각한다"는 자신의 평소 지론을 재확인해주었다고 논평했다.(Magnuson 1983, New Republic 1983)

스토크먼은 1980년 토론의 승리에 크게 기여한 공로로 불과 34세의 나이로 예산국장이라는 요직에 등용되었던 것으로 추정되었다. 미 예산국은 행정부의 바늘구멍이라고 불릴 만큼 연방정부의 모든 예산을 관리하고 집행하는 중요한 자리로, 레이건의 당선에 크게 기여한 심복이 아니고서는 기대할 수 없는 자리였기 때문이다.

이 사건에 개입된 『워싱턴포스트』의 보수 칼럼니스트 조지 윌(George F. Will)이라고 하는 인물 때문에, 디베이트 게이트는 언론인과 정치인의 밀착이라고 하는 심각한 언론윤리 문제를 제기했다. 윌은 그 당시 미국 내 400여 개 신문에 칼럼을 게재하고 있었다. 그의 칼럼은 보수적인 편향성에도 불구하고 매우 예리한 면이 있어, 1983년의 한 조사결과에 따르면 그는 미 의회의 의원 및 그 보좌관들 사이에서 가장 존경받는 칼럼니스트로 뽑힌 적이 있을 정도였다. 다만 미국 여론 형성에 그토록 지대한 영향력을 끼친 그가 레이건 부부를 자기 집으로 초대하거나 낸시의 개인상담사 역을 맡는 등, 권력과 지나치게 밀착되어 있다는 점은 늘 논란거리로 대두되곤 했다.

윌이 디베이트 게이트에서 맡은 역할은 그러한 논란에 충분한 근거가 있음을 입증했다. 그는 레이건의 참모들이 카터의 텔레비전 토론 연습책자를 비밀리에 입수했다는 것을 알고 있었으면서도 그 사실을 밝히지 않았을 뿐 아니라, 레이건에게 토론하는 법을 지도했고, 토론이 끝난 후 ABC-TV의 〈나이트라인〉에 출연해 천연덕스럽게 '레이건의 승리'라고 판정을 내리는 등 언론인으로서 해선 안 될 행위를 했던 것으로 밝혀졌다.

윌은 처음엔 자신이 기자가 아니라 칼럼니스트이기 때문에 당파적인 입장을 취할 수 있다고 변명하다가 그의 행위에 분노한 일부 신문들이 그의 칼럼을 게재 중지하는 등 언론계의 집중포화를 맞자 잘못을 시인했다. 그러나 사실을 시인한 스토크먼이 혼자서 깨끗한 척하려 한다고 비난하는 등 반성의 기미는 전혀 보이지 않았다.(Hulteng 1985, Nation 1983)

대통령직은 '부담' 이 아니라 '성취'

디베이트 게이트는 레이건의 정보 통제정책에 힘입어서인지 진상이 제대로 규명되지도 않은 채 얼마 지나지 않아 흐지부지되고 말았다. 그러나 대중의 호기심을 자극하는, 레이건 개인에 관한 정보는 끊임없이 신문지상에 오르내렸다. 이즈음 미국 신문들은 레이건이 행정부 내에서 이루어지는 주요한 결정들에 대해 전혀 아는 바가 없을 뿐 아니라 신경조차 쓰지 않고 있다고 집중 보도했다.

이런 보도에 따르면 '미국 최초의 텔레비전 대통령' 으로 명명된 레이건은 일은 하지 않고 자신의 영화배우 시절 이야기를 즐겨 하는 인물이었다. 그는 아침마다 백악관 전화교환원이 깨워주면 일어나자마자 제일 먼저 텔레비전을 보고 이후에는 낮잠을 즐겼고, 수요일 오후에는 꼭 버지니아 근교의 해병기지에서 승마를 즐기면서도 수시로 휴가를 캘리포니아에 가서 보내곤 했다.(취임 이후 20개월간 16주가 휴가였다.) 그나마 정상 집무 시에도 하루 평균 일하는 시간은 두세 시간에 불과한 것으로 밝혀졌다. 국무회의 때 조는가 하면, 각료의 이름은 물론 언젠가는 기르는 개의 이름마저 기억하지 못하는 일까지 있었다.(Cockburn 1984, Dallek 1984, Green 1983, McGrath 1981, Speakes 1988)

레이건은 대통령의 가치가 일하는 시간에 따라 측정될 수 있다는 생각을 노골적으로 비웃었다. 그는 1980년 선거유세 때 '근무시간을 초과하여 오래 일하는 회사중역이야말로 가장 무능력하고 못난 중역'이라고 주장한 적도 있었다. 요컨대 레이건은 대통령직을 '부담'이라기보다는 '성취'로써 즐기고자 한 것이다.(Cannon 1982, Donaldson 1987)

레이건이 육체적으로나 지적으로 게으르다는 데에 이의를 제기하는 사람은 거의 없다. 레이건의 전기를 쓴 『워싱턴포스트』의 백악관 출입기자 루 캐넌(Lou Cannon 1982)은 책 제목을 아주 짧게 『레이건(Ronald Reagan)』이라고 붙였는데, 후일 그 이유를 '책 제목이 짧아야 레이건 대통령도 그 책이 무엇에 관한 내용인가를 알 수 있기 때문'이라고 농담했을 정도였다. 간단히 한두 페이지로 요약한 보고서만으로 모든 사안을 이해하고자 했던 레이건 치하 백악관에서는 짧고 간결하게 브리핑을 잘하는 사람들이 출세하는 풍토가 조성되어 있었다. (Donaldson 1987, Stockman 1986)

레이건은 공립학교에서의 기도 허용 및 낙태 금지 등의 종교적 문제에 대해서는 늘 보수적인 입장을 공언했지만, 실제로는 교회에 거의 나가지 않는 인물이었다. 그는 또 늘 십일조의 당위성을 역설했지만, 자신은 연봉 44만 달러 가운데 1.4퍼센트에 해당되는 돈만 자선사업 단체에 기부했을 뿐이다. 늘 가족 중심적 생활방식의 미덕을 강조했지만 자식들에겐 매우 무관심했으며, 높은 도덕적 이상을 강조했지만 부정부패를 저지른 부하들을 변호하는 데엔 매우 열성이었다.

(Green & MacColl 1983, Oshinsky 1985)

공보원 선전활동 강화

레이건의 정보 통제정책 가운데 공보원(USIA; United States Information Agency)과 관련된 것도 빼놓을 수 없겠다. 공보원은 7800명의 직원과 126개국 206개의 문화원을 보유한 미국의 대외홍보전담 부서인데, 한 가지 흥미로운 사실은 간행물, 방송, 영화 등 공보원에서 제작하는 모든 프로파간다 프로그램을 미국 내에서는 읽거나 보아도 안 되고 배포해서도 안 된다는 법이 있다는 것이다. 가령 '미국의 소리(VOA; Voice of America)' 방송을 미국인이 들어서는 안 된다는 것이다. 많은 사람들이 "공보원의 대외홍보방송이 진실을 말한다면 왜 미국 내에서 청취되는 것을 두려워하는가?"라는 의문을 제기했지만, 이 법은 계속 고수되었다.(New York Times 1987)

그 법은 레이건이 만든 것은 아니지만, 레이건 행정부에서 공보원은 '진실'로부터 점점 더 멀어지고 있었다. '미국의 소리'에서 방송되는 레이건의 대담은 각본에 따른 것으로 허위사실을 자주 담고 있다는 주장도 제기되었다. 훗날 '미국의 소리'의 백악관출입기자 아넷 로페즈-무노즈(Annette Lopez-Munoz 1987)는 백악관기자회견에서 레이건에게 곤란한 질문을 던졌다가 그다음 날 파면되고 만다.

'미국의 소리' 창립 40주년 기념식 연설에서 레이건은 과거 라디오 아나운서 시절, 매회 경기결과를 알려오는 전보에만 의존해 현장중계인 것처럼 실감나게 거짓방송을 했던 때를 상기하면서 "진실을 좀 더 그럴듯하게 포장해서 방송해야 할 것"이라고 충고했다.(Wolfe 1982)

레이건의 충고는 미국과 소련의 정치선전의 차이를 극명하게 대비하는 것으로 받아들여도 무방하다. 미국에서 5년간 주재했던 한 소련 기자의 견해는 그런 점에서 시사하는 바가 크다.

"나는 미국의 정치선전에 찬사를 보내지 않을 수 없다. 미국의 정치선전은 세계 최첨단을 걷고 있는 미국 광고 전문가들의 거의 예술의 경지에 가까운 기법으로 만들어지고 있다. 그래서 미국의 정치선전은 완곡하고 세련미가 있어 설득력이 있되, 소련의 정치선전은 직접적이고 조잡해 설득력이 없다. 그 차이를 한마디로 표현한다면 미국인들은 미국의 선전을 믿지만 소련인들은 소련의 선전을 믿지 않는다는 것이다."(Sklar 1986)

레이건은 공보처장에 할리우드의 흥행업자로 일하던 찰스 윅(Charles Z. Wick, 1917~2008)을 임명했다. 윅은 할리우드의 흥행사 실력을 발휘하여 레이건의 선거자금을 모아준 공로가 있었으며, 레이건의 취임식 때에도 15만 명의 하객을 동원하여 화려한 취임식을 연출한 바 있었다. 공보처장이 된 이후 윅의 활동은 언론의 비판 대상이 되었다. 그는 자신의 전화통화를 상대방 모르게 비밀 녹음했으며, 84명에 이르는 진보주의적 성향의 언론인 및 정치인 들을 블랙리스트에 올려놓았고, 국비로 해외방문을 하는 사람들의 친레이건 성향 여부를 조사한 것으로 밝혀졌다. 윅은 사치, 정실인사, 부정으로 언론의 도마 위에 올랐지만, 그의 아내와 대통령 부인 낸시의 친분이 두텁기에 끝까지 버틸 수 있었다는 후문이 돌았다. 나중엔 윌리엄 새파이어(William L. Safire 1988) 같은 『뉴욕타임스』의 보수 칼럼니스트조차 그를 가리켜 '아첨꾼'이라고 부를 정도로 윅은 문제가 많은 인물이었지만, 레이건의 총애를 받고 있는 이상 그의 지위는 안전하다는 것이다.(Demac 1984, Editor & Publisher 1984, Rosenblum 1984)

레이건은 카터 행정부 시절 4억 달러대에 머무르던 공보원의 예산을 재임 기간에 대폭 늘려 1989년 10억 달러가 넘는 예산을 책정해놓는다. 훗날 소련 제국을 무너뜨린 일등공신으로 레이건을 꼽는 것도 바로 이런 이유 때문이다. 군비증강으로 공산권 경제를 어렵게 만든 동시에 공격적인 국외 선전사업을 늘려 공산권 붕괴에 기여했다는 논리다.

참고문헌 Abrams 1983, Broadcasting 1987, Cannon 1982, Cockburn 1984, Dallek 1984, Demac 1984, Donaldson 1987, Editor & Publisher 1984, Edwards & Wayne 1985, Green 1983, Green & MacColl 1983, Hartman 1980, Hertsgaard 1984 · 1988, Hess 1985, Hitchens 1984, Hulteng 1985, Jordan 1982, Lopez-Munoz 1987, Magnuson 1983, McGrath 1981, Nation 1983, New Republic 1983, New York Times 1987, Oshinsky 1985, Peterzell 1982 · 1986, Ranney 1983, Rosenblum 1984, Safire 1988, Sanoff 1983, Sklar 1986, Speakes 1988, Stockman 1986, Wolfe 1982

'소련의 대량학살'인가?
KAL 007기 격추사건

269명을 죽인 KAL기 격추사건

1983년 8월 중순 레이건 부부는 그들이 소유한 캘리포니아 산타바바라의 목장으로 휴가를 떠났다. 레이건의 휴가기간 중 일어난 한 사건은 그가 자신의 지지율 만회를 위해 3월에 제조한 바 있는 '위기'를 현실에서 입증하는 듯하여, 레이건에게 엄청나게 큰 정치적 행운으로 작용했다. KAL 007기(機) 격추사건이 바로 그것이다.

1983년 8월 31일 240명의 승객과 29명의 승무원 등 모두 269명(미국인 51명, 일본인 28명 포함)을 태우고 뉴욕에서 김포로 오던 대한항공(KAL)정기여객기 007편은 중간 귀착지인 앵커리지 공항을 8월 31일 밤 9시 58분에 이륙한 직후부터 조금씩 우측(북쪽)으로 항로를 이탈하기 시작했다. KAL 007기는 소련 영공을 침범해 세 시간 가까이 비행하다 소련 미사일에 격추되었다.

KAL 007기가 격추되었다는 사실을 처음 알아낸 곳은 워싱턴이었다. 일본에 있던 미국 첩보기관은 무선교신 감청을 통해 일본 북부에서 항로를 이탈해 소련 영공으로 들어간 뒤, 행방이 묘연했던 KAL 007기가 소련의 대공부대에 의해 격추되었다고 발표했다. 이런 사실은 소련 전투기 조종사가 "목표물 격추"라고 보고하는 것을 감청하는 데 성공함으로써 밝혀졌다.

애초 소련 정부는 KAL기 격추 사실을 부인했지만, KAL기가 미국과 남한의 사주를 받아 첩보 활동을 하기 위해 소련 영공을 침범했기 때문이었다며, 사실상 격추 사실을 인정했다. 이 사건은 수많은 음모론을 양산해내면서 전 세계를 떠들썩하게 만들었다. KAL기 격추사건의 미스터리를 추적한 책이 여러 권 나왔지만 추측에 불과할 뿐 미국, 일본, 소련 등 관련 국가들이 정확한 자료 공개를 거부해 속 시원한 답을 얻진 못했다.

소비에트 연방이 해체되고 난 후인 1993년 1월 러시아 정부가 KAL기 블랙박스와 KAL기를 격추시킨 전투기 조종사의 교신 내용을 공개함으로써 KAL기 격추사건의 진상은 어느 정도 밝혀졌다. 이 기록에 따르면 당시 KAL기는 단순한 운항 미숙으로 예정항로를 이탈해 소련 영공으로 들어간 것으로 드러났다. 그런데 이런 사실을 미처 알지 못했던 소련의 대공부대 사령관이 KAL기가 첩보 비행을 수행하고 있다고 판단을 내리고 공대공미사일을 발사해 KAL기를 격추시키라고 명령했다는 것이다. 또 1993년 6월 국제민간항공기구는 조종사가 나침반 비행을 한 것이 사고의 원인이었으며 소련이 민항기 식별 의무를 게을리했다고 발표했다.(Oberdorfer 2002)

그럼에도 여전히 이 사건을 미스터리로 여기는 사람들이 많다. 다만 사건이 일어난 당시 한 가지 분명히 확인된 사실은 소련이 영공을 침범한 문제의 비행기가 민간항공기인지 군용기인지 식별할 수 없었다고 하는 정보를 미국은 정확히 알고 있었다는 점이다. (Demouse 1984)

레이건 행정부의 정치적 이용

KAL기 격추 직후 래리 스피크스 백악관 대변인은 기자들의 질문에 대통령이 예정된 휴가를 끝낼 때까지 백악관으로 돌아가지 않을 것이라고 발표했다. 그러나 이러한 행동에 대해 기자들의 의구심이 높아지자 레이건은 도중에 휴가를 취소하고 백악관으로 돌아왔다.

레이건은 KAL기 격추에 관한 모든 정보를 알고 있었으면서도 자신의 호전적 군사정책을 정당화하기 위한 이유 하나만으로 소련을 비난하고 사실을 왜곡한 것으로 밝혀졌다. 소련 전투기 조종사가 환한 달빛 아래서 영공 침투 비행기가 민간항공기임을 분명히 알 수 있었다는 레이건의 주장은 국무성이 훗날 소련 전투기가 KAL기의 2000피트 아래 있었다고 시인함으로써 거짓으로 드러나고 말았다. 소련이 KAL기를 격추시키기 전 경고를 하지 않았다는 레이건의 비난 역시, KAL기가 소련의 경고에도 불구하고 아무런 응답도 하지 않은 채 블라디보스톡 쪽으로 계속 비행을 했다는 것을 국무성이 훗날 시인함으로써 거짓으로 밝혀지고 말았다.(Demouse 1984)

펜실베이니아대학 교수인 에드워드 허먼(Edward S. Herman 1986)이 KAL기 격추사건에 대한 미국의 대응이야말로 레이건 행정부의 정치선전의 위력을 입증한 대표적인 경우라고 주장했듯이, 레이건은 이 사건을 자신의 정치적 목적에 잘 이용했다. 레이건 행정부 내 정보통을 이용한 『뉴욕』의 보도에 따르면, KAL기가 격추된 지 몇 시간 후 슐츠 국무장관을 비롯한 레이건의 각료와 보좌관들은 이 사건을 퍼싱미사일의 유럽배치에 대한 국내외의 반대를 누를 수 있는 정치선전으로 이용할 것을 권했다.(Pearson 1987)

이러한 목적을 위해 레이건은 이 사건을 '소련의 대량학살'이라고 규정짓고, 그러한 '야만적 행위'는 미국이나 한국에 대한 공격일 뿐 아니라 자유와 평화를 사랑하는 전 세계에 대한 공격이라고 선언했다. 레이건의 성명 그리고 국무성의 공식발표 이외의 다른 정보에는 접할 수 없는 미 언론은 레이건의 대소공격에 가담하기 시작했다.

『올랜도 센티널(Orlando Sentinel)』은 「소련의 편집광적 행위」, 『뉴욕포스트』는 「모스크바의 피 묻은 손」이라는 기사 제목을 달았으며 『시카고트리뷴』은 KAL기 격추를 '미리 계획된 살인행위', 『뉴욕타임스』는 '냉혈한적 학살 행위'로 보도했다. 우주에 떠 있는 우주조종사조차도 텔레비전을 통해 소련을 비난하는 성명에 가담하는 등 통신기술이 죄다 동원되었다.

전 미국에 걸쳐 반소 감정이 요원의 불길처럼 타올랐다. 뉴욕의 유엔본부에서는 소련기가 불탔으며, 소련제 보드카 불매운동과 판금령이 전국적으로 확대되었고, 서기장인 유리 안드로포프(Yurii V. Andropov)를 사살하는 전자오락마저 등장했다.

레이건 행정부와는 별도로 미국의 보수단체들도 KAL기 격추사건을 그들의 정치적 목적을 달성하기 위한 선전도구로 이용했다. 마침 KAL기 격추 사망자들 가운데는 미국의 극우반공단체인 '존 버치 협회(John Birch Society)'의 회장이며, 나치전범 루돌프 헤스(Rudolf Heß)

를 노벨상 후보에 추천할 정도로 극우 보수주의자로 알려진 조지아주 하원의원 로런스 맥도널드(Lawrence P. McDonald, 1935~1983)가 포함되어 있어, 극우보수 진영 일부에서는 맥도널드를 살해하기 위해 소련이 KAL기를 격추시켰다는 주장마저 대두되었다. 일부 보수단체는 소련의 만행을 규탄하며 "귀하의 지역 하원의원이 핵무기감축을 주장하여 대소련 유화정책을 꾀하는지 알고 싶으면 1-800-331-1000으로 전화하십시오"라는 텔레비전 광고를 내보냄으로써 KAL기 격추사건을 미국의 군비증강을 위한 절호의 기회로 이용하고자 했다. (Pearson 1987)

그런가 하면 실제 배후가 소련이 아닌, 미국 금융가문의 소행이란 음모론도 흘러 나왔다. 이 음모론에서의 주인공 역시 로런스 맥도널드인데, 그 내용은 크게 달랐다. 맥도널드는 록펠러가를 필두로 한 미국 금융가문의 이익에 정면으로 맞섰기 때문에 그를 제거하기 위해 나머지 268명을 희생양으로 삼았다는 내용이다.(김필규 2010)

'정치선전의 승리'

『로스앤젤레스타임스』의 윌리엄 파프(William Pfaff) 기자가 지적했듯이, KAL기 격추사건은 대소 선전전에서 레이건에게 '영광적인 승리'를 안겨다주었다. KAL기 격추 이전 대륙간 탄도탄인 MX(Missile Experimental)미사일과 빅아이(Big eye)라고 하는 독가스무기의 생산에 대한 미 의회의 견해는 매우 부정적이었다. 그러나 KAL기 격추사건은 미 의회의 반대를 무력하게 만들었다. 핵무기 감축 또한 제동이 걸리고 말았다.

베트남의 악몽이 아직 가시지 상황에서 국민 여론이 다른 나라에 대한 미국의 직접적인 군사개입에 반대할 것으로 예상한 레이건은 CIA를 통해 콘트라(사진)를 지원했다. ⓒ Tiomono

　레이건은 KAL기 격추사건을 이용하여 미 의회로부터 거의 모든 것을 얻어내는 데 성공했다. 미 의회는 MX미사일 48억 달러, 퍼싱Ⅱ미사일 4억 3000만 달러, 레이저무기 연구개발자금 3억 4000만 달러, 화학무기 1억 4460만 달러를 포함한 1875억 달러의 국방예산을 통과시켰다. 니카라과 정부군에 대항하는 콘트라(Contra), 즉 반군게릴라 지원에 골몰해 있던 CIA 국장 케이시는 KAL 격추사건을 이용해 2400만 달러의 콘트라 지원금을 얻어내는 데 성공했다. 레이건 또한 이 사건을 이용해 미 해병대 1600명의 레바논 파견도 의회로부터 승인을 얻어냈다.

　또한 '미국의 소리', '라디오 프리 유럽(Radio Free Europe)', '라디오 리버티(Radio Liberty)' 등 대소 선전방송을 강화하기 위해 애쓰던 레이건은 1983년 9월 의회연설을 통해 '진실만이 보다 나은 세상을 만들기 위한 인류 최대의 희망'임을 강조하고, 소련인에게 '진실'을 알리는 미국의 대소방송 예산을 대폭 증액해줄 것을 요청했다. KAL기 격추사건의 영향은 컸다. 미 의회는 순순히 대소 방송의 설비확장을 위해 13억 달러를 할당했다.

미 언론도 KAL기 격추사건이 레이건에게 커다란 정치적 승리를 안겨주었다는 데에 이의를 제기하지 않았다. 『뉴욕타임스』는 KAL기 격추사건이 레이건 행정부의 니카라과 정책에 대한 반대를 무력하게 만들었으며 서독, 영국, 이탈리아 등에 미 핵무기 배치를 용이하게 해주었다고 평가했다. 『시카고트리뷴』은 KAL기 격추사건이 레이건에게 '정치적 보너스'이며 '정치선전의 승리'라고 논평했다. 레이건의 한 보좌관은 『뉴욕타임스』기자에게 "소련의 KAL기 격추가 우리를 도와주었다"고 시인했으며, 『월스트리트저널』은 "레이건이 KAL기 격추로 정치적인 이득을 보았으며 미국 핵미사일의 유럽배치를 반대하는 사람들의 목소리를 잠재웠다"고 평했다.

KAL기 격추 5주 만인 1983년 10월 7일 『뉴욕타임스』는 제1면에 정보 전문가들의 말을 인용하여, 소련이 KAL기 격추 당시 그 비행기가 민간항공기인지 알지 못했다고 처음으로 대서특필했다. 그러나 레이건 행정부의 강력한 정보 통제정책 때문에 언론은 그 이상의 진실을 밝힐 순 없었다. 1983년 10월 21일자 『워싱턴포스트』에서 스티븐 로젠포드 기자는 "KAL기 격추사건에 대해 양심적으로 솔직히 이야기할 수 있는 사람이 레이건 행정부에는 아무도 없단 말인가?"라고 개탄

했다.(Demouse 1984, Pearson 1987)

'유약하고 소심한 레이건'?

그러나 레이건의 정치선전의 승리는 한 가지 문제점을 안고 있었는데, 그것은 레이건 스스로가 자신이 거짓말을 했음을 알고 있다는 점이었다. 실제 행동을 취하기에는 켕기는 구석이 있었던 것이다.

이미 1983년 9월 2일 『뉴욕타임스』는 "1984년 선거에서 농촌 표를 의식하고 있는 레이건은 소련의 KAL기 격추에 대해 대소 곡물수출 동결을 취해야 한다는 요구에 곤혹스러워하고 있다"고 보도했다.(Johnson 1986)

실제로 언론보도를 그대로 믿은 미국인들 사이에 불만이 일기 시작했다. 여론조사 결과 미국인의 50퍼센트 정도가 레이건이 소련에게 강경조치를 취하지 않은 데 대해 불만을 나타냈다. 신문 만평가들은 레이건을 여자로 묘사하는가 하면, 레이건의 '유약하고 소심한' 행동에 '분노'를 터뜨리는 보수주의자들의 독설이 신문지상을 오르내렸다. 한 보수주의 단체의 대변인은 "레이건은 슈퍼맨처럼 말했지만 그의 행동은 네빌 챔벌린(히틀러에 대해 유화정책을 추구한 영국 수상) 같다"고 비난하며 레이건의 강경조치를 촉구했다.(Demouse 1984)

이와 관련해 이삼성(2001)은 "미국인들은 자신들의 삶의 양식이 민주주의기 때문에 자신들은 남의 나라의 민주주의나 이익을 해치는 일이 없다는 환상과 착각에 자주 빠진다"며 다음과 같이 말한다. "많은 학자들이 이 사태의 배후에 레이건 행정부와 당시 한국 전두환 군사독재 정권의 중앙정보부가 합작해 한국의 민간여객기를 대소련 군사

첩보전에 동원한 음모가 있다는 의혹을 제기했다. 이들이 제기한 증거들은 미국 의회와 국민이 나서서 진지한 조사에 나설 것을 재촉하기에 충분한 것들이었다. 그러나 미국 의회와 언론과 국민은 철저하게 침묵했다. 일부 학자들의 진지한 우려와 조사에 대한 촉구는 메아리가 없었다. 그 학자들 중의 한 사람인 데이비드 피어슨은 미국인들은 자신의 민주적 정부가 그런 일을 할 리가 없다고 생각하는 것, 그것이 바로 가장 커다란 진실규명의 방해물이라고 피력한 바 있다."

한국 내에서도 레이건의 대소 조처가 너무 미온적이라는 비난이 일기 시작했다. 『코리아헤럴드(The Korea Herald)』는 레이건의 반응은 소련의 아프가니스탄 침략 시 대소 곡물판금 조처를 취했던 카터에 비해 약하다고 꼬집었다. 『경향신문』은 레이건의 반응이 '약하고 미온적이다'라고 지적하고 미국민의 기대조차도 충족하지 못하고 있다고 비난했다. 『조선일보』 등 다른 신문들도 레이건의 조처가 충분치 못하다고 비판했다.(Pearson 1987)

1983년 9월 내내 내외의 대소 강경책 요구에 시달리던 레이건은 또 하나의 위기를 제조해내는데, 그것이 바로 베이루트 사건에 뒤이은 그레나다 침략(Invasion of Grenada)이었다. 정치학자 데니스 사이먼과 찰스 오스트롬(Simon & Ostrom 1985)의 주장이다. 레이건에 대한 지지도는 1983년 1월 35퍼센트까지 하락했었는데, 1984년 1월 갑자기 57퍼센트로 뛰어올랐다. 사이먼과 오스트롬은 이러한 레이건의 지지도 상승은 대부분 1983년 KAL기 격추사건, 그레나다 침략 등의 위기를 적절히 이용했거나 스스로 창출해낸 레이건의 위기관리 능력으로 인한 것이라고 주장했다. 특히 미국의 성공적인 그레나다 침략은 한 편의 드라마를 방불케 하는 대 이벤트였다.

참고문헌 Bonner 1984 · 1984a, Clubb 1985, Dallin 1985, Demouse 1984, Herman 1986, Hersh 1984, John 1984, Johnson 1986, Oberdorfer 2002, Pearson 1987, Rohmer 1984, Simon & Ostrom 1985, Takahashi 1985, 김필규 2010

"미국인은 승자를 사랑한다"
미국의 그레나다 침략

미 해병대원 274명이 사망한 베이루트 사건

1983년 9월 13일 로널드 레이건 대통령은 레바논의 평화유지를 목적으로 베이루트(Beirut)에 주둔하던 미 해병에게 해군 및 공군력을 사용할 것을 명령함으로써 이 지역에 새로운 전운이 감돌게 했다. 기독민병대에 대항하는 레바논 내 모슬렘 세력들에 대한 미군 폭격이 본격화되면서 베이루트에 주둔하는 미 해병대에 대한 테러공격이 있을 것이라는 정보가 나돌았다. 이러한 정보에도 불구하고 미 해병대는 자체경비를 게을리 함으로써 테러공격을 자초하고 말았다. 10월 23일 일요일 아침 6시 22분 1만 2000파운드의 TNT를 실은 트럭 한 대가 민병대 막사에 고의로 충돌함으로써 274명의 해병대원이 사망했던 것이다.

미 해병대의 베이루트 주둔의 역사는 1982년 6월 6일 이스라엘이 레바논 남부지역의 팔레스타인해방기구(PLO; Palestinian Liberation

2003년 사브라·샤틸라 학살 추모집회. 이스라엘 군부의 비호 아래, 레바논 기독교민병대 팔랑헤는 사브라·샤틸라 지역의 팔레스타인 난민 및 모슬렘을 학살했다. © deutsch_laender

Organization) 게릴라 소탕을 위해 레바논을 침략한 시점까지 거슬러 올라간다. 1982년 9월 14일 점령군 이스라엘의 비호 아래 CIA의 첩자를 겸하고 있던 바시르 게마엘이 대통령에 당선된 후 얼마 안되어 암살되자, 이스라엘은 이에 대한 보복조처로 게마엘의 팔랑헤(Phalange)군에게 레바논 내의 팔레스타인 난민촌 습격을 허용했었다. 팔랑헤군은 800여 명의 난민을 살해했다. 살해된 사람의 대부분이 여자와 아이들이어서 세계여론은 들끓었다. 이들은 여자의 유방과 임산부의 자궁을 도려내는 만행까지 저질러, 레바논 내에는 일촉즉발의 전운이 감돌고 있었다.

바로 이 시점에서 레이건은 평화유지라는 명목으로 미 해병대를 베이루트에 파견했던 것이다.(Woodward 1987)

미 해병대원 274명의 사망은 레이건이 무작정 그것도 무방비 상태로 해병대를 베이루트에 주둔했다고 하는 점에서 자초한 일이었다. 그러나 미 언론은 왜 그런 사건이 일어났는가에 대한 원인 규명보다는 죽은 해병대원들의 가족들의 반응을 취재하는 데에 더 열을 올렸다. "아들의 전사에 대하여 어떻게 생각하십니까?" 이러한 질문에 대부분의 부모들이 "자랑스럽게 생각한다"는 대답을 했다고 언론은 보도했다. 극히 일부의 부모들이 "억울하게 희생되었다"거나 "왜 내 아들이 죽어야만 했는지 묻고 싶다"고 대답했다.(Demouse 1984)

때는 바야흐로 1984년 대통령 예선을 불과 2개월여 앞둔 시점. 레이건은 그토록 애국심이 강한 해병대원들의 부모들에 대한 보답은 물론 자신의 베이루트 실책을 만회하고, 소련의 KAL기 격추에 대한 자신의 조처가 유약하다는 불만을 해소하기 위해서도 무언가 큰일을 벌여야만 했다. 그레나다 침략이 바로 그것이다.

미국의 그레나다 침략

베이루트 사건 이틀 뒤인 1983년 10월 25일 미국은 1만여 명의 해병대와 공수특전단을 앞세워 인구 11만에 불과한 카리브해의 조그마한 섬나라 그레나다를 침략했다. 레이건 행정부는 그레나다 내에 있는 미국인 1000여 명을 쿠바의 위협으로부터 구출하기 위한 정당방위라고 주장했지만, 이 주장은 사실과 거리가 멀었다.

레이건은 베트남전쟁을 상기하며 "미 언론은 적어도 군사작전에 관한 한 우리 편이 아니다"라면서 강력한 언론 통제를 실시했다. 이 때문에 그레나다 침략으로 인한 사상자 수는 잘 알려지지 않았는데,

병원을 폭격하는 등 무차별 기습공격으로 대부분의 사상자는 그레나다인이었다. 사망자 수에 관한 미국과 그레나다 측의 발표에 엄청난 차이가 있었지만 미 언론은 미 국무성의 발표만을 일방적으로 보도했다. 그레나다 측은 1500명의 그레나다인이 사망했다고 주장한 반면 미 국무성은 45명이라고 주장했다. 영국의 『가디언(The Guardian)』과 같은 제3국의 비교적 객관적인 보도에 따르면 1000여 명의 그레나다인이 사망한 것으로 알려졌다. 또한 미군사상자 134명(사망 19명)의 대부분은 쿠바나 그레나다인에 의한 것이 아니라 미군들끼리의 상호총격전으로 부상 또는 사망한 것으로 밝혀졌다.

이러한 인명살상에도 불구하고 레이건은 그레나다 침략이 '침략'이 아닌 '인명구조 작전'이며 '그레나다의 해방'임을 강조했다. 레이건은 처음 그레나다 침략을 발표하면서 스스로 '침략(invasion)'이란 말을 사용했으나, 시간이 지나서는 기자들이 그 침략을 '구조작업(Rescue mission)'이라고 하지 않는다고 비판했다.

레이건은 그레나다 침략이 그레나다 인근의 카리브해 국가들로부터 요청을 받아 행해진 것이라고 주장했지만, 영국의 『옵서버(Observer)』는 그 요청은 미국의 압력에 의해 급조된 것이라는 폭로기사를 발표했다. 실제로 레이건 행정부는 그레나다 침략을 정당화하기 위하여 동카리브해 6개국 연합의장인 도미니카의 수상 유지니아 찰스(M. Eugenia Charles, 1919~2005)를 사전에 매수했다.

64세의 여 수상 찰스는 그간 미 CIA의 비밀자금을 제공받아온 극단적 친미주의자로, 도미니카에 대한 원조를 조건으로 카리브해 국가들에 대한 자신의 영향력을 발휘하여 레이건의 음모에 적극 가담했다.

그레나다 침공작전 중인 동카리브 방위군. 도미니카, 바베이도스, 세인트루시아, 세인트빈센트 그레나딘, 앤티가 바부다, 자메이카에서 출병했다.

레이건은 그레나다 침략을 알리는 기자회견에 찰스를 대동했는데, 찰스는 기자들의 질문에 답하기 위하여 미 CIA 요원들로부터 사전교육을 받았다. 찰스는 열변을 토하며 레이건의 주장을 전면 지지했는데, 훗날 비디오테이프를 통해 찰스의 연기를 지켜본 레이건은 "굉장하구먼!" 하고 찬사를 아끼지 않았다.(McMahan 1985, Woodward 1987)

"나도 나라를 위해 죽고 싶다"

미 국방성은 그레나다에는 고도의 훈련을 받은 쿠바 군인 1600명이 주둔하고 있다고 주장했지만, 훗날 밝혀진 바에 다르면 그레나다에는

작전 중 유인물—"그레나다인에게, 여러분의 안전을 보장하고 민주주의를 회복하려고 카리브해 이웃과 미국이 왔다". 미국과 인근 카리브해국들은 쿠바·소련의 지도하에 공산정권을 수립하려던 그레나다에 위협을 느꼈다.

784명의 쿠바 건설노동자들이 있었을 뿐이며, 그 가운데 경비업무를 맡은 군인은 43명에 불과했다. 또한 그레나다에 거주하고 있던 미국인들도 미국의 그레나다 침략을 거세게 반대했던 것으로 밝혀졌다. 레이건의 주장과는 달리 그들은 그레나다 내에서 그 어떠한 신변의 위협도 받지 않았으며, 순전히 자의에 따라 그레나다에 머무르고 있었고 언제든지 자유롭게 그곳을 떠날 수도 있었다.

『뉴욕타임스』와 『로스앤젤레스타임스』가 후일 밝힌 바에 따르면 미 국무성은 어떻게 해서든 그레나다 침략이 미국인의 안전을 보호하기 위한 것이라는 명분을 얻어내기 위해, 그레나다 의과대학의 미국

그레나다를 빠져나가기 위해 공항 터미널에서 기다리는 미국 학생들.

인 교직원들에게 미 의대생들이 위험에 처해 있다고 이야기하도록 압력을 넣었다. 그러나 그레나다의대 학장인 지아프리 보온은 학생들이 전적으로 안전한 상태에 있다는 내용의 성명을 녹음해 15분마다 그레나다 라디오를 통해 방송함으로써 레이건 행정부의 음모에 반대했다는 것이 뒤늦게 밝혀지기도 했다.

미 하원 조사단의 일원으로 그레나다를 방문한 로널드 델럼스(Ronald V. Dellums) 의원은 미국 학생들의 안전이 그레나다 침략의 주요 이유였다는 것은 '새빨간 거짓말'이라고 단정짓고, 만약 그게 사실이었다면 "왜 미군은 그레나다 점령 이후 미국인들 대부분이 있는 그레나다의대까지 찾아가는 데 무려 3일이나 걸려야 했는가?"라고 반문했다. 레이건 행정부의 언론 통제와 허위정보 조작에 분노한 백악관 부대변인 레스 젠카는 사표를 내고 말았다. 레이건의 대외정책을 적극 지지해온 영국의 마거릿 대처 수상마저도 미국의 그레나다 침략이 '정당화될 수 없는 침략행위'라고 비난했다.

그러나 텔레비전 카메라는 쿠바의 위협이 아닌 미군의 위협 때문에 그레나다에서 귀국한 미국 학생들이 공항에서 부모들과 키스하는 장면에만 앵글을 맞춤으로써 레이건의 주장이 모두 사실이라는 그릇된 인식을 시청자들에게 심어줬다. 미 의대생들이 공포에서 해방되어 부모들과 포옹하며 나눈 이야기는 미군의 침략으로 인한 총격전 그 자체에 관한 것이었지만, 텔레비전 시청자들은 미군이 그레나다를 점령하기 전 그들이 쿠바의 위협에 대해 느꼈던 공포를 이야기하는 것으로 잘못 판단할 수밖에 없었다.

이렇듯 미국 내에서는 레이건 행정부의 언론 통제와 정보 조작으로 그레나다 침략에 대해 정확히 알 길이 없었던지라, 주어진 상황에 잘 적응하는 미 언론과 승리를 사랑하는 미국인들은 그레나다 침략을 격찬했다. 특히 보수 칼럼니스트들의 언어유희는 현란했다. 그중 조지 월은 『뉴스위크』에 "그레나다에 남긴 미군의 군화 자국은 미국의 힘을 신뢰하게 하는 데 있어 MX미사일보다 훨씬 더 큰 역할을 했다"고 썼다. 또 다른 보수 칼럼니스트 패트릭 부캐넌(Patrick J. Buchanan)은 『뉴욕포스트(New York Post)』에 '레이건은 소련제국의 식민지를 다시 빼앗은 최초의 미국 대통령'이라고 극찬했다.

『런던타임스(The Times of London)』는 미 국방성이 그레나다 침략 자축연을 열어, 무려 8612개의 훈장과 메달을 침략에 참여한 미군은 물론 후방에서 허위정보 유포에 기여한 관리들에 이르기까지 대량 수여했다고 보도했다. 또 『워싱턴포스트』는 "나도 나라를 위해 죽고 싶다"고 이야기하며 수많은 젊은이들이 갑자기 지원해와 해병대가 즐거운 비명을 지른다고 보도했다.

레이건의 그레나다 침략을 비난한 몇 안되는 사람 가운데 하나인 하원의원 테드 와이스(Ted Weiss, 1927~1992)가 ABC-TV의 〈나이트 라인〉에서 "헌법을 어기고 독단적인 선전포고를 한 레이건을 탄핵하는 결의안을 내겠다"고 이야기하자, 진행자인 테드 코펠(Ted Koppel)은 "그러나 ABC 여론조사 결과 10명 가운데 9명이 그레나다 침략을 찬성하고 있지 않습니까?"라고 물었다. 민주당 대통령후보를 노리던 월터 먼데일(Walter F. Mondale)마저 그러한 여론을 의식해 『뉴욕타임스』의 기자들에게 레이건의 그레나다 침략을 지지한다고 밝혔다.(Demouse 1984, McMahan 1985, Reeves 1985, Schoenbrun 1984)

레이건의 10 · 27 멜로드라마

레이건의 10월 27일 연설은 한편의 멜로드라마였다. 그는 이 연설을 통해 소련을 강경하게 비난한 후, 아주 진지하고 끈끈한 목소리로 다음과 같이 이야기했다.

"국민 여러분, 이야기를 하나 들려드릴까요? 해병대사령관 켈리 장군이 병원에 입원해 있는 해병대원들을 방문하러 갔을 때의 일입니다. 한 해병용사가 있었습니다. 켈리 장군의 말을 직접 인용하지요. 그 병사의 온몸엔 튜브가 꽂혀 있었고 그는 앞을 볼 수도 없었습니다. 그는 내가 해병대사령관이라는 것을 확인하려고 손을 뻗어 나의 별 네 개를 만졌습니다. 그는 내 손을 꽉 잡고 무언가를 표현하려고 애썼

습니다. 그래서 종이와 펜을 그의 손에 쥐어주었죠. 그는 'Semper Fi'
라고 썼습니다."

레이건은 'Semper Fi'가 'Semper Fidelis', 즉 '늘 충성을 다한다'는
해병대의 모토임을 설명한 후, 눈가에 물기를 함빡 머금은 채 켈리 장
군이 그 모습을 보고 눈물을 흘렸다고 언급한 뒤 "누가 눈물을 흘린
켈리 장군을 나약하다고 탓할 수 있겠습니까"라고 반문했다. 레이건
은 이 일화의 소개를 끝낸 뒤 명예, 이상, 조국, 희생, 하나님, 기도 그
리고 자유를 역설했다. 27분간에 걸친 그의 연설은 미국인이라면 그
누구든 가슴 뭉클한 감동을 느끼지 않을 수 없는 한 편의 짤막한 대하
드라마였다. 레이건은 이 애국적인 해병대원의 일화를 두고두고 인용
했는데, 무려 열두 번이나 반복해 사용한 것으로 집계되었다.

베이루트에서 해병대원 274명이 사망했을 때 베이루트주둔 미군의
철수는 절대로 있을 수 없다고 말했던 레이건은 그레나다 침략 성공
의 축제 분위기를 타고 베이루트에서 해병대를 슬그머니 철수했다.
그레나다 침략은 베이루트 사건 이전에 계획된 것이었지만, 베이루트
사건이 그 계획을 행동으로 옮기는 발판이 되었으며 적어도 그 행동
개시일을 앞당겨주었던 것으로 보인다.

중동에서 뺨맞고 카리브해의 조그마한 섬나라에 화풀이한 꼴이었
지만, 그레나다 침략 이후 레이건의 지지도가 15퍼센트 이상 상승했
다는 것은 이미지 정치의 위력이 얼마나 가공할 만한 것인지를 여실
히 보여준 셈이었다. 그레나다 침략 이후 계속된 레이건의 인기상승
은 갤럽 여론조사자들까지도 놀라게 해, 조지 갤럽(George H. Gallup,
1901~1984)은 "재선을 노리는 현직 대통령으로서 이토록 높은 지지율

을 얻었던 대통령은 갤럽 50년 역사상 아무도 없었다"고 말했다. (Chafe 1986, Davis 1987, Demouse 1984)

미국 국민들은 전쟁에 대해 이중적인 가치기준을 갖고 있다. 베트남전쟁 또는 레이건 행정부의 중미정책과 같이 명분이 약하거나 미국의 총력을 기울이지 않는 장기적인 부분전쟁에 대해서는 여론이 나쁘다. 그러나 1, 2차 세계대전 또는 그레나다 침략과 같은 총력전 또는 단기전은 적극 지지한다. "미국인은 승자를 사랑한다"는 조지 패튼 (George S. Patton, 1885~1945) 장군의 말은 미국인이 지닌 호전성의 양면성을 잘 간파한 말임에 틀림없다.

레이건은 언젠가 "미국인이라고 부르는 새로운 인류의 종(種)을 어떻게 만들 것인가"라고 말한 바 있는데, 미국인의 정체성을 구성하는 핵심 요소 가운데 '승리'를 빼놓을 순 없으리라. 성찰엔 승리감이 없는 법이다. 미국이 불과 수년 만에 '성찰하는 미국'에서 '강력한 미국'으로 돌아선 것도 바로 그런 이유 때문이 아니었을까? 이제 '승리'를 향한 질주는 '미국 1극 체제'의 탄생으로 정점을 이루게 된다.

참고문헌 Campbell & Kean 2002, Chafe 1986, Chomsky 2001a, Davis 1987, Demouse 1984, Hargrove & Nelson 1985, McMahan 1985, Reeves 1985, Schoenbrun 1984, Woodward 1987, 강준만 1998

Floyd Abrams, 「The New Effort to Control Information」, 「New York Times Magazine」, September 25, 1983, pp.22~28, 72~73.

William C. Adams, 「As New Hampshire Goes…」, Gary R. Orren & Nelson W. Polsby, eds., 「Media and Momentum: The New Hampshire Primary and Nomination Politics」, Chatham, N. J.: Chatham House, 1987, pp.42~59.

Kenneth L. Adelman, 「Speaking of America: Public Diplomacy in Our Time」, 「Foreign Affairs」, 59:4(Spring 1981), pp.913~936.

Peter Agree, 「Television, Politics and American History」, 「Television Quarterly」, 21:2(1984), pp.80~86.

Robert S. Alley, 「Television Drama」, Horace Newcomb ed., 「Television: The Critical View」, New York: Oxford University Press, 1982, pp.89~121.

David M. Alpern, 「How the Land Slid」, 「Newsweek」, November 17, 1980, pp.31~32.

크리스 앤더슨(Chris Anderson), 정준희 옮김, 「프리: 비트 경제와 공짜 가격이 만드는 혁명적 미래」, 랜덤하우스, 2009.

Ien Ang, trans. Della Couling, 「Watching Dallas: Soap Opera and the Melodramatic Imagination」, London and New York: Methuen, 1985.

Ian Angus & Sut Jhally, 「Introduction」, Ian Angus & Sut Jhally, eds., 「Cultural Politics in Contemporary America」, New York: Routledge, 1989, pp.1~14.

아이언 앤거스(Ian Angus) & 수트 잴리(Sut Jhally), 엄광현 옮김, 「현대 미국의 문화정치학」, 이영철 엮음, 백한울 외 옮김, 「21세기 문화 미리보기」, 시각과 언어, 1996, 369~384쪽.

벤자민 R. 바버(Benjamin R. Barber), 박의경 · 이진우 옮김, 「지하드 대 맥월드」, 문화디자인, 2003.

James David Barber, 「The Pulse of Politics: Electing Presidents in the Media Age」, New York: W. W. Norton, 1980.

James David Barber, 『The Presidential Character: Predicting Performance in the White House』, 3rd ed., Englewood Cliffs, N. J.: Prentice-Hall, 1985.

크리스 바커(Chris Barker), 하종원・주은우 옮김, 『글로벌 텔레비전』, 민음사, 2001.

Laurence Barrett, 『Gambling with History: Reagan in the White House』, Garden City, N. Y.: Doubleday, 1983.

James L. Baughman, 「ABC and the Destruction of American Television, 1953-1961」, 『Business and Economic History』, 12(1983a), pp.56~73.

Sally Bedell, 『Up the Tube: Prime-Time TV and the Silverman Years』, New York: The Viking Press, 1981.

Lance Bennett, 『News: The Politics of Illusion』, 2nd ed., New York: Longman, 1988.

James J. Benze, Jr., 『Presidential Power and Management Techniques』, New York: Greenwood Press, 1987.

C. Fred Bergsten, 「The Response to the Third World」, 『Foreign Policy』, 17(Winter 1974-1975), pp.3~34.

Jeffrey M. Berry, 『The Interest Group Society』, Boston, Mass.: Little, Brown and Co., 1984.

Kai Bird, 「Co-Opting the Third World Elites: Trilateralism Goes to Work」, 『Nation』, April 9, 1977, pp.425~428.

Sidney Blumenthal, 「Marketing the President」, 『The New York Times Magazine』, September 13, 1981, pp.42~43, 110~118.

Paul F. Boller, Jr., 『Presidential Anecdotes』, New York: Penguin Books, 1982.

Paul F. Boller, Jr., 『Presidential Campaigns』, New York: Oxford University Press, 1984.

Raymond Bonner, 『Weakness and Deceit: U. S. Policy and El Salvador』, New York: Times Books, 1984.

Raymond Bonner, 「A One-Sided Press」, 『Nation』, December 8, 1984a, pp.604~605.

Samuel Bowles, 『The Trilateral Communication: How Capitalism and Democracy Come to a Parting of the Ways?』, 『Progressive』, 41(June 1977), pp.20~23.

Paul Boyer, 「How S.D.I. Will Change Our Culture」, 『Nation』, January 10, 1987, pp.1, 16~20.

Robert Boyers, 「Books Considered: The Culture of Narcissism」, 『New Republic』, February 17, 1979, p.29.

Broadcasting, 「Schneider Attacks Gerbner's Report on TV Violence」, 『Broadcasting』, May 2, 1977, pp.57~58.

Broadcasting, 「House Scrutinizes USIA's '88 Budget」, 『Broadcasting』, March 9, 1987, pp.41~43.

Richard Brookhiser, 「The Grey/Lurid World of the Trilateral Commission」, 『National Review』, November 13, 1981, pp.1328~1333, 1367.

Zbigniew Brzezinski, 『Between Two Ages: America's Role in the Technetronic Era』, New York : Viking Press, 1970.

Zbigniew Brzezinski, 「U. S. Foreign Policy: The Search for Focus」, 『Foreign Affairs』, 51(July 1973), pp.708~727.

Zbigniew Brzezinski, 『Power and Principle: Memoirs of the National Security Adviser 1977-1981』, New York: Farrar, Straus and Giroux, 1983.

Walter Dean Burnham, 『The Current Crisis in American Politics』, New York: Oxford University Press, 1982.

Neil Campbell & Alasdair Kean, 정정호 외 공역, 『미국문화의 이해』, 학문사, 2002.

Lou Cannon, 『Reagan』, New York: G. P. Putnam's Sons, 1982.

테드 게일런 카펜터(Ted Galen Carpenter) & 더그 밴도(Doug Bandow), 유종근 옮김, 『한국과 이혼하라: 미국 보수주의의 눈으로 본 한반도와 한미동맹』, 창해, 2007.

마뉴엘 카스텔(Manuel Castells), 김묵한 · 박행웅 · 오은주 옮김, 『네트워크 사회의 도래』, 한울아카데미, 2003.

Harry Castleman & Walter J. Podrazik, 『Watching TV: Four Decades of American Television』, New York: McGraw-Hill, 1982.

William H. Chafe, 『The Unfinished Journey: America Since World War II』, New York: Oxford University Press, 1986.

Noam Chomsky, 「Trilateral's Rx for Crisis: Governability Yes, Democracy No」, 『Seven Days』, February 14, 1977, pp.10~11.

노암 촘스키(Noam Chomsky), 강주헌 옮김, 『그들에게 국민은 없다: 촘스키의 신자유주의 비판』, 모색, 1999.

노암 촘스키(Noam Chomsky), 유달승 옮김, 『숙명의 트라이앵글: 미국-이스라엘-팔레스타인(전2권)』, 이후, 2001a.

노암 촘스키(Noam Chomsky), 강주헌 옮김, 『촘스키, 누가 무엇으로 세상을 지배하는가』, 시대의창, 2002.

노암 촘스키(Noam Chomsky) & 데이비드 바사미언(David Barsamian), 강주헌 옮김, 『촘스키, 세상의 권력을 말하다(전2권)』, 시대의창, 2004.

George Church, 「Reagan Coast-to-Coast」, 『Time』, November 17, 1980, pp.22~24.

George Church, 「The Shakeup at State(Cover Story)」, 『Time』, July 5, 1982, pp.8~14.

George Church, 「Reagan Makes His Moves(Cover Story)」, 『Time』, October 24, 1983, pp.16~18.

Oliver Clubb, 『KAL Flight 007: The Hidden Story』, Sag Harbor, N.Y.: Permanent Press, 1985.

Alexander Cockburn, 「Reagan: After Nearly Four Years Many Questions Remain」, 『Nation』, September 15, 1984, pp.198~199.

워렌 코헨(Warren I. Cohen), 김기근 옮김, 『추락하는 제국: 냉전 이후의 미국 외교』, 산지니, 2008.

레이 코널리(Ray Connolly), 전찬일 · 임진모 옮김, 『존 레논』, 대륙, 1993.

존 K. 쿨리(John J. Cooley), 소병일 옮김, 『추악한 전쟁: 아프가니스탄, 미국과 국제 테러리즘』, 이지북, 2001.

Richard N. Cooper, 「A New International Economic Order for Mutual Gain」, 『Foreign Policy』, 26(Spring 1977), pp.66~120.

David Corn & Jefferson Morley, 「A Guide to Iran/Contra Theories」, 『Nation』, August 1, 1987, pp.73, 88~92.

엘리스 코스(Ellis Cose), 정명진 · 민훈기 옮김, 『미국 4대신문의 성장사』, 한국언론자료간행회, 1992.

Donna Woolfolk Cross, 『Mediaspeak: How Television Makes Up Your Mind』, New York: Coward-McCann, 1983.

데이비드 크로토(David Croteau) & 윌리엄 호인스(William Hoynes), 전석호 옮김, 『미디어 소사이어티: 산업 · 이미지 · 수용자』, 사계절, 2001.

William Crotty, 「The Presidential Nomination Process in 1980」, Paul T. David & David H. Everson, eds., 『The Presidential Election and Transition 1980~1981』, Carbondale: Southern Illinois University Press, 1983, pp.1~26.

Current Biography, 「Califano, Joseph」, 『Current Biography』, 1977.

Current Biography, 「Gerbner, George」, 『Current Biography』, 1983a.

Current Biography, 「Pittman, Robert」, 『Current Biography』, 2000.

Current Biography, 「Burton, LeVar」, 『Current Biography』, 2000a.

Current Biography, 「Graham, Franklin」, 『Current Biography』, 2002a.

Current Biography, 「Lucas, George」, 『Current Biography』, 2002b.

Current Biography, 「Freston, Tom」, 『Current Biography』, 2003.

Current Biography, 「McGrath, Judy」, 『Current Biography』, 2005.

Robert Dahl, 『Who Governs?』, New Haven: Yale University Press, 1961.

Robert Dallek, 『Ronald Reagan: The Politics of Symbolism』, Cambridge, Mass.: Harvard University of California Press, 1984.

Alexander Dallin, 『Black Box: KAL 007 and the Superpowers』, Berkeley: University of California Press, 1985.

케네스 W. 댐(Kenneth W. Dam), 정영진 · 윤재원 옮김, 『글로벌게임의 법칙: 미국 대외경제정책 결정과정에 대한 새로운 고찰』, 비봉출판사, 2002.

Daphne Davis, 『Selections form Stars!: A Treasury of Hollywood's Most Popular Superstars』, New York: A Bantum Premium Book, 1984.

James W. Davis, 『The American Presidency: A New Perspective』, New York: Harper & Row, 1987.

케네스 데이비스(Kenneth C. Davis), 이순호 옮김, 『미국에 대해 알아야 할 모든 것, 미국사』, 책과함께, 2004.

Donna Demac, 『Keeping America Uninformed: Government Secrecy in the 1980s』,

New York: Pilgrim Press, 1984.

Lloyd Demouse, 『Reagan's America』, New York: Creative Roots, 1984.

Ann Van Devanter, 「DC: USIA+CU=ICA」, 『Art in America』, 66(July/August 1978).

Edwin Diamond & Stephen Bates, 『The Spot: The Rise of Political Advertising on Television』, Cambridge, Mass.: MIT Press, 1984.

Robert E. Diclerico & Efic M. Uslaner, 『Few Are Chosen: Problems in Presidential Selection』, New York: McGraw-Hill, 1984.

밥 돌(Bob Dole), 김병찬 옮김, 『대통령의 위트: 조지 워싱턴에서 부시까지』, 아테네, 2007.

Sam Donaldson, 『Hold On, Mr. President!』, New York: Fawcett Crest, 1987.

Ronnie Dugger, 「Ronald Reagan and the Imperial Presidency」, 『Nation』, November 1, 1980, pp.430~436.

Editor & Publisher, 「Government Information Agency Acknowledges Blackist」, 『Editor & Publisher』, February 25, 1984, p.28.

George C. Edwards Ⅲ & Stephen J. Wayne, 『Presidential Leadership: Politics and Policy Making』, New York: St. Martin's Press, 1985.

크레이그 아이젠드래스(Craig Eisendrath) 외, 김기협·천희상 옮김, 『미사일 디펜스: MD, 환상을 좇는 미국의 방위전략』, 들녘, 2002.

Marc Eliot, 『American Television: The Official Art of the Artificial』, Garden Ciry, NY: Anchor Press, 1981.

윌리엄 엥달(William Engdahl), 김홍옥 옮김, 『파괴의 씨앗 GMO: 미국 식량제국주의의 역사와 실체』, 길, 2009.

탐 엥겔하트(Tom Engelhardt), 강우성·정소영 옮김, 『미국, 변화인가 몰락인가: 미국의 비판적 지성들과 함께 한 블로그 인터뷰』, 창비, 2008.

Henry Fairlie, 「CBS Mourning News」, 『New Republic』, August 29, 1983, pp.13~16.

Henry Fairlie, 「After the Revolution」, 『New Republic』, May 9, 1988, pp.15~17.

Richard A. Falk, 「A New Paradigm for International Legal Studies」, 『The Yale Law Journal』, 84:5(April 1975).

Richard A. Falk, 「Beyond Internationalism」, 『Foreign Policy』, 24(Fall 1976).

Tom J. Farer, 「The United States and the Third World: A Basis for Accommodation」, 『Foreign Affairs』, 54:1(October 1975), pp.79~97.

William E. Farrell, 「McFarlane Named Security Adviser by the President」, 『New York Times』, October 18, 1983, pp.A1, A14.

Dante B. Fascell, ed., 『International News: Freedom under Attack』, Beverly Hills, Ca.: Sage, 1979.

Thomas Ferguson & Joel Rogers, 「Another Trilateral Election?」, 『Nation』, June 28, 1980, pp.783~787.

Thomas Ferguson & Joel Rogers, 『Right Turn: The Decline of the Democrats and the Fortune of American Politics』, New York: Hill & Wang, 1986.

Leslie Fishbein, 「Roots: Docudrama and the Interpretation of History」, John E. O' Connor, ed., 『American History/American Television: Interpreting the Video Past』, New York: Frederick Ungar, 1983, pp.279~305.

Frances FitzGerald, 「The Warrior Intellectuals: A Philippic against Daniel P. Moynihan and the Agurs on the Right」, 『Harper' s Magazine』, 252(May 1976), pp.45~64.

John Forest, 『Warriors of the Political Arena: The Presidential Election of 1984』, New York: Vantage Press, 1986.

에릭 프라이(Eric Frey), 추기옥 옮김, 『정복의 역사, USA』, 들녘, 2004.

Jeff Frieden, 「The Trilateral Commission: Economics and Politics in the 1970s」, 『Monthly Review』, 29:7(December 1977), pp.1~22.

한스 디터 겔페르트(Hans-Dieter Gelfert), 이미옥 옮김, 『전형적인 미국인: 미국과 미국인 제대로 알기』, 에코리브르, 2003.

George Gerbner, 「Communication: Society Is the Message」, 『Communication』, 1(1974).

George Gerbner, 「Proliferating Violence」, 『Society』, 14:6(October 1977), pp.8~17.

George Gerbner & Larry Gross, 「Living with Television: The Violence Profile」, 『Journal of Communication』, 26(Spring 1976).

George Gerbner et al., 「The 'Mainstreaming' of America: Violence Profile No.11」, 『Journal of Communication』, 30(Summer 1980).

데이비드 거겐(David Gergen), 서율택 옮김, 『CEO 대통령의 7가지 리더십: 리처드 닉슨에서부터 빌 클린턴까지』, 스테디북, 2002.

Todd Gitlin, 『Inside Prime Time』, New York: Pantheon Books, 1983.

Todd Gitlin, 「When the Right Talks, TV Listens」, 『The Nation』, October 15, 1983a.

Todd Gitlin, 「Postmodernism: Roots and Politics」, Ian Angus and Sut Jhally, eds., 『Cultural Politics in Contemporary America』, New York: Routledge, 1989, pp.347~360.

말콤 글래드웰(Malcolm Gladwell), 노정태 옮김, 『아웃라이어』, 김영사, 2009.

윌리엄 글라이스틴(William H. Gleysteen), 황정일 옮김, 『알려지지 않은 역사: 전 주한미국대사 글라이스틴 회고록』, 중앙 M&B, 1999.

유진 굿윈(H. Eugene Goodwin), 우병동 옮김, 『언론윤리의 모색』, 한나래, 1995.

존 스틸 고든(John Steele Gordon), 안진환·황수민 옮김, 『부의 제국: 미국은 어떻게 세계 최강대국이 되었나』, 황금가지, 2007.

존 더 그라프(John de Graaf), 데이비드 왠(David Wann), 토머스 네일러(Thomas Naylor), 박웅희 옮김, 『어플루엔자: 풍요의 시대, 소비중독 바이러스』, 한숲, 2002.

Doris A. Graber, 『Mass Media and American Politics』, 2nd ed., Washington, D.C.: CQ Press, 1984.

Paul Gray, 「Russia' s Prophet In Exile」, 『Time』, July 24, 1989, p.66.

Mark Green, 「Reagan' s Cowboy Capitalism」, 『Nation』, March 7, 1981, pp.257, 261.

Mark Green, 「Presidential Truths and Consequences」, 『Nation』, October 29, 1983, pp.385, 399, 403.

Mark Green, 「Amiable of Chronic Liar?: And Why the Press Lets Him Get Away With It」, 『Mother Jones』, June/July 1987, pp.9~17.

Mark Green & Gail MacColl, 『There He Goes Again: Ronald Reagan's Reign of Error』, New York: Pantheon Books, 1983.

Jeff Greenfield, 『The Real Campaign: How the Media Missed the Story of the 1980 Campaign』, New York: Summit Books, 1982.

프레드 그린슈타인(Fred I. Greenstein), 김기휘 옮김, 『위대한 대통령은 무엇이 다른가』, 위즈덤하우스, 2000.

William Greider, 「The Education of David Stockman(Cover Story)」, 『Atlantic Monthly』, December 1981, pp.27~54.

베른하르트 A. 그림(Bernhard A. Grimm), 『권력과 책임: 최고 리더십을 위한 반(反)마키아벨리즘』, 청년정신, 2002.

Lawrence Grossberg, 「MTV: Swinging on the (Postmodern) Star」, Ian Angus & Sut Jhally eds., 『Cultural Politics in Contemporary America』, New York: Routledge, 1989, pp.254~268.

조르주-클로드 길베르(Georges-Claude Guilbert), 김승욱 옮김, 『포스트모던 신화 마돈나』, 들녘, 2004.

Arthur Hadley, 『The Empty Polling Booth』, Englewood Cliffs, N.J.: Prentice-Hall, 1978.

Fred Halliday, 「The Collapse of Carter's Domestic Foreign Policy」, 『The Nation』, March 29, 1980, pp.363~365.

C. T. Hanson, 「Mr. Nice Guy and the Watchdog Press: A Midterm Appraisal」, 『Columbia Journalism Review』, May/June 1983, pp.27~35.

Erwin C. Hargrove & Michael Nelson, 「The Presidency: Reagan and the Cycle of Politics and Policy」, Michael Nelson, ed., 『The Elections of 1984』, Washington, D. C.: CQ Press, 1985, pp.189~213.

마빈 해리스(Marvin Harris), 원재길 옮김, 『아무것도 되는 게 없어: 마빈 해리스의 현대문화 산책』, 황금가지, 1996.

Roderick P. Hart, 『Verbal Style and the Presidency: A Computer-Based Analysis』, New York: Academic Press, 1984.

Robert T. Hartman, 『Palace Politics: An Inside Account of the Ford Years』, New York: McGraw-Hill, 1980.

데이비드 하비(David Harvey), 최병두 옮김, 『신자유주의: 간략한 역사』, 한울아카데미, 2007.

John Mark Hausen, 「The Political Economy of Group Membership」, 『American Political Science Review』, 79(1985).

Edward S. Herman, 「Gatekeeper versus Propaganda Models: A Critical American Perspective」, Peter Golding, Graham Murdock & Philip Schlesinger, eds.

『Communicating Politics: Mass Communications and the Political Process』, Holmes & Meier, N.Y.: Leicester Press, 1986, pp.171~195.

Mark Hertsgaard, 「Flaks and Flak Catchers」, 『Nation』, June 16, 1984, pp.745~747.

Mark Hertsgaard, 『On Bended Knee: The Press and the Reagan Presidency』, New York: Farrar Straus Giroux, 1988.

헨드릭 허츠버그(Hendrik Hertzberg), 「지미 카터: 기독교 가치관에 준거한 도덕 우선의 통치력」, 로버트 A. 윌슨(Robert A. Wilson) 외, 형선호 옮김, 『국민을 살리는 대통령 죽이는 대통령』, 중앙M&B, 1997, 243~283쪽.

Seymour Hersh, 『"The Target is Destroyed": What Really Happened to Flight 007 and What America Knew About It』, New York: Random House, 1984.

Stephen Hess, 「Leaks and Other Informal Communications」, 『Society』, 22:2(January/February 1985), pp.20~29.

Michael Hirschorn, 「Interest Group Auction」, 『New Republic』, July 29, 1985, pp.17~19.

Christopher Hitchens, 「Minority Report」, 『Nation』, March 10, 1984, p.278.

Joe Holland & Peter J. Henriot, 「A New Challenge for world Labor」, 『America』, October 8, 1977, pp.209~212.

John L. Hulteng, 『The Messenger's Motives: Ethical Problems of the News Media』, 2nd ed., Englewood Cliffs, N.J.: Prentice-Hall, 1985.

Samuel P. Huntington et al., 『The Crisis of Democracy: Report on the Governability of Democracies to the Trilateral Commission』, New York: New York University, 1975.

Walter Isaacson, 「Shultz: Thinker and Doer」, 『Time』, July 5, 1982, pp.15~18.

Walter Isaacson, 「Election '82: Trimming the Sails」, 『Time』, November 15, 1982a, pp.12~21.

Shants Iyenger & Donald R. Kinder, 『News That Matters』, Chicago: University of Chicago Press, 1987.

캐슬린 홀 재미슨(Kathleen Hall Jamieson), 원혜영 옮김, 『대통령 만들기: 미국대선의 선거전략과 이미지메이킹』, 백산서당, 2002.

수잔 제퍼드(Susan Jeffords), 이형식 옮김, 『하드 바디: 레이건 시대 할리우드 영화에 나타난 남성성』, 동문선, 2002.

셧 잘리(Sut Jhally), 윤선희 옮김, 『광고문화: 소비의 정치경제학』, 한나래, 1996.

Jeffrey St. John, 『Day of the Cobra: The True Story of KAL Flight 007』, Nashville, T.N.: Thomas Nelson, 1984.

R. W. Johnson, 『Shootdown: The Verdict on KAL 007』, London: Chatto & Windus, 1986.

Charles Q. Jones, 「Keeping Faith and Losing Congress: The Carter Experience in Washington」, 『Presidential Studies Quarterly』, 14:3(Summer 1984), pp.437~445.

Hamilton Jordan, 「The Campaign Carter Couldn't Win」, 『Life』, January 1981, pp.91~100.

Hamilton Jordan, 『Crisis: The Last Year of the Carter Presidency』, New York: Putnam's, 1982.

John B. Judis, 「Smarter Than You Think」, 『Nation』, January 15, 1983, pp.54~57.

William E. Jurma, 「Media Mannequins: How They Influence People」, 『Vital Speeches of the Day』, November 1, 1983, pp.61~64.

앤 카플란(E. Ann Kaplan), 채규진 · 성기완 옮김, 『뮤직 비디오, 어떻게 읽을 것인가: 포스트모던 영상과 소비문화』, 한나래, 1996.

Barbara Kellerman, 『The Political Presidency: Practice of Leadership』, New York: Oxford University Press, 1984.

더글라스 켈너(Douglas Kellner), 김수정 · 정종희 옮김, 『미디어문화: 영화, 랩, MTV, 광, 마돈나, 패션, 사이버펑크』, 새물결, 1997.

John Kessel, 『Presidential Campaign Politics: Coalition Strategies and Citizen Responses』, Homeweood, Il.: The Dorsey Press, 1980.

로널드 케슬러(Ronald Kessler), 임홍빈 옮김, 『벌거벗은 대통령 각하』, 문학사상사, 1997.

Barry King, 「Articulating Stardom」, 『Screen』, 26(September/October 1985).

Dick Kirschten, 「White House Strategy」, 『National Journal』, February 21, 1981, p.300.

Stephen Klaidman & Tom L. Beauchamp, 『The Virtuous Journalist』, New York: Oxford University Press, 1987.

Barbara Koeppel, 「Meany and Business vs. the ILO: Will We Pick Up Our Marbles?」, 『Nation』, October 29, 1977, pp.492~531.

David Kowalewski, 「Transnational Banks and the Trilateral Commission」, 『Journal of Contemporary Asia』, 13:3(1983), pp.303~313.

Irving Kristol, 『Reflections of a Neoconservative: Looking Back, Looking Ahead』, New York: Basic Books, 1983.

루시 큉-쉔클만(Lucy Küng-shankleman), 박인규 옮김, 『BBC와 CNN: 미디어 조직의 경영』, 커뮤니케이션북스, 2001.

Richard Lacayo, 「Edward M. Kennedy 1932-2009」, 『Time』, September 7, 2009, pp.22~28.

진 랜드럼(Gene N. Landrum), 노은정 · 모윤신 옮김, 『성공하는 여성들의 심리학』, 황금가지, 1997.

Christopher Lasch, 『The Agony of the American Left』, New York: Vintage Books, 1969.

Christopher Lasch, 『Culture of Narcissism: American Life in an Age of Diminishing Expectations』, New York: Warner Books, 1979.

크리스토퍼 래시(Christopher Lasch), 이두석 · 권화섭 옮김, 『엘리트의 반란과 민주주의 배반』, 중앙 M&B, 1999.

Laurence Leamer, 『Make-Believe: The Story of Nancy & Ronald Reagan』, New York: Harper & Row, 1983.

Jackson Lears, 「Theraphy's Triumph」, 『Nation』, January 27, 1979, pp.91~92.

Lawrence W. Lichty, 「Video versus Print」, 『Wilson Quarterly』, 1982, special issue, pp.49~57.

Jethro K. Lieberman, 「Privacy and the Law」, New York: Lothrop, Lee & Shepard, 1978.

수전 린(Susan Linn), 김승욱 옮김, 『TV 광고 아이들: 우리 아이들을 위협하는 키즈마케팅』, 들녘, 2006.

Annette Lopez-Munoz, 「The Phantom Interview」, 『New Republic』, June 29, 1987, p.11.

John P. Lovell, 『The Challenge of American Foreign Policy: Purpose and Adaptation』, New York: Macmillan, 1985.

자넷 로우(Janet Lowe), 김광수 옮김, 『나는 CNN으로 세계를 움직인다: CNN의 창립자 테드 터너 성공 신화』, 크림슨, 2004.

Ed Magnuson, 「I Never Knew There was Such a Thing」, 『Time』, July 11, 1983, pp.10~12.

Ed Magnuson, 「A Mole in the Garbage Can」, 『Time』, July 18, 1983a, p.16.

Ed Magnuson, 「Tired of Moving Elephants」, 『Time』, December 16, 1985, pp.14~15.

스테펀 메인즈(Stephen Manes) & 폴 앤드류(Paul Andrews), 이진광·이지선 옮김, 『빌 게이츠 훔치기』, 푸른산, 1994.

Frank Mankiewicz & Joel Swerdlow, 『Remote Control: Television and the Manipulation of American Life』, New York: Ballantine Books, 1978.

Robert Karl Manoff, 「The Week After」, 『Nation』, December 10, 1983, pp.588~589.

죠지 마르스텐(George M. Marsden), 홍치모 옮김, 『미국의 근본주의와 복음주의의 이해』, 성광문화사, 1992.

리사 마시(Lisa Marsh), 박미영 옮김, 『캘빈 클라인: 브랜드·디자인·광고의 유혹』, 루비박스, 2003.

Barbara Matusow, 『The Evening Stars: The Making of the Network News Anchor』, New York: Ballantine, 1983.

Ernest May & Janet Fraser, 『Campaign '72 : The Managers Speak』, Cambridge, Mass.: Harvard University Press, 1973.

Allan J. Mayer, 「Carter: a Long Day's Night」, 『Newsweek』, November 17, 1980, p.29.

William G. Mayer, 「The New Hampshire Primary: A Historical Overview」, Gary R. Orren & Nelson W. Polsby, eds., 『Media and Momentum: The New Hampshire Primary and Nomination Politics』, Chatham, N. J.: Chatham House, 1987, pp.9~41.

조셉 맥브라이드(Joseph McBride), 박선희·임혜련 옮김, 『C 학점의 천재 스티븐 스필버그 1』, 자연사랑, 1997.

조셉 맥브라이드(Joseph McBride), 박선희·임혜련 옮김, 『C 학점의 천재 스티븐 스필버그 2』, 자연사랑, 1998.

Peter McGrath, 「A Disengaged Presidency」, 『New York Times』, May 19, 1981, p.44.

Jeff McMahan, 『Reagan and the World: Imperial Policy in the New Cold War』, New York: Monthly Review Press, 1985.

Richard M. Merelman, 「Sitcoms and Citicorp: On the Cultural Construction of American Liberalism」, 『Journal of American Culture』, 10:1(Spring 1987), pp.41~55.

Joshua Meyrowitz, 「Where Have All the Heroes Gone?: Politics in the Video Eye」, 『Psychology Today』, July 1984, pp.46~51.

Joshua Meyrowitz, 『No Sense of Place: The Impact of Electronic Media on Social Behavior』, New York: Oxford University Press, 1985.

Mark Crispin Miller, 「The Ronald Reagan Show」, 『New Republic』, April 7, 1982, pp.28~32.

마크 크리스핀 밀러(Mark Crispin Miller), 김태항 옮김, 『부시의 언어장애』, 한국방송출판, 2003.

네이슨 밀러(Nathan Miller), 김형곤 옮김, 「이런 대통령 뽑지 맙시다: 미국 최악의 대통령 10인」, 혜안, 2002.

Charles Mohr, 「Aide at Ease in the Middle: Robert C. Mcfarlane」, 『New York Times』, October 18, 1983, p.A14.

James Monaco, 『Media Culture』, New York: Delta Book, 1978.

Tom Morganthau, 「The Battle Over AWACS」, 『Newsweek』, September 7, 1981, pp.20~21.

에드먼드 모리스(Edmund Morris), 「제6장 로널드 레이건: 본성의 힘」, 로버트 윌슨(Robert A. Wilson) 편, 허용범 옮김, 『대통령과 권력』, 나남, 2002a, 131~153쪽.

Daniel P. Moynihan, 『The Politics of a Guaranteed Income: The Nixon Administration and the Family Assistance Plan』, New York: Vintage Books, 1973.

Daniel P. Moynihan, 「The United States in Opposition」, 『Commentary』, 59:3(March 1975).

Daniel P. Moynihan, 「The Presidency and the Press」, Aaron Wildavsky, ed., 『Perspectives on the Presidency』, Boston, Mass.: Little, Brown & Co., 1975a, pp.184~205.

Daniel P. Moynihan, 「Abiotrophy in Turtle Bay: The United Nations in 1975」, 『Harvard International Law Journal』, 17(1976), pp.465~502.

Daniel P. Moynihan, 「The Politics of Human Rights」, 『Commentary』, 64:2(August 1977), pp.19~26.

Daniel P. Moynihan, 「A Dangerous Place」, Boston, Mass.: Little, Brown, 1979.

Daniel P. Moynihan, 「Joining the Jackals: The U. S. at the UN 1977-1980」, 『Commentary』, 71:2(February 1981), pp.21~31, 71:5(May 1981), pp.4~12.

Richard P. Nathan, 『The Administrative Presidency』, New York: John Wiley & Sons,

1983.

Nation, 「No Triumph of Will」, 『Nation』, July 23, 1983, pp.67~68.

Marie D. Natoli, 『American Prince, American Pauper: The Contemporary Vice Presidency in Perspective』, Westport, Ct.: Greenwood Press, 1985.

New Republic, 「How Strait the Gate」, 『New Republic』, 1 August, 1983, pp.7~9.

New York Times, 「The U. S. I. A.: Can the News Abroad Come Home?」, 『New York Times』, November 25, 1987, p.14.

Richard M. Nixon, 『The Real War』, New York: Warner Books, 1981.

Douglas C. North, 「A Theory of Economic Change」, 『Science』, 219(January 1983).

Jeremiah Novak, 「Trilateralism: A New World System」, 『America』, February 5, 1977, pp.95~99.

Jeremiah Novak, 「The Trilateral Connection」, 『Atlantic Monthly』, 240(July 1977a), pp.57~59.

돈 오버도퍼(Don Oberdorfer), 뉴스위크한국판뉴스팀 옮김, 『두 개의 코리아: 북한국과 남조선』, 중앙일보, 1998.

돈 오버도퍼(Don Oberdorfer), 이종길 옮김, 『두 개의 한국』, 길산, 2002.

Thomas O'Donnell, 「Dan Rather versus the Dancing Bears」, 『Forbes』, November 21, 1983, pp.98~104.

Stephen O'Leary & Michael McFarland, 「The Political Use of Mythic Discourse: Prophetic Interpretation in Pat Robertson's Presidential Campaign」, 『Quarterly Journal of Speech』, 75:4(November 1989), pp.433~452.

Mancur Olson, Jr., 『The Logic of Collective Action』, New York: Schocken, 1968.

Richard O'Reilly, 「Television Advertising in the Reagan Campaign」, L. Patrick Devlin, ed., 『Political Persuasion in Presidential Campaigns』, New Brunswick, N. J.: Transanction Books, 1987, pp.53~61.

David Osborne, 「America Held Hostages!」, 『Mother Jones』, February/June 1982, pp.20~31.

David M. Oshinsky, 「Teddy White's Successors」, 『The New Leader』, December 16, 1985, pp.21~25.

Michael Parenti, 「Inventing Reality: The Politics of the Mass Media」, New York: St. Martin's Press, 1986.

David Pauly, 「It's Prime Time for Ted Turner」, 『Newsweek』, April 29, 1985, pp.54~57.

David E. Pearson, 『KAL 007: The Cover-Up』, New York: Summit Books, 1987.

Don R. Pember, 『Mass Media Law』 3rd ed., Dubuque, Iowa: Wm.C.Brown, 1984.

Jay Peterzell, 「The Government Shuts Up(Cover Story)」, 『Columbia Journalism Review』, July/August 1982, pp.31~37.

Jay Peterzell, 「Can the CIA Spook the Press?」, 『Columbia Journalism Review』, September/October 1986, pp.29~34.

James Petras, 「President Carter and the "New Morality"」, 『Monthly Review』, 29:2(June 1977), pp.42~50.

케빈 필립스(Kevin P. Phillips), 오삼교 · 정하용 옮김, 『부와 민주주의: 미국의 금권정치와 거대 부호들의 정치사』, 중심, 2004.

Nelson W. Polsby & Aaron B. Wildavsky, 『Presidential Elections: Strategies of American Electoral Politics』, 6th ed., New York: Charles Scribner's Sons, 1984.

Neil Postman, 『Amusing Ourselves to Death: Public Discourse in the Age of Show Business』, New York: Penguin Books, 1985.

G. Bingham Powell, Jr., 『Electoral Participation: A comparative Analysis』, Beverly Hills, Ca.: Sage, 1980.

Curtis Prendergast, 「Report & Comment: The United Nations」, 『Atlantic Monthly』, 237:3(March 1976), pp.4~9.

Christopher Price, 「An Outpost of the Evil Empire」, 『New Statesman』, December 13, 1985, pp.17~18.

피터 프리처드(Peter Prichard), 기우탁 옮김, 『USA 투데이: 거대 신문, 거대 기업』, 김영사, 1992.

Andrew Radolf, 「A Newspaper Majority for Reagan」, 『Editor & Publisher』, November 3, 1984a, pp.9~12.

이냐시오 라모네(Ignacio Ramonet), 원윤수 · 박성창 옮김, 『커뮤니케이션의 횡포』, 민음사, 2000.

Austin Ranney, 『Channels of Power: The Impact of Television on American Politics』, New York: Basic Books, 1983.

Ronald Reagan, 「"Government Is Not the Solution": President Ronald Reagan's Inaugural Address」, Gary Donaldson, ed., 『Modern America: A Documentary History of the Nation Since 1945』, Armonk, NY: M.E.Sharpe, 2007, pp.258~261.

섬너 레드스톤(Sumner Redstone) · 피터 노블러(Peter Knobler), 『승리의 열정: 최고의 CEO 섬너 레드스톤의 삶과 도전』, 동방미디어, 2002.

Fred Reed, 「The Star Wars Swindle: Hawking Nuclear Snake Oil」, 『Harper's Magazine』, May 1986, pp.39~48.

Richard Reeves, 『The Reagan Detour』, New York: Simon & Schuster, 1985.

Robert B. Reich, 「Ideologies of Survival: The Return of Social Darwinism」, 『New Republic』, 20 & 27 September, 1982.

토마스 라이퍼(Thomas Reifer) & 제이미 써들러(Jamie Sudler), 「국가간 체제」, 이매뉴얼 월러스틴(Immanuel Wallerstein) 외, 『이행의 시대: 세계체제의 궤적, 1945-2025』, 창작과비평사, 1999, 27~56쪽.

Howard L. Reiter, 『Parties and Elections in Corporate America』, New York: St. Martin's Perss, 1987.

윌리엄 라이딩스 2세(William J. Ridings, Jr.) & 스튜어트 매기버(Stuart B. McIver), 김형곤

옮김, 『위대한 대통령 끔찍한 대통령』, 한·언, 2000.

제러미 리프킨(Jeremy Rifkin), 이희재 옮김, 『소유의 종말』, 민음사, 2001.

조지 리처(George Ritzer), 김종덕 옮김, 『맥도날드 그리고 맥도날드화: 유토피아인가, 디스토 피아인가』, 시유시, 1999.

Michael J. Robinson, 「TV' s Newest Program: The Presidential Nomination Game」, 『Public Opinion』, 1(May/June 1978), pp.41~46.

Michael J. Robinson, 「The Media in 1980: Was the Message the Message?」, Austin Ranney, ed., 『The American Election of 1980』, Washington D. C.: American Enterprise Institute for Public Policy Research, 1981, pp.177~211.

David Rockefeller, 「In Pursuit of a Consistent Foreign Policy」, 『Vital Speeches of the Day』, 46:17(June 15, 1980), pp.517~520.

Richard Rohmer, 「Massacre 747: The Story of Korean Air Lines Flight 007」, Markham, Ontario: Paperjarks, 1984.

윌리엄 D. 로마노프스키(William D. Romanowski), 신국원 옮김, 『대중문화전쟁: 미국문화속 의 종교와 연예의 역할』, 예영커뮤니케이션, 2001.

Jonathan Rosenblum, 「The Origins of the Blacklist: U.S.I.A. Today」, 『New Republic』, July 9, 1984, pp.7~9.

Steven J. Rosenstone, 「Forecasting Presidential Elections」, New Haven: Yale University Press, 1983.

James Rosenthal, 「Heritage Hype: The Second-Generation Think Tank」, 『New Republic』, September 2, 1985, pp.14~16.

William A. Rusher, 「The Bear That Walks Like a Conservative」, 『National Review』, January 22, 1982, pp.33~34.

더글러스 러시코프(Douglas Rushkoff), 방재희 옮김, 『미디어 바이러스』, 황금가지, 2002.

William Safire, 「Stargazing Wars」, 『New York Times』, May 9, 1988, p.19.

Robert H. Salisbury, 「An Exchange Theory of Interest Groups」, 『Midwest Journal of Political Science』, 13(February 1969), pp.1~32.

프랭크 사넬로(Frank Sanello), 정회성 옮김, 『스티븐 스필버그』, 한민사, 1997.

Alvin P. Sanoff, 「Reagan' s Drive to Plug News Leaks」, 『U.S. News & World Report』, November 14, 1983, p.32.

Arlie Schardt, 「TV' s Rush to Judgment」, 『Newsweek』, July 28, 1980, pp.72~75.

헤르만 셰어(Hermann Scheer), 윤진희 옮김, 『정치인을 위한 변명: 정치는 어떻게 정치인을 망 가뜨리는가』, 개마고원, 2005.

Herbert I. Schiller, 『Communication and Cultural Domination』, White Plains, N.Y.: M.E. Sharpe, 1976.

Arthur M. Schlesinger, Jr., 「Foreign Policy and the American Character」, 『Foreign Affairs』, 62(Fall 1983), pp.1~16.

Stephen Schlesinger, 「Reagan' s 'Secret' War on Nicaragua」, 『Nation』, January 1,

1983a, pp.9~11.

William E. Schmidt, 「Behind the Bid for CBS Is Atlanta's Enigmatic 'Town Character'」, 『New York Times』, July 21, 1985, p.15.

David Schoenbrun, 「America Inside Out: At Home and Abroad from Roosevelt to Reagan」, New York: McGraw-Hill, 1984.

Martin Schram, 『The Great American Video Game: Presidential Politics in the Television Age』, New York: William Morrow, 1987.

토니 슈와르츠(Tony Schwartz), 심길중 옮김, 『미디어 제2의 신』, 리을, 1994.

피터 시바이처(Peter Schweizer), 한용섭 옮김, 『냉전에서 경제전으로: 소련을 붕괴시킨 미국의 비밀전략』, 오롬시스템, 1998.

에리히 슈빙어(Erich Schwinge), 김삼룡 옮김, 『정치가란 무엇인가?』, 유나이티드컨설팅그룹, 1992.

커스틴 셀라스(Kirsten Sellars), 오승훈 옮김, 『인권, 그 위선의 역사』, 은행나무, 2003.

Fred Setterberg, 「The Pentagon Republic of Honduras」, 『Mother Jones』, January 1987, pp.21~24, 50~54.

Seven Days, 「Carter Nixes the Pepsi Challenge: The Coca-Cola Connection」, 『Seven Days』, February 14, 1977, p.12.

David Shaw, 『Press Watch: A Provocative Look at How Newspapers Report the News』, New York: Macmillan, 1984.

엘렌 러펠 셸(Ellen Ruppel Shell), 정준희 옮김, 『완벽한 가격: 뇌를 충동질하는 최저가격의 불편한 진실』, 랜덤하우스, 2010.

데이비드 솅크(David Shenk), 정태석·유홍림 옮김, 『데이터 스모그』, 민음사, 2000.

알리샤 C. 셰퍼드(Alicia C. Shepard), 차미례 옮김, 『권력과 싸우는 기자들』, 프레시안북, 2009.

R. Z. Sheppard, 「The Pursuit of Happiness」, 『Time』, January 8, 1979, pp.76~77.

로이 셔커(Roy Shuker), 이정엽·장호연 옮김, 『대중음악사전』, 한나래, 1999.

조엘 셔킨(Joel Shurkin), 과학세대 옮김, 『컴퓨터를 만든 영웅들』, 풀빛, 1992.

리처드 A. 쉬웨더(Richard A. Shweder), 「도덕적 지도(地圖), '제1세계'의 자부심, 새로운 복음 전도자」, 새뮤얼 P 헌팅턴(Samuel P. Huntington) & 로렌스 E. 해리슨(Lawrence E. Harrison) 공편, 이종인 옮김, 『문화가 중요하다: 문화적 가치가 인류발전을 결정한다』, 김영사, 2001, 254~281쪽.

Hugh Sidey, 「The Genie That Got Away」, 『Time』, July 5, 1982, p.14.

Hugh Sidey, 「Hyping Ratings with Pathos」, 『Time』, August 8, 1983, p.36.

Dennis M. Simon & Charles W. Ostrom, Jr., 「The President and Public Support: A Strategic Perspective」, George C. Edwards Ⅲ, Steven A. Schull, & Norman C. Thomas, eds., 『The Presidency and Public Policy Making』, Pittsburgh, Pa.: University of Pittsburgh Press, 1985, pp.50~70

A. Sivanandan, 「Imperialism in the Silicon Age」, 『Monthly Review』, 12:3(July/August

1980).

Holly Sklar, ed., 『Trilateralism: The Trilateral Commission and Elite Planning for World Management』, Boston, Mass.: South End Press, 1980.

Holly Sklar, 『Reagan, Trilateralism and the Neoliberals: Containment and Intervention in the 1980s』, Boston, Mass.: South End Press, 1986.

Desmond Smith, 「Dan Rather in the Hot Seat」, 『New York』, November 2, 1981, pp.33~36.

제임스 A. 스미스(James A. Smith), 손영미 옮김, 『미국을 움직이는 두뇌집단들』, 세종연구원, 1996.

Larry Speakes, 『Speaking Out: Inside the Reagan White House』, New York: Charles Scribner' s Sons, 1988.

Ben Stein, 『The View from Sunset Boulevard, New York: Basic Books, 1979.

허버트 스타인(Herbert Stein), 권혁승 옮김, 『대통령의 경제학』, 김영사, 1999.

글로리아 스타이넘(Gloria Steinem), 곽동훈 옮김, 『여성 망명정부에 대한 공상』, 현실문화연구, 1995.

George Steiner, 「In Exile Wherever He Goes」, 『The New York Times Book Review』, March 1, 1998, pp.9~10.

미첼 스티븐스(Mitchell Stephens), 이광재 · 이인희 옮김, 『뉴스의 역사』, 황금가지, 1999.

David A. Stockman, 『The Triumph of Politics: Why the Reagan Revolution Failed』, New York: Harper & Row, 1986.

John Storey(존 스토리), 박만준 옮김, 『대중문화와 문화연구』, 경문사, 2002.

Richard Stout, 「The Pre-Pre-Campaign-Campaign」, 『Public Opinion』, 5 (December/January 1983), pp.17~20, 60.

Ronald A. Sudol, 「The Rhetoric of Strategic Retreat: Carter and the Panama Canal Debate」, 『The Quarterly of Speech』, 65(1979), pp.379~391.

카스 R. 선스타인(Cass R. Sunstein), 박지우 · 송호창 옮김, 『왜 사회에는 이견이 필요한가』, 후마니타스, 2009.

Akio Takahashi, 『President' s Crime: Who Ordered the Espionage Flight of KAL 007?』, Tokyo: Ningensha, 1985.

Ruy A. Teixeira, 『Why Americans Don' t Vote: Turnabout Decline in the Untied States 1960-1984』, New York: Greenwood Press, 1987.

Jerry TerHorst, 「Press Conferences in Campaigns」, L. Patrick Devlin, ed., 『Political Persuasion in Presidential Campaigns』, New Brunswick, N. J.: Transanction Books, 1987, pp.753~784.

Leonard J. Theberge, ed., 『Crooks, Conmen, and Clowns: Businessmen in TV Entertainment』, Washington, D.C.: The Media Institute, 1981.

데이비드 톰슨(David Thompson) & 이안 크리스티(Ian Christie) 엮음, 임재철 옮김, 『비열한 거리: 마틴 스콜세지-영화로서의 삶』, 한나래, 1994.

Time, 「Carter's Brain Trusts」, 『Time』, December 20, 1976, p.19.

Time, 「Goodbye Dallas」, 『Time』, August 17, 1987a, p.58.

Time, 「Tolling the Death Knell」, 『Time』, October 1, 1990, p.24.

앨빈 토플러(Alvin Toffler), 이상백 옮김, 『제3의 충격파』, 홍신문화사, 1981.

데이비드 트렌드(David Trend), 고동현 · 양지현 옮김, 『문화민주주의: 정치, 미디어, 뉴테크놀로지』, 한울, 2001.

David Truman, 『The Governmental Process』, New York: Knopf, 1951.

마크 턴게이트(Mark Tungate), 강형심 옮김, 『세계를 지배하는 미디어 브랜드』, 프리월, 2007.

Richrd H. Ullman, 「Trilateralism: 'Partnership' for What?」, 『Foreign Affairs』, 55:1(October 1976), pp.1~19.

U.S. News & World Report, 「Just What Is the Trilateral Commission?」, 『U.S. News & World Report』, April 7, 1980, p.37.

Stephen Vaughn, 「Spies, National Security, and the Inertia Projector: The Secret Service Films of Ronald Reagan」, Unpublished Paper, University of Wisconsin-Madison, 1987.

Harry F. Waters, 「Ted Turner's Empire」, 『Newsweek』, June 16, 1980, p.66.

Stephen J. Wayne, 『The Road to the White House: The Politics of Presidential Elections』, New York: St. Martin's Press, 1984.

Paul H. Weaver, 「Captives of Melodrama」, 『The New York Times Magazine』, August 29, 1976, pp.6, 48~51, 54~57.

Steven R. Weisman, 「Reaganomics and the President's Men」, 『New York Times Magazine』, October 24, 1982, pp.26~29, 82~85, 89~92, 109.

Steven R. Weisman, 「The McFarlane Choice」, 『New York Times』, October 18, 1983, pp.A1, A14.

Hank Whittemore, 『CNN: The Inside Story』, Boston, Mass.: Little, Brown, 1990.

존 위컴(John Adams Wickham, Jr.), 김영희 옮김, 『12 · 12와 미국의 딜레마: 전 한미연합사령관 위컴 회고록』, 중앙M&B, 1999.

Gary Wills, 『Reagan's America: Innocents at Home』, New York: Doubleday, 1987.

Jules Witcover, 『Marathon: The Pursuit of the Presidency, 1972~1976』, New York: Viking Press, 1977.

Alan Wolfe, 「The Trilateralist Straddle」, 『Nation』, December 31, 1977, pp.712~715.

Alan Wolfe, 「Jeane's Designs」, 『Nation』, February 7, 1981, pp.133~134.

Alan Wolfe, 「Ignorance as Public Policy」, 『Nation』, April 3, 1982, pp.385, 398, 401.

로빈 우드(Robin Wood), 이순진 옮김, 『베트남에서 레이건까지: 헐리우드 영화 읽기/성의 정치학』, 시각과언어, 1994.

제임스 우달(James Woodall), 김이섭 옮김, 『존 레논: 음악보다 아름다운 사람』, 한길사, 2001.

Bob Woodward, 『Veil: The Secret Wars of the CIA 1981-1987』, Simon and Schuster, 1987.

하워드 진(Howard Zinn) & 레베카 스테포프(Rebecca Stefoff), 김영진 옮김, 『하워드 진 살아 있는 미국역사』, 추수밭, 2008.

Laurence Zuckerman, 「A New Member Joins the Club」, 『Time』, February 22, 1988, p.64.

강준만, 『대통령과 여론조작: 로날드 레이건의 이미지정치』, 태암, 1989.

강준만, 『정보제국주의: 제3세계의 도전과 미국의 대응』, 한울아카데미, 1989.

강준만, 『춤추는 언론 비틀대는 선거: 언론과 선거의 사회학』, 아침, 1992.

강준만, 『커뮤니케이션 사상가들』, 한나래, 1994.

강준만, 『TV와 이미지 정치』, 공간미디어, 1995.

강준만, 『정치는 쇼비즈니스다』, 인물과사상사, 1998.

강준만, 『세계의 대중매체 1: 미국편』, 인물과사상사, 2001.

강준만, 『나의 정치학 사전』, 인물과사상사, 2005.

강준만, 『세계문화사전』, 인물과사상사, 2005a.

강준만, 『한국현대사 산책(전18권)』, 인물과사상사, 2002~2006.

강준만, 『한국인 코드』, 인물과사상사, 2006a.

강준만, 『대중매체 법과 윤리(개정판)』, 인물과사상사, 2009a.

강준만 외, 『시사인물사전(전20권)』, 인물과사상사, 1999~2003.

권오신, 「카터 시대의 외교정책(1976-1980)」, 최영보 외, 『미국현대외교사: 루즈벨트 시대에서 클린턴 시대까지』, 비봉출판사, 1998, 375~426쪽.

권용립, 『미국 외교의 역사』, 삼인, 2010.

기호열, 『CIA 박정희 암살공작』, 청맥, 1996.

김경재, 『혁명과 우상: 김형욱 회고록(전5권)』, 인물과사상사, 2009.

김기영, 「부미방 사건과 이회창 문부식 김현장의 기묘한 인연」, 『신동아』, 2001년 8월호.

김대중, 일본 NHK 취재반 구성, 김용운 편역, 『역사와 함께 시대와 함께: 김대중 자서전』, 인동, 1999.

김명섭, 「한 · 미 관계에 있어서의 1980년대」, 이해영 편, 『1980년대 혁명의 시대』, 새로운세상, 1999.

김민남, 「시민의 알 권리」, 한병구 편, 『언론법제통론』, 나남, 1990.

김민아, 「국민 사랑 받았던 '뉴스의 전설' 월터 크롱카이트 전 CBS 앵커 별세」, 『경향신문』, 2009a년 7월 20일자.

김봉중, 『카우보이들의 외교사: 먼로주의에서 부시 독트린까지 미국의 외교전략』, 푸른역사, 2006.

김삼웅, 『사료로 보는 20세기 한국사』, 가람기획, 1997.

김성보, 「80년대 반미자주화운동의 전개과정」, 박영호 · 김광식 외, 『한미관계사』, 실천문학사, 1990.

김영명, 『신한국론: 단일사회 한국, 그 빛과 그림자』, 인간사랑, 2005.

김영희, 「76년 코리아게이트 주인공 박동선씨를 찾아서」, 『중앙일보』, 1995년 9월 1일, 10면.

김용삼, 「인터뷰/통일교의 실력자 박보희 금강산국제그룹 회장」, 『월간조선』, 2001년 2월, 414~433쪽.

김장환, 「남기고 싶은 이야기들 ⑨ 카터 대통령 방한」, 『중앙일보』, 2002년 4월 4일, 19면.

김정렴, 『한국경제정책 30년사: 김정렴 회고록』, 중앙일보사, 1995.

김정렴, 『아, 박정희: 김정렴 정치회고록』, 중앙 M&B, 1997.

김종서, 「세속화와 종교해방운동의 전개」, 미국학연구소 편, 『21세기 미국의 역사적 전망 Ⅱ: 문화 · 경제』, 서울대학교출판부, 2002, 3~32쪽.

김종서, 「미국적 종교다원주의의 독특성 연구」, 미국학연구소 편, 『21세기 미국의 역사적 전망 Ⅱ: 문화 · 경제』, 서울대학교출판부, 2002a, 33~50쪽.

김종서, 「미국 보수교회의 성장과 새로운 영성의 추구」, 미국학연구소 편, 『21세기 미국의 역사적 전망 Ⅱ: 문화 · 경제』, 서울대학교출판부, 2002b, 51~73쪽.

김종철, 『오바마의 미국, MB의 대한민국』, 시대의창, 2009.

김진국 · 정창현, 『www.한국현대사.com』, 민연, 2000.

김철웅, 「앵커 크롱카이트」, 『경향신문』, 2009년 7월 20일자.

김충식, 『정치공작사령부 남산의 부장들』, 동아일보사, 1992.

김필규, 「1983년 KAL기 폭파 뒤에 미국 금융가문 있다?」, 『중앙일보』, 2010년 5월 1일자.

김학준, 『러시아사』, 대한교과서주식회사, 1991.

김학준, 「분단의 배경과 고정화 과정」, 송건호 외, 『해방전후사의 인식 1』, 한길사, 1995.

김한조, 『코리아게이트: 로비스트 김한조 최초 고백 1』, 열림원, 1995.

김현희, 「개들의 충성, 들쥐의 줄서기」, 『중앙일보』, 2001년 3월 8일자.

남궁곤, 「미국 신보수주의의 정의와 정치적 의의: 연구방법과 연구현황」, 남궁곤 편, 『네오콘 프로젝트: 미국 신보수주의의 이념과 실천』, 사회평론, 2005, 15~53쪽.

다카바다 아키오, 이병호 옮김, 『대처-革命 : 英國은 소생할 것인가』, 아 · 태변협 출판부, 1990.

다키야마 스스무, 곽해선 옮김, 『할리우드 거대 미디어의 세계전략』, 중심, 2001.

문갑식, 「학생운동권 대부에서 분쟁지역 돕기 나선 양국주의 '탈레반 인생'」, 『조선일보』, 2009년 10월 31일, B1~2면.

문명자, 『내가 본 박정희와 김대중』, 월간 『말』, 1999.

문부식, 「문부식이 직접 쓰는 '부산 미문화원 방화사건'(마지막회)-'부미방 사건'은 여전히 살아있는 질문」, 『뉴스피플』, 1999년 4월 8일, 53면.

문부식, 「'광주' 20년 후-역사의 기억과 인간의 기억: 끼엔, 나디야, 그리고 윤상원을 위하여」, 『기억과 역사의 투쟁: 2002년 당대비평 특별호』, 삼인, 2002.

문창극, 『한미갈등의 해부』, 나남, 1994a.

미국하원 국제관계위원회 국제기구소위원회 편, 한미관계연구회 옮김, 『프레이저 보고서: 유신정권과 미국의 역할』, 실천문학사, 1986.

민웅기, 『그래도 20세기는 좋았다 1901-2000』, 오늘, 1999.

박경재, 『미국 대통령 이야기(전2권)』, 이가책, 1995.

박두식, 「카터의 실패, 레이건의 성공」, 『조선일보』, 2008년 9월 11일자.

박미경, 「광주민중항쟁과 미국의 개입구조」, 정해구 외, 『광주민중항쟁연구』, 사계절, 1990.

박세길, 『다시쓰는 한국현대사 2』, 돌베개, 1989.

박인숙, 「1950년대의 미국 외교(1953-1960)」, 최영보 외, 『미국현대외교사: 루즈벨트 시대에서 클린턴 시대까지』, 비봉출판사, 1998, 247~274쪽.

박인휘, 「신보수주의 싱크탱크의 발전과 이념적 네트워크」, 남궁곤 편, 『네오콘 프로젝트: 미국 신보수주의의 이념과 실천』, 사회평론, 2005, 209~233쪽.

배영대, 「박동선 "나는 로비 활동 아닌 민간외교 펼친 것"」, 『중앙일보』, 2009년 11월 19일자.

백창재, 「정치개혁과 미국 정치제도의 장래」, 미국학연구소 편, 『21세기 미국의 역사적 전망Ⅰ: 정치외교 · 환경』, 서울대학교출판부, 2001, 3~75쪽.

백창재, 『미국 패권 연구』, 인간사랑, 2009.

변창섭, 「백악관 점령한 '네오콘 군단'」, 『시사저널』, 2003년 5월 15일, 62~65면.

서동진, 『록 젊음의 반란』, 새길, 1993.

설원태, 「'보도'보다 논평 · 주장 · 추측을 확산시켜」, 『신문과 방송』, 제409호(2005a년 1월), 111~112쪽.

손병권, 「미국의 다원주의: 현실, 이론, 그리고 미래」, 미국학연구소 편, 『21세기 미국의 역사적 전망Ⅰ: 정치 · 외교 · 환경』, 서울대학교출판부, 2001, 77~165쪽.

손병권, 「미국 신보수주의의 역사적 배경: 1930년대에서 레이건 행정부 시기까지」, 남궁곤 편, 『네오콘 프로젝트: 미국 신보수주의의 이념과 실천』, 사회평론, 2005, 57~80쪽.

손세호, 『하룻밤에 읽는 미국사』, 랜덤하우스, 2007.

손제민, 「[어제의 오늘]1982년 대학생들 부산 미국문화원 방화」, 『경향신문』, 2010년 3월 18일자.

송상근, 「[책갈피 속의 오늘]1977년 美미니시리즈 '뿌리' 방영」, 『동아일보』, 2009년 1월 23일자.

송호근, 「우리에겐 왜 월터 크롱카이트가 없나」, 『중앙일보』, 2009년 7월 28일자.

신기섭, 「10대 의혹사건 진실은 어디에/박정희 암살: 미, 김재규 통해 '정국안정' 꾀해」, 『한겨레』, 1998년 8월 8일, 4면.

신상인, 「막오른 예비선거('96 미국의 선택:1)」, 『세계일보』, 1996년 2월 12일, 6면.

신유섭, 「미국 신보수주의 사회 · 경제 이념의 구성과 주장」, 남궁곤 편, 『네오콘 프로젝트: 미국 신보수주의의 이념과 실천』, 사회평론, 2005, 157~180쪽.

신현준, 『이매진, 세상으로 만든 노래』, 새길, 1993.

신현준 외, 『얼트 문화와 록 음악 2』, 한나래, 1997.

안윤모, 『미국 민중주의의 역사』, 이화여자대학교출판부, 2006.

에다가와 코이치, 「저널리즘의 변모」, 시무라 마사오 외, 이경애 · 황순애 옮김, 『미국문화지도』, 한나래, 1995, 331~337쪽.

오연호, 『우리 현대사의 숨은 그림 찾기: 미국의 한반도 정치공작』, 월간 『말』, 1994a.

오치 미치오, 곽해선 옮김, 『와스프: 미국의 엘리트는 어떻게 만들어지는가』, 살림, 1999.

요미우리 신문사 엮음, 이종주 옮김, 『20세기의 드라마(전3권)』, 새로운 사람들, 1996.

우태희, 『오바마 시대의 세계를 움직이는 10대 파워』, 새로운제안, 2008.

원용진, 『광고문화비평』, 한나래, 1997.

원정환, 「"That's the way it is(세상이 원래 그렇습니다, 그게 현실입니다)" 앵커의 전설 잠들다」, 『조선일보』, 2009년 7월 20일자.

유선모, 『솔 벨로우: 삶, 문학과 작품세계』, 건국대학교출판부, 1995.

유신모, 「어제의 오늘」, 『경향신문』, 2009년 1월 2일~2009년 9월 5일자.

유인경, 「CNN "개전" 제1보로 각광」, 『경향신문』, 1991년 1월 18일, 11면.

윤길주, 「인터뷰/ '코리아 게이트' 의 주역 김한조씨: "국가를 위한 일이었기에 이런 고통을 참고 삽니다"」, 『뉴스메이커』, 1995년 9월 28일, 59면.

윤희영, 「 '레이건 저격후 긴급회의' 녹음공개: 헤이그 국무 "부통령 오기 전 백악관 내가 지휘"」, 『조선일보』, 2001년 3월 22일자.

이계성, 『지는 별 뜨는 별: 실록 청와대』, 한국문원, 1993.

이기환, 「[어제의 오늘]1980년 美 모스크바 올림픽 불참 선언」, 『경향신문』, 2009a년 2월 20일자.

이동복, 「베시 사령관, 카터에 항명하고 박정희를 도와 주한미군 철수계획을 좌절시키다!: 이동복, 3년 만의 자료 공개」, 『월간조선』, 2001년 7월, 160~187쪽.

이동연, 「펑크의 죽음과 MTV의 탄생」, 정희준 · 서현석 외, 『미국 신보수주의와 대중문화 읽기: 람보에서 마이클 조든까지』, 책세상, 2007, 139~167쪽.

이동원, 『대통령을 그리며』, 고려원, 1992.

이마가와 에이치, 이홍배 옮김, 『미국의 패권주의 이대로 갈 것인가: 미국 대통령의 아시아 · 중동정책』, 이채, 2003.

이병천, 「세계 자본주의 패권모델로서의 미국경제: 포드주의 경영자본주의에서 금융주도 신자유주의까지」, 전창환 · 조영철 편, 『미국식 자본주의와 사회민주적 대안』, 당대, 2001, 29~70쪽.

이보형, 『미국사 개설』, 일조각, 2005.

이상훈, 「워싱턴 로비 추문 '박동선 사건' 폭로」, 『한겨레신문』, 1992년 10월 21일, 18면.

이선기, 『밀레니엄 리더』, 청림출판, 1999.

이영섭, 「美 TV뉴스 '전설의 앵커' 월터 크롱카이트 별세」, 『한국일보』, 2009년 7월 20일자.

이주영, 『미국의 좌파와 우파』, 살림, 2003.

이준구, 『대통령을 만든 사람들: 선거의 귀재, 정치 컨설턴트』, 청와출판사, 2010.

이준호, 「야간통금 해제」, 『조선일보』, 1999a년 9월 8일, 23면.

이철민, 「미 역대 대통령들의 스캔들: 베일 뒤에 가려진 사생활 파헤친 『백악관의 내부』」, 『주간조선』, 1995년 6월 22일, 42~46면.

이형대, 「제1부 제4장 신우파운동」, 김덕호 · 김연진 엮음, 『현대 미국의 사회운동』, 비봉출판사, 2001, 130~160쪽.

이형삼, 「박동선 인터뷰: "외교라구요? 인맥도 로비도 없이?"」, 『신동아』, 2000년 3월호.

이흥환, 「1977년 카터 행정부의 주한미군 철수 계획 입안 문건: "핵탄두 철수 계획은 없었다"」, 『주간동아』, 2000년 8월 10일, 54면.

이흥환 편저, 『미국 비밀 문서로 본 한국 현대사 35장면』, 삼인, 2002.

임춘웅, 「들쥐론」, 『내일신문』, 2002년 11월 6일자.

장을병, 「한 · 미간의 정치상황」, 문동환 · 임재경 외, 『한국과 미국: 현단계 한 · 미관계의 비판적 인식』, 실천문학사, 1986, 98~118쪽.

장태한, 「재미 한인 사회의 정치구조 변화와 5 · 18」, 『5 · 18은 끝났는가』, 푸른숲, 1999.

정경민, 「빌 게이츠, 33년 만에 인생 멘토와 화해」, 『중앙일보』, 2010년 4월 5일자.

정규웅, 「로비술」, 『중앙일보』, 1992년 11월 11일, 5면.

정서환, 『세계를 움직이는 미국의 싱크탱크』, 모색, 1997.

정정호 · 이소영 편, 『이합 핫산 포스트모더니즘 개론: 현대문화와 문학이론』, 한신문화사, 1991.

정진석, 『총성 없는 전선: 격동의 한 · 미 · 일 현대 외교 비사』, 한국문원, 1999.

정철영, 「홧김에 투자한 6백달러가 性혁명」, 월간 『WIN』, 1997년 10월호.

정태식, 「미국 보수의 본류, 기독교 근본주의」, 이그나시오 라모네(Ignacio Ramonet) 외, 최병
    권 · 이정옥 엮음, 『아메리카: 미국, 그 마지막 제국』, 휴머니스트, 2002, 299~304쪽.

조선일보 문화부 편, 『아듀 20세기(전2권)』, 조선일보사, 1999.

조성관, 『한국 엘리트들은 왜 교도소 담장 위를 걷나?: 월간조선 조성관 기자의 한국사회 똑바로
    보기』, 조선일보사, 2000.

주용식, 「신보수주의 인맥 연구: 부시정부를 통해 세계질서를 바꿔가는 이념」, 『월간조선』,
    2003년 7월, 106~123쪽.

중앙일보 특별취재팀, 『실록 박정희』, 중앙 M&B, 1998.

천금성, 『10 · 26 12 · 12 광주사태』, 길한문화사, 1988.

최규장, 『언론인의 사계』, 을유문화사, 1998.

최희진, 「[어제의 오늘]1977년 영화 '스타워즈' 개봉」, 『경향신문』, 2010b년 5월 25일자.

하야시 노부유키, 정선우 옮김, 『스티브 잡스의 위대한 선택: 애플은 10년 후의 미래를 생각한
    다』, 아이콘북스, 2010.

하야시 다케히코, 선우연 옮김, 『박정희의 시대』, 월드콤, 1995.

한국기독교교회협의회 인권위원회, 『1970년대 민주화운동』, 한국기독교교회협의회, 1987.

한승우, 「레밍에이드와 출산장려정책」, 『한겨레』, 2004년 10월 7일, 22면.

한용원, 『한국의 군부정치』, 대왕사, 1993.

허문영, 「큰 것이 아름답다: 블록버스터의 경제학과 미학」, 『필름 컬쳐』, 1:1(1998), 82~93쪽.

허영섭, 「미 정가 흔들었던 '코리아 게이트' 주역 박동선씨」, 『경향신문』, 2002년 6월 10일, 19면.

허용범, 『한국언론 100대 특종』, 나남, 2000.

황석영, 『죽음을 넘어 시대의 어둠을 넘어』, 풀빛, 1985.

찾아
보기